題贈深圳教育幼兒園

循道返本

廖永華

幼儿园课程研究丛书
南京师范大学学前课程研究中心组织

幼儿园返本课程
在行动中学习

返本
是一种价值取向

以儿童为中心
回归儿童的本源
全方位追随儿童
把学习的主动权还给儿童

王翔 主编

南京师范大学出版社

图书在版编目(CIP)数据

幼儿园返本课程：在行动中学习／王翔主编．—南京：南京师范大学出版社，2016.11（2023.9重印）

（幼儿园课程研究丛书）

ISBN 978-7-5651-2926-1

Ⅰ.①幼… Ⅱ.①王… Ⅲ.①幼儿园－课程－教学研究 Ⅳ.①G612

中国版本图书馆 CIP 数据核字（2016）第 246454 号

书　　名	幼儿园返本课程：在行动中学习
丛书组织	南京师范大学学前课程研究中心
本册主编	王　翔
丛书策划	徐益民
责任编辑	徐益民　吴曼丽
出版发行	南京师范大学出版社
地　　址	江苏省南京市玄武区后宰门西村9号（邮编：210016）
电　　话	025-83598919（总办办）83598412（营销部）83598312（邮购部）
网　　址	http://press.njnu.edu.cn
电子信箱	nspzbb@njnu.edu.cn
照　　排	南京凯建图文制作有限公司
印　　刷	江阴金马印刷有限公司
开　　本	787 毫米×960 毫米　1/16
印　　张	18.75
字　　数	317 千
版　　次	2016 年 11 月第 1 版　2023 年 9 月第 5 次印刷
书　　号	ISBN 978-7-5651-2926-1
定　　价	39.00 元
出版人	张　鹏

南京师大版图书若有印装问题请与销售商调换

版权所有　侵权必究

编委会

顾　问：虞永平

主　编：王　翔

编　委：陈菲菲　　王玉洁　　叶玉云　　钱泳蓁
　　　　李　玲　　张如楠　　黄　倩

参与者：胡　晓　　周　莉　　史绍微　　卢晓霞
　　　　洪毓聪　　胡振军　　张春婷　　黄武珠
　　　　肖燕萍　　罗云翠　　毛玉红　　黄秀金
　　　　谭海兰　　黄君如　　陈艳莉　　裴少容
　　　　葛　清　　邱怡敏　　左姗红　　黄霭云
　　　　王　红　　于晨晨　　杨雅淇　　邓柳清
　　　　刘筱芳　　万峥嵘　　钟丹丹　　饶文玲
　　　　张立萍　　陈颂文　　马　睿

前　言

在行动中学习

返本课程的改革从 2005 年开始到现在,经历了 11 年。很多人都充满期待地说:"希望早点看到你们的书。"对于在幼儿园一线工作的人,把实践经验提升为理论不是一件容易的事情。在我们自己看来,返本课程是我园进行的又一次课程改革。

我们的第一次课程改革发生在 1996 年,是把幼儿园传统的分科教学转为主题探究式学习,倡导幼儿学习的主体性。在此基础上,我们又继续前行,思考如何实践以"儿童为中心"的个别化学习,创设融合个体学习与集体学习智慧的全新的学习方式。

为了实践这一理想以及深入贯彻《幼儿园教育指导纲要(试行)》和《3—6 岁儿童学习与发展指南》的精神,我们进行了第二次课程改革。这次改革使我们经历了更漫长的探索过程,我们沉浸其中"不能自拔"。当面对各种质疑的时候,我们没有放弃,反复思考和推敲出现的问题,反复尝试和改进解决的方法。我们苦在其中,更乐在其中。因为我们看到,幼儿在这个过程中变得更有灵性,他们真正地做到了在"做中学,玩中学"。

返本课程融合了各种教育资源、教育理念和教育方式,建构了"学习中心、微型社区、混龄走班、教师合作教学"式的课程组织和运行方式。一方面,课程打破了领域界限、班级界限和年龄界限,使得幼儿的学习有了更多的可能性和选择性。这是从"未来智慧"的教育视角,在复杂而多变的环境中,让幼儿进行积极、广泛、有意义的学习和适应未来生活的学习。另一方面,课程也实现了教师跨界、家园跨界和虚实跨界,使成人和幼儿成为一个和谐的整体,共同成长。

返本课程的改革还在持续性地深入推进中,我们整理了十余年的研究成果,在本书的第一部分介绍了返本课程的发展历程;第二部分至第五部分,以及第七部分介绍了返本课程的体系;第六部分和第八部分阐述了返本课程的支持系统。我特别想告诉读者的是,第四部分占用了书稿的大量篇幅,呈现了我园做得比较成熟的8个学习中心共57个区域的环境创设、核心经验以及核心经验下不同年龄段幼儿的行为特征和行为表现。这些内容是我们从长期的实践中提炼出来的,是实践的结晶,也是集体智慧的结晶,具有真实性和可操作性。此外,我们为本书配备了二维码视频,相信对广大的幼儿教师开展多样化的区域活动有一定的指导和借鉴作用。

虽然我们花费了很大的精力完成了书稿,但觉得还有很多东西没能用语言表达出来,课程的很多细节也没能阐述得很清晰。考虑到课程总是在不断改进和完善中,因而我们寄希望于下个阶段可以总结得更好并与大家继续分享。

本书的出版凝聚了太多人的心血、关心和帮助,在此向他们表达我衷心的感谢。感谢深圳市教育幼儿园这个充满爱和智慧的团队,老师们一直在行动中学习,无论遇到什么困难,都能群策群力,互相支持,想尽办法解决问题。感谢孩子们,他们才是我们的老师,我们所有的灵感和幸福都源自孩子们的纯真。感谢家长们,他们坚定不移地支持返本教育、宣扬返本理念。感谢南京师范大学教育科学学院博士生导师虞永平教授。他一直关注返本课程的发展,他每一次的点拨都能给我们指引方向。这次书稿能出版,更是得益于虞教授拔冗审读,高屋建瓴地帮我们梳理框架。在此,向虞教授致以深深的敬意与忱谢!还要感谢福建师范大学教育学院的丁海东教授、北京师范大学教育学部学前教育研究所李敏谊教授、华南师范大学教育科学学院学前教育系张博教授等为返本课程的建设给予的指导,在此对他们表示诚挚的感谢!感谢深圳市教育局、深圳市教育科学院、深圳市深投幼教运营有限公司等上级单位和各级领导对返本课程建设给予的重视和支持!最后,感谢我和所有同事的家人们,他们给予了我们默默的理解和支持,让我们始终没有背弃理想,一路前行!

王 翔

2016年10月28日

目　录

前言/1

第一部分　追本溯源的课程发展/1
第一节　追溯返本课程的源起/1
第二节　回归儿童本质的教育/3
第三节　返本课程的发展历程/4
　一、课程实施前的准备/4
　二、课程实施的三个阶段/5
　三、课程系统的不断完善/8

第二部分　强冲桎梏的教育理念/10
第一节　返本课程的教育理念/10
　一、返本课程的儿童观/11
　二、返本课程的教育观/11
　三、返本课程的教师观/11
　四、返本课程的课程观/12
第二节　返本课程的理论根基/12
　一、教育哲学:返本是教育本质的回归/13
　二、教育理论:返本课程是进步主义教育理论的践行/13
　三、教育实践:返本课程站在巨人的肩膀上腾飞/16

第三部分　打破边界的课程设计/18
第一节　课程的创新/18

一、六个跨界/18
　　二、四个融合/20
　　三、课程内容的组织框架/22
第二节　课程目标/25
　　一、身体动作发展/26
　　二、认知发展/27
　　三、态度与情感发展/29
　　四、审美发展/31
第三节　课程内容/33
　　一、课程内容的来源/33
　　二、课程内容的改造/35

第四部分　适宜、有效的学习中心环境/38
第一节　机械建构中心/40
　　一、机械建构中心核心经验与区域之间的关系/41
　　二、创设有效的活动区/41
第二节　音乐韵律中心/68
　　一、音乐韵律中心核心经验与区域之间的关系/68
　　二、创设有效的活动区/68
第三节　生活体验中心/88
　　一、生活体验中心核心经验与区域之间的关系/88
　　二、创设有效的活动区/89
第四节　美劳创意中心/117
　　一、美劳创意中心核心经验与区域之间的关系/118
　　二、创设有效的活动区/118
第五节　语言表达中心/141
　　一、语言表达中心核心经验与区域之间的关系/141
　　二、创设有效的活动区/142
第六节　民间游戏中心/164
　　一、民间游戏中心核心经验与区域之间的关系/165
　　二、创设有效的活动区/165
第七节　科学探索中心/189
　　一、科学探索中心核心经验与区域之间的关系/190

二、创设有效的活动区/190
第八节　戏剧扮演中心/216
　　一、戏剧扮演中心核心经验与区域之间的关系/216
　　二、创设有效的活动区/216

第五部分　自发、自主的课程实施路径/236
第一节　混龄编班/236
　　一、混龄编班的内涵/236
　　二、混龄班级的管理/236
　　三、混龄幼儿互动/240
第二节　学习中心走班/241
　　一、走班学习/241
　　二、走班三部曲/242
第三节　际遇主题/248
　　一、际遇性主题活动/248
　　二、主题的预设与际遇/248
第四节　微型社区/248
　　一、创设有真实情境的社区环境/249
　　二、创建丰富多样的微型社区/251
　　三、创新微型社区的组织运作/252

第六部分　融合、创新的学习共同体/254
第一节　课程促进幼儿学习品质的培养/254
　　一、返本课程中幼儿学习品质的主要体现/255
　　二、返本课程中幼儿学习品质的培养策略/256
第二节　课程促进教师的专业化成长/257
　　一、教师的专业精神/257
　　二、教师的专业知识/257
　　三、教师的专业能力/258
　　四、教师获得专业成长的途径/261
第三节　家长参与课程的共建/264
　　一、家长参与课程的设计/264
　　二、家长参与课程资源的挖掘/265

三、家长参与课程的实施/266
  四、家长对课程的评价与反馈/266

第七部分　幼儿学习与发展评价/270
第一节　评价的方式/270
  一、形成性评价/270
  二、阶段性评价/275
第二节　评价的过程/275
  一、评价主体/275
  二、评价过程/276
  三、评价结果/277

第八部分　返本课程的课程管理及管理文化/278
第一节　返本课程的课程管理/278
  一、返本课程的课程管理理念/278
  二、返本课程的课程管理策略/279
第二节　返本课程的管理文化/280
  一、自我管理，营造开放式的工作氛围/281
  二、以人为本，重视个体的多层次需要/281
  三、求真向内，激发员工的创造性张力/282
  四、激发动机，营造多元的管理文化/283

参考文献/285

后记/287

第一部分
追本溯源的课程发展

第一节 追溯返本课程的源起

返本课程是我园历经十余年的时间研发和独创的一种教育模式,创始人王翔园长和课程研究的整个教育团队心怀理想、秉持信念、执着追求,力求为孩子们创设幸福的生活。在设计课程时,我园试图从幼儿的角度出发,关注他们内在的潜能和需求,想要构建出能改善幼儿学习效果的课程。于是,出现了一种以儿童中心为价值取向、回归儿童本源的课程模式。

"返本"是一种价值取向,是对儿童的看法和认识,是一种教育立场。纵观中国幼儿教育的发展历程,不同历史时期人们对幼儿教育价值的不同认识,直接影响到中国幼儿教育的地位及其发展走向。中国古代是以成人为本位的,儿童被看成传宗接代和光耀门楣的工具,幼儿教育更多地体现在富家贵族对儿童进行的启蒙教育,教学强调让儿童多读书;到了近现代,陶行知、陈鹤琴和张雪门提出了"尊重儿童、解放儿童"等许多有价值的思想和口号,他们都非常重视儿童早期发展和教育,深信儿童具有潜力和创造力,主张根据儿童的心理特点引导儿童;我国当代幼儿教育则是对传统幼儿教育观的批判性继承,对儿童的认识逐渐趋于对儿童本质的认识,蕴含着"以儿童为主体"的价值取向,而我园的返本课程则是在秉持这一价值取向的前提下,对幼儿教育的一种思考和尝试,是一种价值观的回归。

"返本"呼吁让教育回归儿童的本质,倡导教育要以儿童为中心,顺应儿童的天性、关注儿童的需求、回归儿童的经验。返本课程的教育愿景是回归,回归生命最初的原点,友善本真、恬淡平和、自由独立、萌动快乐。返本课程是开放的,崇尚人的自由和天性,还原儿童本来的面貌,让孩子们尽情地自由发挥。返本课程以帮助生命自我成长为使命,尊重每个孩子作为一个完整的人快乐地度过每一天,每个人享有成功的机会,挑战自己而不是相互竞争,和谐共处,教学相长,形成内在的学习自觉性和健康的人格品质,使当下和未来的幸福和谐一致地发展。

勤勤恳恳,兢兢业业,十年磨一剑,"返本"理念下的幼儿园课程日臻成熟,我们骄傲地看到孩子的幸福成长,获得家长的口口相传,获得社会的诸多美誉,获得幼教同仁的认同赞许。

2009年6月,应中国学前教育研究会邀请,来自世界学前教育组织(OMEP)的新西兰幼教代表团来到深圳市教育幼儿园。OMEP亚太区主席Doreen Launder给了幼儿园高度评价,她说:这里的教育给她们留下了非常深刻的印象,她们会把深圳市教育幼儿园开放先进的课程理念带回新西兰。

2009年11月,中国学前教育研究会组织赴美考察,在美国高瞻课程研究中心举行的学术研讨活动中,王翔园长作为中方代表介绍了返本课程的理念与实践,获得了美国专家的高度评价,说他们想传递的东西在中国已经做到了。

2010年3月,全美幼儿教育协会(NAEYC)会员、专业培训师Judy博士,在实地观看了幼儿园的活动现场后,她感到:孩子们都在有目的地做着真实的工作,孩子们的内心很自然和平静,孩子们面对困难时坚持去做,心智像火花一样喷发出来。

第二节　回归儿童本质的教育

孩子到底应该学什么？怎样学？我们的思考来源于两个方面：一是关注儿童的未来，二是关注儿童当下的幸福。当我们关注孩子未来的时候，我们可以提出这样的问题：让孩子一生受益的东西是什么？影响孩子未来学习的因素是什么？决定孩子一生的幸福和成功的关键是什么？当我们关注孩子未来的时候，还应该关注孩子当下的幸福。那么我们就应该思考：作为孩子，他们更期望每天做什么？他们在怎样的环境中才更舒服、更能发挥自己的潜能？如何让每个孩子取得成就，获得真正的快乐？基于对这些问题的思考，我们认为孩子每天的学习应该是这样的：丰富而有秩序，快乐而有意义！"丰富"的内涵在于满足孩子各种学习的兴趣和需要；"秩序"的内涵在于孩子在有序的环境中专注而自主地学习；"快乐"的内涵在于每个孩子都能取得成功；"意义"的内涵在于孩子在活动中获得应有的学习和不断发展。

从词源上解释，"本"乃儿童之本质，它包含了儿童的本能、天性、需求等与生俱来和随生而发的特性，它让儿童成为真正的儿童，儿童拥有了"本"才具有特殊的"质"，才会与成人不同，才会有特定的生命轨迹、心智和行为。"返本"一词意味着回归本质，关注直接经验。返本课程是以儿童为中心，回归儿童本源，全方位追随儿童，把学习的自主权还给儿童，还原儿童学习本质的活动性课程。

返本教育为幼儿创设了一个自由独立的王国。混龄编班为孩子们营造了一个教育生态，孩子们的幸福感体现在他们的生活和学习中有哥哥姐姐，也有弟弟妹妹，他们互帮互助，互为师长；孩子们的幸福感还体现在幼儿园对幼儿的极大尊重，孩子们可以生活得很有尊严，从进入幼儿园大门起，孩子们就可以独自行走，自主选择，自由交流。

返本课程为幼儿创设了开放式的学习环境。每间教室都是一个功能不同的学习中心，孩子可以根据自己的需要去任何一个学习中心工作。

返本课程为幼儿个性化的学习提供支持。孩子们每天的学习都是自己计划的，他们从事各种有兴趣、有意义的工作，工作的内容、材料、场地以及合作的伙伴、问题的解决都可以自己做主。孩子们每天都有新的挑战，他们的学习状态是忘我的、专注的，他们的学习过程充满探索和创造性，学习成果的分享又会激发后继冲动。

返本课程为幼儿创建的微型社区可以让幼儿体验多种社会角色。孩子们可以进行帮厨、浇花、值日、打扫、送报、饲养等一系列自我服务及照顾环境的活动。微型社区里还设有儿童银行、儿童图书馆、儿童法庭等,孩子们是社区的主人。

第三节　返本课程的发展历程

返本课程产生于幼儿教育课程改革的大背景下,是基于《幼儿园教育指导纲要(试行)》(以下简称《纲要》)、《3—6岁儿童学习与发展指南》(以下简称《指南》)和幼儿园实际的思考和尝试,努力探索出的一种教育实践模式。返本课程的发展历程可分为三个阶段:准备阶段、实施阶段和完善阶段。每一个发展阶段都是源自实践的反思,是对返本课程的不断丰富和深入。

一、课程实施前的准备

1. 确定"学习中心"课程模式

2004年,我园的课程以课堂教学为主,教室里可操作的材料较少。为落实《纲要》精神,探索幼儿园课程改革的新路子,我园决定采取资源共享的方式,用最快最简捷的办法让环境丰富起来,并且最大化地节约教育成本。于是,我们借鉴了香港的一所幼儿园的做法,这所幼儿园场地很小,教室里无法设置活动区域,就利用幼儿园的公共区域设置了可供各个班级轮流使用的区域和教室。但是我们发现,班级的活动区域很难像美工教室一样呈现丰富的材料,如果我们想给孩子提供丰富多元的资源和材料,那么教师的工作量就很大,需要不断地更换区域材料。

2005年暑假,全园组织召开教师会议,针对"光谱计划"中提到的学习中心和机械与建构等相关活动内容进行了一系列研讨之后,在对国内外相关文献进行比较、分析的基础上,我们对学习中心活动方式的独特价值达成共识,并最终确定和设计了全新的课程模式——学习中心模式。

2. 开展教师培训工作

学习中心模式是一种以儿童为本的课程模式,要求教师从儿童的本质出发,真正认识儿童,释放儿童的潜能。为了提高全体教师的综合教学素质,达到学习中心模式需要的师资水平,我园先后邀请国内外知名教育专家开展多项培训课程,包括:瑞士的心理学教授葛碧健女士和葛安妮女士的积极心理课程、美国Allan教授的道德潜能开发课程、北京师范大学旷智勇教授的PET父母效能沟通课程。同时,幼儿园持续开展了五项修炼的专项培训等。

通过培训,教师认识真正的自我,发现自身的内在潜能,学习与人交往和合作;教师在拥有丰富的专业知识的基础上,更能从心理层面去认识儿童和家长,更能敏锐地觉察儿童的需求,从而具备解决问题的专业能力,对在课程实施中可能面临的问题做出适宜的可行性调整。

二、课程实施的三个阶段

返本课程实施的过程经历了融合、追随和回归三个阶段。

融合,是一种境界,它超越整合。返本课程将先进的教育思想和方法融会贯通起来,以融合建立新的学习路径;将幼儿的学习和生活融合起来;将集体学习与个体学习融合起来;将班级资源和幼儿园资源融合起来。这种融合式的课程设计能够不断地适应孩子、满足孩子的需要。

追随,是一种态度,尊重儿童,欣赏儿童。我们发现,课程如果要满足每一个孩子的个体需求,就必须关注儿童的需要和潜能,通过观察、指导与评价儿童的发展来发现和解决课程中的具体问题,助推课程,真正促进儿童的发展。

回归,是一种信仰,追求返璞归真。返本课程的终极目标是让教育回归心灵的原点。我们关注儿童,关注儿童的经验,与孩子越来越贴近。

1. 融合资源的阶段(2005—2007年)

2005年9月开学伊始,我园在大班的四个教室建立了"机械建构中心、美劳中心、生活中心、科学中心"四个学习中心,在公共场所,如阅读室和音乐室,分别创设了"阅读中心"和"音乐中心",开始实施这一全新的课程模式。在此期间,我园对全体教师进行了培训,引进了蒙氏教具。为了节约教育成本,我园在中班教室创设了"感官中心、数学中心、语言中心、文化中心"等共享区域,以班级轮流的方式开展学习。大班幼儿的语言、数学、音乐、体能等必学活动都是班级以小组或团体的方式进行。幼儿每天在完成小组教学活动后自由进入学习中心活动,学习中心成为幼儿感兴趣的学习活动场所。

这一阶段,课程融合的效果初显:学习环境和材料丰富多样,幼儿的自主活动和个别化学习有条不紊,教师观念更加开放。存在的问题主要是:各种教学方式还不能完全融合;教师被不同时段的活动所牵扯,过于忙碌;幼儿工作的时间不充分。面对新的教学模式,教师的专业素质和心理素质有待提高,教育理念有待进一步深化。

2. 追随儿童的阶段(2007—2009年)

真正好的教育是要促进人的自我成长,它来自于幼儿对自身的不断认识和自我实现。玩是幼儿的天性,我们追随幼儿的天性,让他们充分地在玩中学、在做中学。学习是幼儿与生俱来的能力,幼儿天生就是一个学习者,拥有各种学习潜能。发展也是幼儿自然成长的法则,当幼儿内在的心智成熟时就自然会向另一个阶段发展。因此,幼儿的学习不应该是课堂式学习,而是自由玩耍、自由工作和自由游戏。

2006年,课程改革风暴让我们自我觉醒、自我调适,我们要真正迈向专业成长之路。只有这样,我们才能从多重的前景中获益,实现团队和个人的双赢。2007年,我们邀请瑞士心理学家为幼儿园教师量身定做了心理培训课程,用了两年时间进行了四期培训:"积极心理治疗""孩子的教育""婚姻与家庭生活""冲突与冲突的解决"。通过培训,教师获取了大量的心理学知识,开阔了视野,提升了自我价值。通过深入了解儿童和家庭,了解自己生命中的盲点和问题的根源,每个教师开始觉醒,其心理素养和教育行为由此打开另一扇大门,与此同时也重新认识孩子,发现真正的教育就是促进人的自我发展。

我们的课程发生了根本的转变,我们取消了每天的课堂教学,不再设置小组必学活动,而是把所有的活动都投入到学习中心让幼儿自主学习,让幼儿每天有大量的时间工作和分享。我们研讨出0~6岁幼儿阶段性发展策略,大班的孩子可以在四个学习中心根据需要随意走动,其他年级的幼儿在班级内走动。通过大量的实践和培训,教师掌握了把教育内容转换为学习材料的技能,学习环境和材料不断丰富;教师学会了预备环境、客观观察,不断回应和支持孩子的需要,使用积极的语言和正面的教育产生正向教育行为。在此基础上,幼儿呈现出良好的学习状态。

这个阶段的成果是:幼儿获得了充分的自主性学习和良好的自我发展;教师的教育策略和行为发生转变,获得专业成长;教师关注了幼儿的需要,为幼儿提供适宜性支持,逐步建立了课程文化。存在的问题是:个别学习中心的材料是高结构的,不利于主题活动开展;学习中心的环境创设需要进一步加强;课程的关系没有理顺,课程体系不完整。

3. 回归原点的阶段(2009—2012年)

回归原点,即以儿童为中心,以经验为导向,把教室作为儿童的操作室和创作室,全方位地把学习的主动权还给儿童,还原儿童学习的本质。

2009年3月,幼教中心为我们请来了虞永平教授,虞教授的指导让我们对整个课程的设计思路豁然开朗,他帮助我们梳理了课程建设的路径,使我们懂得如何在课程目标、经验、材料、内容之间建立关系。之后的两年,我们明确了课程目标,设置了具体的课程内容,创建了0~6岁幼儿连续性发展经验和经验检核评价体系,并不断修整和完善这一新的课程体系。

通过实验班的尝试,我们发现年龄小的孩子同样可以通过这种方式学习。2009年9月,我们在中班教室又新设了四个学习中心,中、大班幼儿在八个学习中心混龄学习。根据幼儿园的实际需要,2011年,我们共在十二个教室创设了十二个学习中心,大、中、小班三个年龄段的孩子每天上午在特定的时间段内以"走班"的方式自主学习。同时,我们对学习中心的多数材料进行转型,由高结构材料转为低结构材料,并在材料上打破年龄界限。幼儿可以根据自己的计划选择到任意一个或多个中心工作,可以根据任务的需要转换学习中心和区域,在各个学习中心自主选取需要的材料。班级教师通过观察、指导、跟踪记录和评价每个幼儿,也建立起另一个重要的学习方式——"导生制",就是幼儿之间互相学习及"大带小"的学习。我们的课程日渐一体化,在一日活动中贯穿了幼儿自助式、社区化的活动以及户外活动。

高度开放式的学习关键在于发挥教师的作用。为了确保教育质量,我们研制了"幼儿园教室质量评估表"。该表可阶段性随机评估教师的专业水平层级,同时也可作为教师课程工作的指南,促进教师自身不断地向更高的层次发展。

这个阶段的成果是:我们初步建立了幼儿园的课程体系,教学活动与课程目标取向一致;改进和丰富了学习中心的环境和材料;关注幼儿的经验,促进幼儿各方面的均衡发展。存在的问题是:课程体系有待进一步完善,教师的指导策略与活动的深入开展有待加强。

三、课程系统的不断完善

1. 完善课程的辅助运作模式

2012年,我园在深云村开办分园,很快复制了学习中心的环境和模式,并取得了很好的效果,深受家长和孩子们喜爱。为了使混龄学习的方式更加便捷有效,我们在招生时,采用了混龄编班的方式,每个班级由比例均衡的大、中、小班年龄的孩子组成。在学习中心走班的过程中,大孩子带着小孩子去不同的学习中心,解决了小孩子走班困难的问题;活动中,大孩子能充当小老师的角色教小孩子如何做,小孩子会观察和模仿大孩子;新入园的小孩能很快适应这种学习中心的学习方式,而且进步非常快,比其他幼儿园同龄的孩子有明显优势。通过几年的尝试,幼儿园已经是全混龄编班,与学习中心的教育模式完美地结合在一起。

为了将这种自主学习和生活的方式进行得更加彻底,2013年,幼儿园课程开始实施微型社区的生活模式,让孩子成为幼儿园的小主人。幼儿园是孩子们生活的微型社区,孩子们可以进行帮厨、浇花、值日、打扫、送报、饲养等各种服务他人和照顾环境的活动。微型社区里还设有儿童银行、儿童图书馆、儿童法庭、表演集会等,孩子们是社区的主人。在微型社区里,人和活动相互联系,教育像呼吸一样自然而然地发生在周围的生活中。孩子们不仅与不同年龄层次的人互动,还可以与规则互动,与自己的心灵互动。孩子们在多样化的活动中接受适宜的挑战,获得身体、认知、情感和能力的全面发展。

2. 梳理课程的核心经验体系

2014年,在虞永平教授的建议下,我们尝试在实践活动中逐步提取幼儿的核心经验。只有这样,我们才能更清楚每个区域、每个活动背后的价值是什么;才能更清楚如何更适宜地提供环境和材料;才能更有目的地指导幼儿的活动,提升幼儿的经验;才能尽量避免造成不必要的经验重复或经验缺失。

我们以一个学习中心为试点,由专门的研究人员进行每个区域幼儿活动的跟踪拍摄,记录不同年龄的幼儿在同一区域中的不同游戏水平和行为表现,并提炼行为特征,再经过教师团队的讨论和整理,归纳出每个区域不同的核心经验,进而梳理出相应的学习材料和操作方式。当有了一个学习中心的经验后,我们以《纲要》和《指南》的标准以及国外优秀的课程标准为参考,从幼儿园课程的顶层设计入手划分学习中心的类别和核心经验,力求平衡、全面,然后对具有长期课程经验的骨干教师进行分组,分别在每个学习中心进行幼儿行为分析,将幼儿在区域中的行为表现和行为特征罗列出来,并归纳提炼,将核心经验细化分解。

在这个过程中,我们也不断地调整学习中心的活动区域,将一些具有相同经验的区域合并,不在相同领域的区域进行调换等,最终形成了13个学习中心、98个区域、260条核心经验的框架,每个核心经验都有相对应的幼儿行为表现和行为特征,成为教师有效实施课程的抓手。

梳理核心经验体系的过程是艰难的,但也极能挑战和提升教师的能力,使教师脑海中模糊的东西逐渐清晰起来,也使学习中心的整体规划更加明确。教师可以根据核心经验体系创设环境和开展活动,对新入职的教师可以开展系统而有效的培训,使课程能在一定的标准下运作和推广。

第二部分
强冲桎梏的教育理念

第一节　返本课程的教育理念

返本课程教育理念是"以儿童为中心",即"顺应儿童的天性,关注儿童的需要,回归儿童的经验,指向幸福的生活"。倡导让教育回归儿童的本质。返本教育培养身心和谐生长、心灵睿智丰富、具有纯真童心、对生命充满喜乐的儿童,即:身体健康和机能协调发展,心理积极健康,有良好的生活卫生习惯和自理能力的儿童;拥有广博的认知、多种形式的表达与表现、积极而专注地探索、乐于创造的儿童;纯真而灵动、自然而阳光,敢于想象,乐于感受美、表现美和创造美的儿童;对周边人和事物的喜欢,从学习生活中获得快乐,对自己充满成就感,追求完美生命和完美生活的儿童!

课程立足于本土文化,主张儿童自主学习和生活,以帮助生命自我成长为使命,把学习的主动权还给儿童,让儿童的学决定教师的教。课程强调自主性的教育,尊重儿童的自由天性,重视儿童的自由活动和自主建构;课程强调合作性的教育,鼓励儿童之间自然产生合作,提供幼儿与其他同龄和异龄孩子合作的机会,促进他们在思维碰撞中提升认知水平,在解决冲突中提升交往能力;课程还强调互动性的教育,让孩子充分与环境接触,让他们每天与更多的人、事物发生实际接触,在与人互动、与环境和材料互动的过程中,能用适当的方法解决冲突和问题,保持和谐的生活、学习氛围。

一、返本课程的儿童观

儿童观是人们对儿童的总的看法和基本观点,或者说,是人们在哲学层面上对儿童的认识。返本课程主张:儿童是独立的个体,每个儿童都是一个独特、自由、复杂的学习者,是能够实现自我发展、有着极强生命力的独特存在,每个儿童都有自己的发展特点和规律,他们的一切活动都是对自我生命存在的表达;儿童是完整的个体,每个儿童都是不断发展的个体,拥有天生的巨大"内在潜能",正是这种潜在力量,让儿童不断前行,如饥似渴地吸收周围环境中的养分,展现自己鲜活的生命力;儿童是生活的主体,每个儿童都有自己的生活世界,儿童在生活中成长,获得生命发展,儿童在生活中认识和了解自己,自省自觉,成为生活的小主人。

二、返本课程的教育观

返本教育是回归儿童的教育。教育以自我成长为核心,在平等、尊重、理解的基础上,顺应其天性来培养儿童,为每一个儿童找寻到充满意义的学习,让儿童不断认识自我,追求自我实现;教育为儿童创设全面、和谐、平衡发展所需的支持性环境,为儿童在富有挑战性的情境中获得完整和平衡的学习经验提供条件,满足儿童的兴趣和内在需要,使得他们的思想和精神在与周围人和事物的对话中自然而然地发生变化并获得发展;教育应回归生活,回归经验,创设"经验的场景",把生活中的典型情境剥离出来放到学习环境中,让儿童从做中学,从生活中学习,做自己感兴趣的、有教育意义的事情,主动游戏和工作,在生活情境中扩充经验、增长知识、发展能力。

三、返本课程的教师观

基于返本课程的教育观,我们认为:

教师是幼儿心灵的滋养者。用爱心包容每个儿童,尊重、关注每个儿童的表现。教师为儿童树立榜样,榜样作用需要教师的自我完善,其中有价值的就是对儿童的爱、对儿童的期望,以及由此而产生的对儿童教育事业的献身精神。

教师是幼儿生命的协助者。教师为幼儿创设充满刺激、丰富的教育环境,给予幼儿自主学习的机会,让幼儿在与环境的接触和互动中得到经验提升;教师为幼儿提供安全监护,确保幼儿在安全、卫生的环境中学习和生活;教师启发幼儿深入思考和深层次学习,帮助他们得到最大程度的发展。

教师是幼儿发展的支持者。教师启发幼儿进行有意义的探索活动,在活动中引发幼儿活动的积极性和学习兴趣,并作为活动的角色之一参与到幼儿的活动中,观察幼儿的行为表现,进而了解幼儿的发展水平及其提升空间,确定适宜的支架方法,满足幼儿的活动需要,促进其真正的发展和有效的学习。

教师是自我成长的学习者。面对一个个独特的个体,面对不同的新问题和挑战,都需要不断更新观念,创新教育教学内容和方法,灵活恰当地处理活动中出现的状况,展现教育智慧等,体现出工作的成效和创造性。教师通过自主学习不断提升专业思想、知识和理论,在反思与实践过程中完善自我、发展自我。

四、返本课程的课程观

返本课程的课程观是课程即经验。课程设置需关注幼儿的兴趣,创设具有探索性的环境,激发幼儿活动的主动性;课程是能够引起幼儿反应和活动的经验,目的在于扩充幼儿的经验,而非死学书本知识,并且以直接经验为主,在直接经验的基础上补充间接经验;课程必须能够引起幼儿的反应,更须从儿童自己环境里搜集材料,然而其材料的来源,仍不外出于儿童的本身和其所接触到的环境,[①]即这种经验来源于幼儿的日常生活、幼儿周边的自然环境、幼儿身边的社会环境,是能够为幼儿所用、所需的经验。

课程是没有边界的。陶行知主张:要解放孩子的空间,解放了空间,才能搜集丰富的资料,扩大认识的眼界,以发挥其内在之创造力。课程应该打破成人设定的界限,包括年龄和空间界限,让儿童在自然的教育生态中共享丰富的教育资源。打破课程边界是一种解放,是儿童身心的释放。在无边界的课程中,儿童的想象力是畅游的,儿童的社交圈是自由的,儿童的内在潜能是可以无限发挥的,因为无边界、不设限,儿童才会有各种发展可能。

第二节 返本课程的理论根基

返本课程源自对教育实践的思考,源自对幼儿教育理论的学习,源自对国内外优秀的幼儿教育方案的借鉴。下文将从教育哲学、教育理论和教育实

---

① 喻琴,喻本伐.世界幼教名人名著:张雪门幼儿教育论著选读[M].武汉:长江少年儿童出版社,2014:23-29.

践的角度探讨返本课程的根基与渊源。

一、教育哲学：返本是教育本质的回归

中国古代哲学家、思想家老子的哲学思想是用于观世治国、正己修身、待人处事的，是用于指导他心目中的"理想社会"建设的，但从某种意义上讲，老子认为，"婴儿"的稚嫩行为，与他设想的"理想社会"十分相符。在《道德经》第二十八章里，老子说："知其雄，守其雌，为天下溪。为天下溪，常德不离，复归于婴儿。"意为如果甘愿做天下的溪涧，那么，永恒而高尚的"德"就不会离失，并且能够回归、回溯、回复到"婴儿之为"的状态。这种"婴儿之为"，是纯真、纯净、纯朴的，是无知、无欲、无邪的，是柔和、柔顺、柔韧的，可以想象，这样的"理想社会"是十分美好的，即"返璞归真"。

教育本性问题是基本的教育哲学问题之一。教育归根结底是为了把人培养成什么？这是教育的一个核心问题。教育是什么？"把一个人的体力、智力、情绪、伦理各方面的因素综合起来，使他成为一个完善的人，这就是对教育基本的一个广义的界说。"[1]因此，"以人为本"应该是教育的基础的、根本的质素，因为说到底教育是一种彻底人性化的事业，离开了作为教育活动主体的人，教育就什么都不是。[2] 每个人身上都蕴藏着无限的潜能，教育的真实意义，就是要把人的先天的种种潜能发挥出来，使他们养成相应的品德行为与智力能力，从而成为真正"大写"的人。[3]

返本即回归本真，让教育回归儿童的本质，归还儿童的本性：自主、独立、平等、自由、欢乐、好奇、敏感、求知欲。"返璞归真"不仅符合"理想社会"的要求，更符合教育本性的要求。

二、教育理论：返本课程是进步主义教育理论的践行

1. 杜威的进步主义教育思想

进步主义教育思想来源于杜威。杜威在儿童发展观上是摒弃成熟论和环境决定论的，认为儿童的发展既不是直接的生理上的成熟，也不是直接学

---

[1] 联合国教科文组织国际教育发展委员会.学会生存——教育世界的今天和明天[M].华东师范大学比较教育研究所,译.北京:教育科学出版社,1996:195.
[2] 朱小蔓.教育的问题与挑战——思想的回应[M].南京:南京师范大学出版社,2000:6.
[3] 燕国材.教育十论——我对教育问题的一些基本看法[M].北京:中国建材工业出版社,1996:38-39.

习的结果,它是通过内因和外因相互作用而不断发生结构上的质变的过程。进步主义教育强调内因和外因的相互作用;它虽强调发展与环境有关,但又认为环境并不起决定性作用,环境只是必要条件,而不是决定条件。进步主义教育倡导儿童在做中学,进行实验探索,鼓励儿童自己去发现问题,其教育目的是发展儿童的思维能力。

返本课程以杜威的进步主义教育理论为指导,遵循"做中学"的思想,在学习中心和微型社区为幼儿创设环境和提供真实的材料,提供动手操作、直接感知的机会,鼓励幼儿在亲身经历的环境中学习和成长。

2. 加德纳的多元智能理论

著名的教育心理学家霍华德·加德纳,曾于1983年出版的《智力的结构》一书中提出了"多元智能理论",由此被誉为"多元智能理论"之父。他强调智能是在某种社会或文化环境的价值标准下,个体用以学习、解决问题和进行创造所需的能力,是所有人都在使用的能力,主要包括言语—语言智能、音乐—节奏智能、逻辑—数理智能、视觉—空间智能、身体—动觉智能、自知—自省智能、交往—交流智能、自然观察智能、存在智能。这九种智能在个体身上相对独立存在,并与特定认知领域相联系。尽管绝大多数人拥有完整的智力,但每个人拥有的智力数量都不相同,从而表现出独特的认知特征,因此,我们每个人都以高度个性化的方式组合和运用着多种智能。

返本课程借鉴多元智能理论,尊重幼儿的个体差异,发现并挖掘每个幼儿的优势智能。我园创设了十三个学习中心,并以"走班"的方式共享整个幼儿园的资源,目的就是为了提供给幼儿多样化的学习环境,全面地刺激幼儿的感官,让他们在多种选择中找到真正感兴趣的事情,获得成就感,从而不断发展心理能力,发挥潜能,培养优势智能。

3. 布朗芬布伦纳的生态系统理论

美国学者U.布朗芬布伦纳创建的生态系统理论认为,儿童的发展受到与其有直接或间接联系的生态环境的制约,这种生态环境是由若干个镶嵌在一起的系统所组成的,这些系统表现为一系列的同心圆。布朗芬布伦纳进一步指出:这些系统中的每一个系统都对儿童的发展有着复杂的生态学意义;各个系统是相互联系、相互制约的,其中任何一个系统的变化都会波及另外一个系统;儿童的发展过程是其不断地扩展对生态环境的认识的过程,从家庭到幼儿园再到社会;儿童的生态过渡(即生态环境的变化)对其发展具有举足轻重的作用。

我们借鉴了布朗芬布伦纳的生态系统理论，认识到教育生态系统可分为五个相互作用的子系统，其中微观系统直接作用于儿童的发展，混龄同伴之间的互动尤其为独生子女创造了良好的微观系统条件，不同年龄的幼儿一起学习、生活、游戏，观察、模仿的对象越是多样化，儿童的社会性学习就越丰富多彩，混龄教育所产生的"最近发展区"，使得认知冲突更加有效，从而提升了与同伴交往的经验和水平。幼儿园创设的微型社区也为幼儿创造了良好的微观系统，它模拟真实的社会场景，使幼儿在与环境的交互作用中获得发展。

4. 张雪门的幼儿园行为课程思想

张雪门在幼儿园课程方面有自己独特的见解，他主张推行幼儿园行为课程。他在《增订幼稚园行为课程》一书中这样定义行为课程，"生活就是教育，五六岁的孩子们在幼稚园生活的实践，就是行为课程"。他认为这种课程"完全根据于生活，它从生活而来，从生活而开展，也从生活而结束，不像一般的完全限于教材的活动"[①]。行为课程首先应注意的是实际行为，在幼儿园中，凡是幼儿能够做到的诸如擦桌子、扫地、整理图书玩具、给植物浇水、给小动物喂食等都应让他们实际去做，去行动。因为人生坠地，本来一无所知、一无所能，他们反而能日进月长，从无知无能到有知有能，完全由于个人与环境的接触，而记忆、想象、思想等心理活动完全在与环境的接触中而产生。因此"从行动中所得的知识，才是真实的知识；从行动中所发生的困难，才是真实的问题；从行动中所获得的胜利，才是真实的制驭环境的能力"[②]。至于游戏、故事、唱歌等教材，虽然也可以给予幼儿模仿和表演的机会，然而并不能代表人类实际的行为。所以，他要求教师一定要注意儿童的实际行为，"不要仅凭抽象的言语或线条的图画，来介绍类别的教材，只要常常运用自然和社会的环境，以唤起其生活的需要，扩充其生活的经验，培养其生活的能力"。他认为："若教师真能够做到这样，这便是行为课程了。"

概览张雪门幼儿园行为课程思想，可以发现生活在其中的重要地位。我们坚信，通过对这种生活的学习才能让幼儿获得真正对自身有益的经验，使幼儿获得真正的发展。我们的课程重视生活的教育价值，鼓励幼儿接触真实生活，在实际生活中行动，如在学习中心提供真实的材料，开展帮厨、照顾花草、送报等活动。同时，在确定主题单元时全面考量其教育价值和幼儿发展情况，尊重幼儿学习的主体性，如幼儿通过际遇主题自觉且有计划地学习，在

---

① 张雪门.增订幼稚园行为课程[M].台北:台湾书店,1966:1.
② 何晓夏.简明中国学前教育史[M].北京:北京师范大学出版社,1990:252.

每天的谈话活动中确定当日学习中心的工作任务。

5. 蒙台梭利的教育思想

蒙台梭利所倡导的教育理念是"教育不是为上学做准备,而是为未来生活做准备"。她认为教育的核心目的是帮助儿童的生命自然地成长和完善,即让儿童获得身体、意志、思想的独立,达到人格、心理、智力、精神的完善。她创造的蒙台梭利教学法,其精髓在于培养幼儿自觉主动地学习和探索精神。蒙台梭利教学法有两个要素:一个是环境(包括教具与练习),另一个是预备这个环境的教师。对于教室环境,必须具备六个子要素:自由的理念,结构与秩序,真实与自然,美感与气氛,蒙台梭利教具,能使儿童拥有的生命内在发展模式充分地发挥其作用。在蒙氏教室里有丰富多彩的教具,它们都是根据儿童成长发展敏感期所创立的适宜儿童成长的"玩具"。孩子通过重复操作蒙氏教具得到多方面的能力训练。

我们也认为,幼儿园提供给孩子的良好刺激愈多,就愈能激发其内在潜能。我们为孩子提供了丰富的学习材料以及有准备的学习环境,以诱发孩子自我学习的乐趣。我们为孩子打造一个以儿童为中心,让儿童可以独立"做自己"的"儿童世界",提供的材料体现教师的预设目标,幼儿在与材料的互动中发现问题和探究问题,生成自己感兴趣的学习活动,材料成为动态的学习媒介,教师摒弃传统的教学,化身为材料的提供者,活动的观察者、参与者、记录者和评价者。

三、教育实践:返本课程站在巨人的肩膀上腾飞

1. 美国的高瞻课程(High Scope)早期教育课程模式

High Scope 提出"主动学习"这一术语。主动学习是一个完整的过程,一次真正的主动学习来自幼儿内在的动机、需要和问题解决,包括直接地操作物体,在活动中思考。简而言之,主动学习就是幼儿在内在兴趣需要的基础上,对物体进行操作,开展活动,在活动中不断思考,发现问题并解决问题的过程。课程中提出的"关键经验"有 10 类,共 58 条。对教师而言,它是一种"提示物",指明应努力促使幼儿获得学习经验,同时也为教师观察和支持儿童学习、为儿童计划活动、评价早期教育实践的有效性提供了指南,它也是儿童通过适合自己的多种活动获得的。一个活动可包含多个关键经验,多个活动可包含同一关键经验。这些活动既可以由教师来组织,也可以由儿童自发开展。

返本课程强调幼儿的主动学习,仔细研究主动学习的五个成分,即材料、

操作、选择、孩子的语言、教师的支持,努力为幼儿的主动学习搭建平台、提供支持。同时,我们也认识到关键经验是成人支持、观察幼儿活动并做出计划的指示物,也是评估幼儿发展状况的指标。我们观察、记录、梳理幼儿行为表现,提炼幼儿的行为特征,归纳出幼儿的核心经验,使之成为教师有效指导的抓手。

2. 意大利的瑞吉欧课程模式

瑞吉欧课程是以幼儿的兴趣和需要为出发点,它提出"儿童的一百种语言",鼓励孩子通过表达性、鼓励性和认知性语言来表达自我,文字、图像、音乐、雕塑等都可以作为儿童的语言。瑞吉欧课程的组织结构就是幼儿参与的、范畴深入而广泛的方案探索活动,我们称之为方案教学。方案教学主张由儿童自发地决定学习的目标和内容,在儿童自己设计、自己负责实行的单元活动中获得有关的知识和解决实际问题的能力。它强调幼儿在活动中的主动性,强调教师的任务在于利用环境以引发幼儿的学习动机,帮助幼儿选择活动的材料,教师是活动的提供者、参与者。瑞吉欧课程模式认为开放的环境是幼儿园的第三任老师,幼儿在与环境的相互作用中建构知识,因此布置教室环境的物品和设备都是教师精挑细选的,以满足不同幼儿的需要。

在返本课程的实践探索中,我们充分吸收瑞吉欧的环境创设原则和方案教学,开放性地提供十三个学习中心,以"走班"的方式供幼儿自主选择。教师将幼儿教育目标分解到年龄班和学科领域,并体现在环境和材料中,通过际遇主题活动开展活动性课程,教师充分尊重幼儿的主体性,支持幼儿的自主学习活动。

综述,返本课程是我园在实践中探索的成果。在很长一段时间内,我们学习瑞吉欧的方案教学,主题活动开展得丰富多彩,幼儿的合作学习得到充分体现;我们学习蒙台梭利,通过与材料的有效互动,幼儿的专注力和秩序感让人印象深刻,幼儿的个别化学习得到充分体现;我们借鉴高瞻课程的关键经验,使幼儿的学习和教师的指导更具目标性和层次性。所以,返本课程是国外先进教育思想的本土化,是在摸索中不断假设和验证的实践成果。在返本教育理念下,幼儿是学习的主体,教师是幼儿学习的支持者,学习中心和微型社区是幼儿学习的基本途径,混龄教育是课程实施的组织形式。学习中心、微型社区、混龄教育在教育中并不少见,当这些教育要素有机组合并有效运作时,标志着我园的理论探索和实践摸索进入一个全新的阶段。

第三部分
打破边界的课程设计

第一节　课程的创新

一、六个跨界

传统的幼儿园课程大多是预先设计教学目标和内容，再将此延伸到班级的几个活动区域，这样的课程设计与组织比较容易完成教学任务。返本课程要践行"以儿童为中心"的核心理念，就必须处处站在幼儿的角度设想，行走在打破常规思考的路线上。想要实现"让幼儿的学决定教师的教"的教育状态是艰难的，我们必须越过重重障碍，开放思维，打破传统界限，共享全园资源，实现全新的跨领域学科、跨班级、跨年龄、跨虚实、跨教师、跨家园的课程运作。这样才能更好地回归到"还原儿童本质"这个原点。

1. 领域跨界

人的思维过程是一个极其复杂的信息加工处理过程，是多种思维集合的结果。学龄前儿童的思维特点决定了其学习的主要途径是：与环境互动获得经验。这里的经验主要是指对事物的整体概念，换言之，幼儿对事物的认识是具有整体性的，其各方面的发展也是相互联系、不可分割的。尽管《指南》将课程内容划分为健康、语言、社会、科学、艺术五个领域，但也强调"要注重领域之间、目标之间的相互渗透和整合，促进幼儿身心全面协调发展，而不应片面追求某一方面或几方面的发展"。因此，不能人为地将领域之间的课程内容割裂开来。我们创设的十三个类别清晰的学习中心拥有上百个区域,区域设置更是让领域和学科毫无违和感地融合在一起,涵盖了多领域内容,整合了各种学习内容和材料,使每个幼儿都能最大化地享有学习资源、进行人际交往,在学习中获得整体的发展,进而真正体现课程以儿童为本位的精髓。

2. 班级跨界

传统班级活动局限于各自班级空间,每个班级被固定的空间框住,班级与班级之间被阻隔起来,形成一个个独立的班级小团体。返本课程采用的是"学习中心混龄走班制",即全园幼儿进行走班式学习,这是一种创新型的学习模式。班级之间不再有界限,所有班级作为学习中心都有被选择的可能。每个幼儿都拥有在十三个学习中心一百多个区域自由选择的权利。他们可以走出自己的班级,去其他班级进行学习。这样,幼儿不仅可以和本班教师及同伴接触,还能接触到其他班的教师和小朋友,彻底打破了班级界限,实现了班级之间的跨界。

3. 年龄跨界

我国幼儿园普遍采用的是"同龄编班",这有利于教师为同一年龄段幼儿提供适宜的发展空间,开展集体教学。返本课程以"最大限度地支持幼儿全面而个性化发展"为目标,尝试混龄编班。如今,学习中心走班和混龄编班已完美地结合在一起,全园班级全部混龄编班,形成了同龄互动、异龄互动。混龄编班跨越了年龄的界限,扩大了幼儿的交际圈,给幼儿的生活和学习创造了一个自然的生态圈,为幼儿形成积极健康的个性奠定了良好的基础。

4. 虚实跨界

返本课程发展至今已发生了巨大的变化。由于"走班"是一个从课程计划、实施直至评价过程都极为复杂的运作体系,因此,"全园班级如何更高效地制订走班计划?幼儿怎样更有目的地选择区域完成个人计划?如何实时、动态、直观地呈现并记录幼儿当下的学习?如何跟踪幼儿个体经验发展的轨迹?如何针对幼儿在活动中的表现进行有效的经验检核?"等问题,引发了我们从另一个角度对课程运作的思考。我们设计了与学习中心走班制课程配套的 APP 软件——基于大数据的幼儿发展评价工具,即利用网络信息技术推动课程现代化发展。这是返本课程发展进程中的又一大创新举措。课程 APP 软件作为一种"虚拟"的计算工具,将现实的课程运作模式信息化、数据化,为课程运作提供了便捷,帮助教师完成繁琐的数据处理,留给教师更大的课程思考空间。

5. 教师跨界

学习中心走班制必定带动教师跨越班级的界限,不再局限于班级内的合作,而是与其他班甚至全园的教师形成"合作教学"。这里的"合作教学"是指教师与教师或是班级的教师团队与其他班级的教师团队相互配合的一种合作教学方式,成为新型的师师关系。

6. 家园跨界

返本课程从理念、课程设置到实施评价,无一不体现了教育改革的创新,而实现这种创新需要多方认同,更需要多方参与和支持,因而,幼儿园与家庭之间已不限于传统意义上的"家园共育"。家长作为幼儿的启蒙导师、幼儿园的合作者、资源提供者、微型社区的成员,成为幼儿园课程发展不可或缺的推动力量。如今,我园的家长已成为课程的共建者与合作者,大量参与幼儿园课程的建设和实施,主要包括:参与课程设计、参与课程资源挖掘、参与课程实施以及对课程的评价和反馈。

二、四个融合

幼儿拥有很多奇妙的特质,如模仿、探索、创造想象、观察等。返本课程用融合的思想做新的探索,用融合的方式建立新的学习,就是为了让课程能更好地支持儿童的学习和发展。

1. 理念融合

返本课程的价值取向是"以儿童为中心",倡导让教育回归儿童的本质。在课程建设过程中,幼儿园融合各种先进的教育思想和课程观念,深入实践,形成了一个全方位追随幼儿、还原幼儿学习本质的活动性课程。

在融合各种教育思想的过程中,我们不禁思考:什么样的教育是最佳教育?什么样的课程才是最佳课程?从借鉴、融合到创新,我们绕了一大圈才寻找到问题的关键:"儿童"才是教育的根本所在。无论哪一种课程,出发点和落脚点都必须回到儿童身上,即最佳课程就是真正符合儿童身心发展规律的,也能让儿童感受到学习乐趣的课程。在融合各种课程理念的基础上,我们创建了"返本课程"。

2. 资源融合

《纲要》明确指出:"幼儿园应与家庭、社区密切合作,与小学相互衔接,综合利用各种教育资源,共同为幼儿的发展创造良好的条件。"因此,将各种资源融合在一起,让资源成为课程的一部分,丰富课程内容,满足课程建设需求与儿童发展需要。我们的教育资源包括:学习资源、家长资源、社区资源、网络资源和自然资源等。

第一,学习资源最大化共享。学习中心的一个最大的特点就是学习资源共享,我们将所有学习中心的区域和材料作为一个整体的学习内容面向所有幼儿开放,对于个体来说,他们的选择范围扩大了,学习内容也变得更丰富,他们不仅可以享用任何一个区域的学习资源,活动时还可以根据需要到任何一个区域去取用或借用材料,使得学习更加灵活、材料运用范围更广、使用方法更多元。学习资源的最大化共享,为幼儿的学习提供了无限的可能,也更好地激发了幼儿学习的动力、创造力、应变能力和解决问题的能力等。

第二,家长成为课程重要的资源。家长会为班级搜集、添置可供幼儿操作的各种材料;会在班级、幼儿园担任家长助教、义工,支持幼儿的活动;会参与幼儿园课程的建设,为课程发展贡献智慧;会积极发挥自身的优势,提供专业的培训指导;还会利用自身的资源,为幼儿提供各类学习机会等。

第三,社区资源拓展了幼儿园课程的空间。社区是幼儿生活所处的社会环境。我们会将社区里普通事物转化为幼儿的学习环境、材料和内容;常常与社区服务中心联合开展公益性的家园共育指导活动、社区亲子活动等;还会向社区开放,鼓励社区的居民、社区小学老师走进幼儿园,参与课程,体验课程,支持幼儿与社会之间的联系,并为幼小衔接做深入的准备工作。

第四,网络资源已成为资源融合的重要趋势。信息化社会意味着信息技术成为越来越重要的课程辅助工具。网络资源极为丰富,它不仅能帮助教师获取课程相关信息,还能让幼儿快速搜集有用资料,帮助建构认知体系。除此之外,数字化管理也能让幼儿园高效地建立资源库,网络化教研给教师工作带来便利,做到真正的教学资源共享。结合实际,我园的"基于大数据的儿童发展 APP 评价工具"就是网络资源融合的最典型实例。

第五,自然资源是不可或缺的环境资源。自然资源与幼儿园所在的地理位置息息相关,不同地方的幼儿园可利用的自然资源是不同的。大自然中蕴含着丰富的教育资源,我们在环境创设、生活细节方面都渗透了自然的因素,如学习中心环境创设体现自然性,添加自然材料供儿童感知、探索;生活中引导幼儿对自然、物理现象进行观察,培养幼儿善于发现的特质;主题活动关注幼儿对自然的认知,鼓励他们认识、搜集自然材料,让自然资源成为儿童学习的重要部分。

3. 发展融合

幼儿的发展有很多的层面,如身体、审美、认知、社会性、语言等,各个方面是互相关联的。幼儿的发展离不开生活,正所谓"教育即生活,生活即教育"。对幼儿来说,很难把教育与生活分割开来,幼儿在游戏中学习,在生活中学习,所有的发展都以生活为根基。教育的任务就是将各方面的发展都融进儿童的生活里,在生活中实现发展融合。

以学习中心为例,每一个区域都融合了各个方面的发展。如生活体验中心的面点区,"动手制作面点"能发展精细动作;"了解面点制作过程"能丰富生活认知;"对面粉加水""加糖""观察面粉发酵""烘烤"等有助于提高科学认知,培养科学探究精神;"面点创意造型"有助于发展审美能力;"对面点造型分类统计"能发展计数能力;同时在与同伴合作、探究的过程中也发展了语言能力和社会交往能力等。

4. 人际融合

返本课程实行的混龄编班、走班学习和微型社区将所有的常规界限都打破了。幼儿方面:从同伴互动来说,幼儿所接触的年龄层更广阔,既有同龄,也有异龄;从师生互动来说,幼儿在不同的活动环节需要面对不同的教师;从亲子互动来说,各类大型活动、微型社区、家长义工和助教会让幼儿接触到不同的家长。教师方面:走班学习使教师形成了合作教学,混龄走班成为全园教师集体教研的基础。家长方面:家长是幼儿园课程的共建者、教师的协助者、儿童的引导者,家长之间也有了更多交流互动的机会,共同思考解决教育中的问题。于是,幼儿之间、教师之间、家长之间,以及幼儿与教师、幼儿与家长、教师与家长之间都建立了多方面的联系,呈现出人际融合。

三、课程内容的组织框架

返本课程在实施方面设立了十三个学习中心,创建了微型社区,实现了六个跨界、四个融合,系统而完整地架构了"课程内容组织框架"(见下图)。

第三部分　打破边界的课程设计

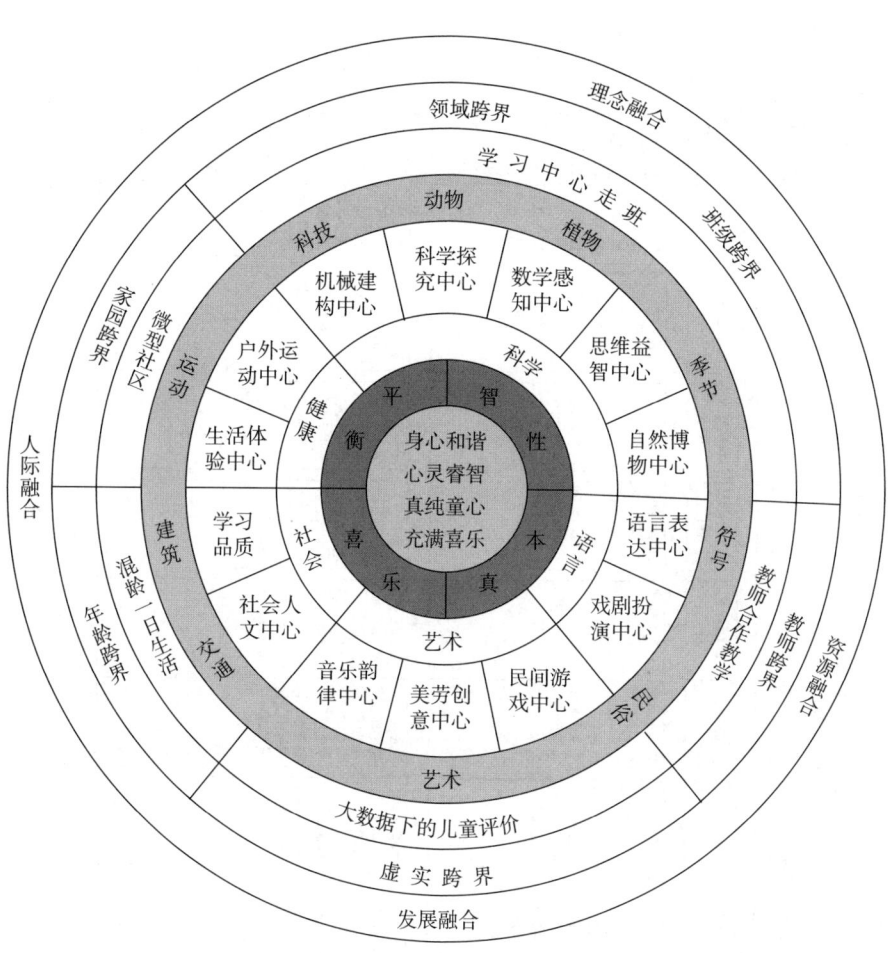

幼儿园返本课程：在行动中学习

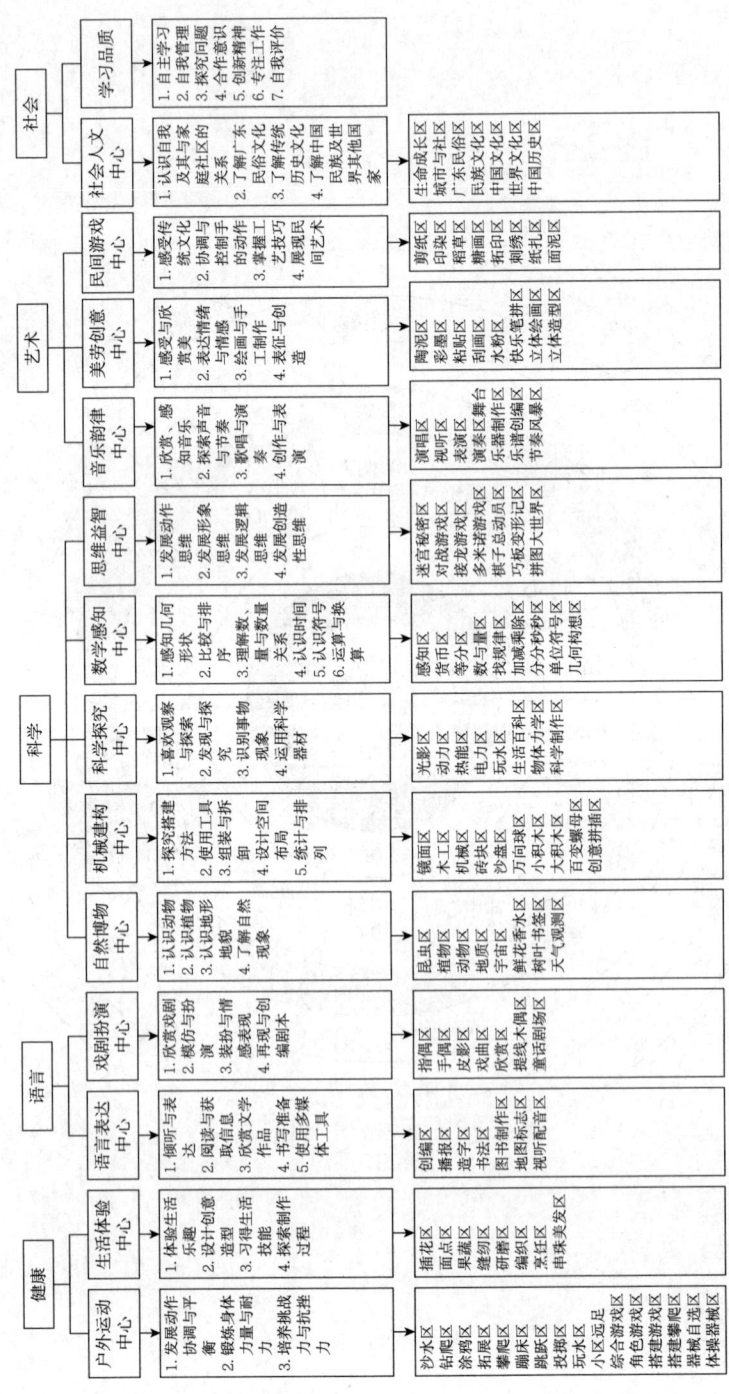

第二节　课程目标

课程目标是课程教育理念的真正体现,它指引课程的发展方向,体现课程的精髓,决定课程的内容、实施与评价。"现代课程理论之父"拉尔夫·泰勒在《课程与教育的基本原则》一书中将"教育目标"描述为"教育目标的确定必须考虑学生的需要、当代社会生活、学科专家的建议"等多方面因素。因此,制定课程目标应依据三方面的内容:从课程的外部环境来说,一是社会政治、经济、文化等各领域的进步发展对教育提出的要求,社会发展对人才的定位,课程所属地域特色和文化发展状况;二是教育相关部门颁发的学前教育纲领性文件,如《3—6岁儿童学习与发展指南》(以下简称《指南》)、新《幼儿园工作规程》(以下简称《规程》)等;三是幼儿的兴趣、需要、个性特点和身心发展特点,以及教师与幼儿的互动关系。

"返本"的精髓就是"回归儿童的本源",与现代学前教育"以人为本"——"聚焦于实现儿童权利,着眼于儿童发展"的教育理念一脉相通。美国著名心理学家、教育学家本杰明·布卢姆在《教育目标分类学》中将教育目标划分为认知领域、情感领域和动作技能领域三个主要部分。其中,认知领域目标由低到高有六个层次,即记忆—理解—应用—分析—评价—创造,[1]情感领域目标是有关兴趣、态度、价值、欣赏和适应等方面的目标;[2]动作技能领域目标是有关反射动作、基础动作、技能动作、知觉和生理能力、身体语言等。[3]在此基础上,我们将幼儿的"审美"作为精神生命活动的表现纳入幼儿发展的重要部分,参考《指南》对幼儿学习与发展的阐述,依照返本课程的实施路径,即从动作技能、认知、态度与情感、审美来制定课程目标,将课程目标划分为身体运动与健康、语言与早期读写、社会与情感发展、科学探究与数学、创造性艺术与表现以及学习品质六个方面。这样相对于《指南》,既有参照又有调整,力图从各个领域考量、支持幼儿全面而富有个性的发展。

---

[1] (美)格林·W.安德森,等.布卢姆教育目标分类学(修订版)[M].蒋小平,等译.北京:外语教学与研究出版社,2009:51.

[2] (美)D·R·克拉斯沃尔,B·S·布卢姆,等.教育目标分类学(第二册)[M].施良方,张云高,译.上海:华东师范大学出版社,1989:24.

[3] (美)D·R·克拉斯沃尔,B·S·布卢姆,等.教育目标分类学(第二册)[M].施良方,张云高,译.上海:华东师范大学出版社,1989:5.

一、身体动作发展

《指南》中对"健康"的定义是"人在身体、心理和社会适应方面的良好状态",随后又进一步指出,"发育良好的身体、愉快的情绪、强健的体质、协调的动作、良好的生活习惯和基本生活能力是幼儿身心健康的重要标志,也是其他领域学习与发展的基础"。这体现了健康领域在儿童发展中的基础性地位,由此才会成为其他领域学习的重要支柱。幼儿的学习主要是以获取直接经验为主要方式,在做中学、玩中学、生活中学,进而产生有意义的学习。返本课程"学习中心"的设立就是以操作性学习为主,强调学习的趣味性、操作性、情境性,因此除了《指南》中对身体、心理等方面的阐述外,我们还重视幼儿在活动中的"使用工具""精细动作技能"方面的进步。例如,在"身体运动与健康"方面,把"情绪安定愉快"纳入了"健康身心"里,增添了"正确使用简单的工具"内容等。

1. "身体运动与健康"的目标主要包括:

(1) 具有健康的身心和适应能力。

(2) 具有良好的卫生生活习惯。

(3) 具有一定的协调和平衡能力,动作灵敏。

(4) 具有一定的控制能力、力量和耐力。

(5) 手眼协调,能正确使用简单的工具。

(6) 具有基本的生活自理能力。

(7) 对身体、保健和安全等有一定的意识和认知。

2. 具体内容为:

(1) 动作协调与平衡的锻炼:① 走平衡木;② 助跑跨跳;③ 安全攀爬攀登架;④ 连续拍球;⑤ 连续跳绳。

(2) 身体力量与耐力的练习:① 双手抓杠悬空吊;② 单手向前投掷;③ 单脚连续向前跳;④ 连续行走。

(3) 协调与控制手的动作:① 捆绑稻草;② 控制绣针位置;③ 控制手的速度和糖量;④ 学习对折的方法;⑤ 练习搓捏动作。

(4) 使用工具:① 选择工具和材料;② 手的控制与协调;③ 手臂的控制与协调;④ 手指的灵活与协调。

(5) 体验生活乐趣:① 感受研磨乐趣;② 感受搅拌、揉面的乐趣;③ 感受不同的布料;④ 享受装扮的乐趣;⑤ 感受烹饪乐趣;⑥ 品尝果蔬的味道;⑦ 了解各种花卉;⑧ 观察豆谷类的变化。

(6)习得生活技能:① 学习榨汁方法;② 学习插花技巧;③ 练习穿珠技巧;④ 练习缠绕方法;⑤ 烹饪食材;⑥ 裁剪布艺;⑦ 缝纫布艺;⑧ 估算食材比例与称重;⑨ 使用工具与电器。

(7)设计创意造型:① 塑造形状造型;② 设计拼盘造型;③ 设计主题造型;④ 设计服饰;⑤ 编织交错图案;⑥ 装饰发型。

(8)探索制作过程:① 探索面点的制作过程;② 发现果蔬切割方法;③ 了解烹饪的制作程序。

二、认知发展

与传统知识观不同的是,这里的认知是指幼儿在与周围的人、环境互动过程中所获得的各方面经验。按照布卢姆对认知目标的解释,认知过程是由记忆—理解—应用—分析—评价—创造六个层次组成。因此,幼儿的认知过程必须是在动态、互动的环境中进行。当教育贴近其生活,并以多样而具体的方式呈现时,幼儿会学习到体验性知识、生活性知识,将相关的知识纳入到自身的经验体系中,完善对事物的理解和认识。认知存在于生活的各个环节和细节中。只要是获取知识、认识事物的过程,都是认知。因此,幼儿在学习过程中的认知涉及各个领域,包括健康、语言、社会、科学、艺术等。我们将"语言与早期读写""科学探究与数学"纳入到幼儿认知领域的范畴,并在"语言与早期读写"中将"交流"放在了第一条,着眼于语言沟通、表达,"科学探究与数学"侧重科学探索、问题解决,这种归类实质是依照领域偏向,进行有代表性归类。

(一)语言与早期读写

1. "语言与早期读写"的目标主要包括:

(1)能认真倾听并理解说话内容,清楚地表达和交流,会使用文明的语言表达和交流。

(2)喜欢阅读,具有良好的阅读习惯。

(3)掌握一定的识字技巧和词汇量。

(4)能初步理解文字内容,并能对内容进行初步的分析。

(5)具有书写的愿望,有一定的书写质量和技巧。

2. 具体内容为:

(1)欣赏文学作品:① 欣赏书法;② 欣赏文学作品。

(2)倾听与表达:① 模仿与复述;② 运用多种句式表达;③ 运用播报方

式表达;④ 合作表演语言类节目;⑤ 表现内容的逻辑关系。

(3) 阅读与获取信息:① 专注地阅读;② 有目的地查阅;③ 获取关键信息;④ 了解文学作品的要素;⑤ 理解符号、标志的意义;⑥ 匹配图画与文字。

(4) 前书写准备:① 感知汉字结构;② 了解书的结构;③ 学习握笔方法与书写;④ 了解书写的基本方法;⑤ 运用符号和标志;⑥ 辨认字词;⑦ 运用文字符号表达;⑧ 编辑简单报纸版面。

(二) 科学探究与数学

1. "科学探究与数学"的目标主要包括:

(1) 喜欢探究大自然并获得初步的科学经验。

(2) 在探究过程中能发现并解决问题,具备初步的科学探究能力。

(3) 能在探究中识别自然事物和现象。

(4) 能了解和使用简单的科技设备,并用其解决实际问题。

(5) 善于发现与数学有关的事物特性,了解其趣味性和重要性。

(6) 运用各种感官理解事物的数量关系、空间和时间关系。

(7) 会用数的相关经验解决问题并进行简单的逻辑推理。

2. 具体内容为:

(1) 喜欢观察与探索:① 感受光的变化;② 观察水的流动性;③ 体验速度;④ 探索物体混合;⑤ 观察火的燃烧;⑥ 感受风力与磁力。

(2) 识别事物现象:① 了解物体的溶解;② 感知物质分离与膨胀;③ 了解助燃与熄灭的方法;④ 感受能量的转换;⑤ 发现光的反射、折射与透射;⑥ 体验磁铁的吸引与排斥。

(3) 探究与发现:① 比较沉浮;② 比较重量;③ 热能实验;④ 连接电路;⑤ 发现光影变化;⑥ 发现水与压力的关系;⑦ 比较速度与变量的关系。

(4) 运用科学器材:① 认识电子材料;② 了解光学仪器;③ 使用天平和电子秤;④ 使用酒精炉、温度计;⑤ 使用计时器;⑥ 使用试管与量杯。

(5) 探究搭建方法:① 探索积木搭建方法;② 探索沙的搭建方法。

(6) 组装与拆卸:① 了解物体的特性;② 了解物体间的关系。

(7) 感知几何形状:① 认识几何形状;② 了解立体与平面的关系。

(8) 比较与排序:① 发现事物的排列规律;② 比较物体差异。

(9) 理解数、量与数量关系:① 按顺序点数;② 认识数位;③ 按数取物;④ 比较数的大小;⑤ 知道数的概念;⑥ 认识"1"和许多;⑦ "1"的等分。

(10) 认识时间：① 感知时间长短；② 认识时钟；③ 认识日历。

(11) 认识符号：① 认识货币；② 认识"＋""－"；③ 认识长度、重量、容量单位符号。

(12) 运算与换算：① 学习等量换算；② 感知单位换算；③ 了解货币兑换；④ 感知四则运算；⑤ 10 以内的加减运算；⑥ 数的情景创编与应用。

(13) 空间布局：① 组合形状；② 布局空间；③ 组合空间；④ 感知空间方位；⑤ 感知空间结构。

(14) 统计与排列：① 统计数量；② 测量物体；③ 按规律排列；④ 物体分类；⑤ 对称。

(15) 了解自然现象：① 知道各种天气及其特点；② 了解温度、湿度和风向；③ 了解昼夜交替、四季变化。

(16) 认识植物：① 知道植物的名称；② 了解植物的种类、结构及生长过程。

(17) 认识动物：① 知道动物的名称；② 了解动物的种类、生活习性及生长特点。

(18) 认识地形地貌：① 认识地球仪；② 感受沙土石特征；③ 知道湖泊、岛屿、半岛等地形特征。

三、态度与情感发展

态度与情感是幼儿学习的内在驱动力，它能对学习起到发动、维持、调节的重要作用。因此，"态度与情感"是在"以儿童为本"的课程下儿童学习的主观体验和倾向，良好的态度与情感是促进儿童发展的重要因素。态度与情感注重情调、情绪或接受与拒绝的程度，大多是表现兴趣、态度、欣赏、价值观和情绪意向或倾向。[①] 每个领域在表述目标时，都较多地使用了"喜欢""乐于""敢于""感受"等词汇，突出了兴趣、情感、态度、个性等方面的倾向性，尊重个体差异性，注重学习动力的激发。正如儿童对某一领域的喜欢，这种兴趣和积极情绪体验会激发他们之后对该领域持续的关注、学习和参与，这对儿童在该领域获得丰富经验，并形成良好的学习品质有着极大帮助。返本教育中的混龄互动贯穿了儿童生活和学习的全部，因此，无论是在哪一个环节，无不体现着社会交往与合作，与儿童的态度和情感有着直接而密切的联系。同

---

① （美）D·R·克拉斯沃尔，B·S·布卢姆，等.教育目标分类学(第二册)[M].施良方，张云高，译.上海：华东师范大学出版社，1989：5.

时,《指南》的说明部分指出,学习品质是"幼儿在活动过程中表现出的积极态度和良好行为倾向",是"积极主动、认真专注、不怕困难、敢于探究和尝试、乐于想象和创造等"。这充分说明良好的学习品质将对儿童终身学习有着深远的影响。由此,我们将"社会与情感发展"和"学习品质"纳入这一范畴,并涵盖"目标"中所有含情感倾向的内容,而且在"社会与情感发展"中增添了"关爱生命""了解社会文化"和与"自主"有关的内容等。

(一) 社会与情感发展

1. "社会与情感发展"的目标主要包括:

(1) 喜欢交往,与同伴有亲社会关系,能分工合作。

(2) 具有自尊自信的表现,能适应群体生活。

(3) 能关心和尊重他人,与成人积极互动。

(4) 会照顾植物,关爱生命,遵循基本的行为准则和规范。

(5) 初步了解社会历史文化,具有一定的社会认知和社会责任感。

(6) 能了解和表达情绪情感,并合理调节自己的情绪。

(7) 能够自主选择和计划,在工作活动中自主探索和建构,在教师引导下能自我反思。

(8) 具有较强的自我意识和自我概念。

(9) 能在工作中自主形成良好的行为规范。

(10) 在工作中能自主形成安全保护自我的能力。

2. 具体内容为:

(1) 认识自我及其与家庭社区的关系:① 认识人的成长过程;② 认识人体结构及部位名称;③ 了解家庭成员及关系;④ 知道社区名称及位置;⑤ 知道社区的规划及功能。

(2) 了解广东民俗文化:① 了解深圳城市特色;② 了解广东饮食;③ 了解潮汕文化;④ 了解客家文化。

(3) 了解传统历史文化:① 认识京剧脸谱;② 知道传统节日;③ 知道十二生肖;④ 了解四大发明。

(4) 了解中华民族及世界其他国家:① 了解少数民族服饰特点及风俗习惯;② 了解世界其他国家的名称与国旗。

(5) 感受传统文化:① 欣赏扎染、蜡染;② 欣赏四大名绣;③ 欣赏各式剪纸;④ 欣赏民间面人;⑤ 欣赏草编工艺;⑥ 欣赏糖画工艺。

(6) 掌握工艺技巧:① 了解材料的吸水性;② 练习插接稻草的方法;

③ 练习交叉的连接方法；④ 练习刺绣的针法；⑤ 感受温度与黏性；⑥ 了解材料的弹性；⑦ 感知糖的冷却与凝固；⑧ 练习连接与断开的方法。

（二）学习品质

1. "学习品质"包括：

（1）能进行自主学习，即自主做计划，自己选择活动，独立工作并自我反思。

（2）在学习中保持坚持与专注。

（3）敢于探究事物，能及时发现问题并解决问题。

（4）乐于想象与创造，并能运用到与周围环境的各种互动中。

（5）拥有积极的自我意识，即勇于承担责任，遵守规则。

2. 具体内容为：

（1）挑战力与抗挫力的锻炼：① 勇于尝试新的动作与技能；② 不怕困难与挫折；③ 正确对待输赢。

（2）自主学习：① 能自主做选择；② 能自主计划自己的活动；③ 能自主选择材料完成活动；④ 能决定独立工作或与人合作。

（3）自我管理：① 能自主走班；② 管理好自己的物品；③ 能在活动中遵守规则；④ 能对空间和安全做出自主判断；⑤ 能完成工作任务。

（4）探究问题：① 能发现和认识问题；② 能与他人探讨问题；③ 能寻求资源和帮助解决问题；④ 有探究的思维习惯。

（5）专注工作：① 能在活动过程中排除干扰；② 能应对活动中遇到的挫折；③ 能在活动中有步骤地完成任务。

（6）自我评价：① 能归纳一些想法，能做一些预测；② 能理解他人的意图，能做出评价。

四、审美发展

艺术源于对美的感受和欣赏，其本身就具有审美特性。幼儿通过依靠直觉、想象对事物进行感性的认识，完整理解世界的方式。儿童的审美欣赏就是儿童的生命活动和审美对象之间同形同构或异质同构以及产生的心理愉悦状态，重在感受性而非认识性。[1] 儿童审美经验就是在对美的情感体验与理解的过程中获得的，从而为表现创造性艺术奠定基础。这种审美体验是独

---

① 李季湄,冯晓霞.《3—6岁儿童学习与发展指南》解读[M].北京:人民教育出版社,2013:154.

特的。儿童总是用自己的方式去看待与之有交集的对象,通过审美感知、想象与欣赏,自然产生情感倾向,进行创作,最后在欣赏和体验自身创作的过程中获得无尽的愉悦。正是因为审美是艺术教育的核心,具有强烈的主观意识,同时还是儿童表现与创作的基石,所以我们应该重视儿童的审美教育。我们不仅在学习中心环境布置上注入幼儿的审美特点,使幼儿在日常生活和学习中潜移默化地受到艺术感染,还会在进行各类活动时鼓励和引导幼儿对事物的色彩、形状、空间等多样化形式的美的关注。在"创造性艺术与表现"中,我们把艺术活动形式拓展开来,并增添了发展儿童"空间视觉艺术和建构能力"。具体内容如下:

1. "创造性艺术与表现"的目标主要包括:

(1) 喜欢并感受美的事物。

(2) 欣赏和识别多样性的艺术形式和作品。

(3) 喜欢进行艺术活动(绘画、工艺、唱歌、戏剧和舞蹈表演等),乐于表达和大胆表现。

(4) 具有初步的艺术表现和创造能力,以及空间视觉艺术和建构能力。

2. 具体内容为:

(1) 感受与欣赏美:① 欣赏图案艺术;② 欣赏陶艺;③ 感知色彩;④ 感受自然美景;⑤ 感受国画的意境;⑥ 感受立体视觉空间造型。

(2) 表达情绪与情感:① 表现对物体的联想;② 产生愉悦的联想;③ 表述画面内容;④ 用色彩表达情感;⑤ 选择材料。

(3) 使用绘画与手工方法:① 有技巧地涂色;② 使用塑型技巧;③ 掌握粘贴方法;④ 使用毛笔绘画;⑤ 掌握连接方法。

(4) 表征与创造:① 自由想象;② 大胆表现所见所想;③ 表现形态与场景;④ 呈现事物的特征;⑤ 表现墨的浓淡;⑥ 表现空间关系;⑦ 组合点线面;⑧ 展现特别效果。

(5) 欣赏、感知音乐:① 欣赏并感受音乐;② 发挥想象并表现音乐;③ 体验歌唱姿势与歌曲情感;④ 选择音乐。

(6) 探索声音与节奏:① 辨认音符;② 探索音高和音色;③ 区分节奏型;④ 体验音乐的节奏;⑤ 了解声音的产生与特点。

(7) 歌唱与演奏:① 练习节拍与音准;② 按乐谱演奏;③ 用乐器伴奏;④ 使用多种演唱形式。

(8) 创作与表演:① 动作仿编;② 设计造型与舞台队形;③ 创作乐谱;④ 仿编歌词;⑤ 展现舞蹈风格;⑥ 用打击乐器演奏。

(9) 欣赏戏剧：① 欣赏木偶剧；② 欣赏皮影戏；③ 欣赏各种戏曲；④ 演出剧目。

(10) 装扮与情感表现：① 搭配戏曲服饰与妆容；② 创设服装道具与场景；③ 用声音表现角色特征；④ 表现角色喜好与特点；⑤ 体现不同职业人物特点；⑥ 唱述故事。

(11) 模仿与扮演：① 协调手腕与手指的配合；② 掌握木偶的操作方法；③ 制作与表现剪影的动态；④ 扮演的角色与行为相一致；⑤ 模仿戏曲人物的神韵。

(12) 再现与创编剧本：① 呈现唱腔与韵味；② 用对话创编情节；③ 为角色创编语言；④ 表现丰富夸张的戏剧表演；⑤ 创编情景；⑥ 编制剧本。

(13) 设计创意造型：① 塑造形状造型；② 设计拼盘造型；③ 设计主题造型；④ 设计服饰；⑤ 编织交错图案；⑥ 装饰发型。

第三节　课程内容

一、课程内容的来源

幼儿园课程内容是根据课程目标而确定的幼儿的学习范畴。苏联教学论专家沃·维·克拉耶夫斯基认为，课程内容的成分应类似于人的社会经验的成分，应包括：① 客观世界的知识；② 活动方式的经验；③ 创造性活动的经验；④ 对待世界和客体的情感/评价态度的经验。[1] 张雪门提到课程时也曾说过："只为这些经验对于人生（个人和社会）有绝大的帮助、有特殊的价值，所以人类想要满足自己的需求、充实自己的生活，便不得不想学得这些经验。"[2] 因而，我们的课程内容应注重幼儿的"经验"，即考虑到幼儿生长的需要、幼儿所处的自然与社会环境以及对客观世界的认知经验。具体来说，课程内容来源于以下几方面。

（一）课程内容源于幼儿生长的需要

对于教育者来说，选择什么样的活动来促进幼儿的发展，满足其生长需

---

[1] （苏）沃·维·克拉耶夫斯基.教学过程的理论基础[M].王义高,译.南昌:江西教育出版社,1996:16-17.

[2] 喻琴、喻本伐.世界幼教名人名著:张雪门幼儿教育论著选读[M].武汉:长江少年儿童出版社,2014:23.

要,正是课程内容的重要来源。返本课程的最终目的是支持幼儿全面而个性化的发展,在这样的理念下,我们从以下方面考虑课程内容的来源。

1. 符合幼儿的年龄特点,满足其身心发展需要

《指南》明确提出:"幼儿的发展是一个持续、渐进的过程,同时也表现出一定的阶段性特征。"因此,课程内容应考虑到幼儿的年龄发展特点,不能超越幼儿现有的发展水平,"拔苗助长"地强迫发展。具体来说,我们为幼儿准备的环境要符合幼儿学习生活的条件,准备的材料应取自其生活环境等。

2. 尊重幼儿独特的学习方式

《指南》指出:"幼儿的学习是以直接经验为基础,在游戏和日常生活中进行的。""直接经验"的关键在于幼儿"亲历"和"实际操作",而游戏是幼儿活动的基本形式。那么,幼儿学习的主要方式是以游戏为主要形式,在做中学、玩中学、生活中学。在做中学就是在动手操作、体验过程中学习;在玩中学就是在游戏中自主获得知识,获得能力发展;在生活中学就是把生活作为学习的重要部分,扩大学习的范畴,把学习与生活融合在一起。

(二)课程内容源于幼儿的生活

幼儿是在生活中与周围环境的互动中成长起来的,其所接触的环境包括自然环境与社会环境,进行的活动是由与人的接触、与物的接触而生发的活动。因此,课程内容来源于幼儿与环境互动的经验,来源于幼儿的生活,包括自然与社会两方面。

1. 自然环境

自然环境是指与人类生活息息相关的物质条件总和,是由环绕生物周围的各种自然因素组成,如太阳、大气、水、土壤、动植物等。对幼儿来说,自然界的所有事物都是新奇的,每一寸土地、每一朵花、每一只小动物,凡是自己能接触到的无一不引起他的注意,观察、探究、尝试、模仿成为生活的一部分。幼儿对周围的一切事物都感到好奇,他们观察得越多越仔细,便越能用其他事物表征,在表征过程中,也会促使他们更深入地观察。这是一种对事物的直观研究,幼儿的活动都是建立在自己的经验之上,用各种方式对事物进行创造性表征。

2. 社会环境

社会环境是指在人生存、活动的范围内存在的所有社会物质、精神条件。这里主要包含与幼儿生活相联系的直接环境,如家庭环境、社区环境、与成人

和同伴之间的交往等。幼儿的能力往往是在实践活动中得到体现和发展的,课程内容应选取幼儿熟悉的社会生活内容,一方面会给幼儿创设模拟社会生活的空间,让他们有机会模仿表现成人的社会生活,体验自身的社会角色,获得充实感;另一方面,能让他们在社会实践活动中面临"问题情境"时激发思维活力,也能从中了解社会规则和社会常识。另外,随着幼儿年龄的增长,交往范围越来越大,接触的人越来越多,他们在交往中会理解基本的社会行为规则,知道如何加入到同伴群体中去,并让别人接受自己,体会合作与分享的快乐等。

(三) 课程内容源于客观世界的认知经验

对客观世界的认知经验是人类进化与发展的沉淀,是人类智慧与经验的积累,也是人类在不断尝试、改进、失败的过程中达成的共识性经验。对幼儿来说,客观世界的认知经验并非是对"重知识"倾向的支持,而是对幼儿学习的另一种思考。这些认知经验存在于人们生活的每一个角落,我们首先要对经验内容做出大致筛选:什么经验是对幼儿有价值的,什么经验是幼儿经常接触的常识性内容,什么经验是有益于幼儿今后的学习与发展的。这些认知经验能够帮助幼儿认识自己的生活环境,并能满足幼儿的学习需求、充实幼儿的生活。总之,来源于客观世界的认知经验一定不能离开"幼儿"这个主体的发展趋向,这样才能形成真正以幼儿发展为基点的课程。

二、课程内容的改造

既然课程内容的选择要基于幼儿的经验,那么就离不开幼儿本身,离不开幼儿的生活环境。现实生活中的内容极为广泛,正如著名幼儿教育家张雪门所说"课程的范围很大,技能、知识、兴趣、道德、体力、风俗、礼节种种经验,都包括在课程里"。[①] 这些内容并不是一成不变的通理,而是随人的发展和社会变迁而时刻变化的,换句话说,课程既要适应幼儿生长,又要适应社会发展,还要考虑到地域性和所处的时代。我们需要结合自身的实际情况选择适宜的课程内容,在进一步改造的基础上,让课程更具特色,更适合自己。关于课程内容的改造,应注意考虑以下三个方面。

1. 儿童化改造

幼儿园课程内容是儿童化而不是成人化的内容。任何内容都要考虑到

---

① 喻琴,喻本伐.世界幼教名人名著:张雪门幼儿教育论著选读[M].武汉:长江少年儿童出版社,2014:25.

幼儿的心理发展、能力水平和兴趣需要。比如,对"飞机"的讨论,在幼儿已有经验基础上,通过书籍、多媒体、成人帮助收集相关资料,包括:① 飞机的外形、种类、功能等;② 飞行的知识,如对"力""速度""飞行天气""飞行时间"的探究;③ 与飞机相关的认知经验,如"飞机场""地形地势""飞机维修"等。诸如此类的内容,是需要经过改造让幼儿自主获得的。课程内容本身应该浅显易懂,以启蒙性质为主。幼儿对事物认知的深度和广度,应以生活经验为出发点,用自己喜欢的方式去探索,获得深层次的经验提升。我们在区域里的很多材料是根据幼儿的特点准备的,如木工区的锤子、锯子等工具,都是便于幼儿抓握的迷你工具;烹饪区、水果拼盘区的厨具也是幼儿能使用的尺寸;民间工艺制作过程也是简化了的。

2. 生活化改造

幼儿园课程是面向所有幼儿的,课程内容一定是与幼儿的现实生活相联系的。这里所说的"生活",可能是幼儿直接参与的日常生活,可能是与之相联系的生活,也有可能是他们观察到的或感受到的其他人的生活。也就是说,脱离了幼儿生活的课程内容是很难真正被幼儿接纳的,由此,我们有必要对课程内容进行生活化的改造,它包含两方面:一是内容生活化。杜威曾说:"教育是生活的过程,而不是将来生活的预备。"[1]也就是"教育即生活"。幼儿无论是进行角色扮演、积木搭建,还是探索自然等,都是对自己生活经验的反映。将教育与幼儿生活联系在一起,对幼儿来说是实现了一种生气勃勃的生活,就像他自己的生活一样。另外,幼儿生来就被成人的生活世界影响着,他们总是忍不住去模仿成人,在游戏中呈现成人的行为、语言、表情等。因此,将手工、机械组装、缝纫、烹饪等现实生活中的活动纳入到课程内容里,能更有效地抓住幼儿的兴趣点,促使他们自发而主动地活动。二是课程生活化。课程生活化是指将教育渗透于幼儿一日生活的各个活动中,关注幼儿在生活中的细微生活经验,提倡"生活即教育"。《纲要》也指出:"幼儿园应与家庭、社区密切合作,与小学相互衔接,综合利用各种教育资源,共同为幼儿的发展创造良好的条件。"这也进一步扩大了幼儿园生活化课程的范围,如在幼儿园创设一些典型社区生活场景,引发幼儿对现实生活和环境的关注,使其作为生活的主体成员,以"主人翁"的角色生活在模拟的生活世界里,在行动中学习,在行动中健康生长。

---

[1] (美)杜威.杜威教育论著选[M].赵祥麟,王承绪,译.上海:华东师范大学出版社,1981:4.

3. 本土化改造

"本土化改造"是指在教育理念的指导下,依照地域特色、本土文化、城市特点、幼儿发展水平等对各种课程内容和资源进行重组加工,从而形成具有本土文化特色的课程。

首先是进行地域化改造。在有关探索自然的课程内容中,有些内容是普适性的,所有幼儿都可以学习,但有些具有地域特色的课程内容却具有各自的特点。以"深圳"为例,深圳属于中国的南方,是沿海城市,属于亚热带季风气候,同时也属于新兴的国际化城市,具有独特的地理优势和典型的城市风格。那么,在对课程内容改造时,应该根据本地的自然特色,如海洋、热带植物生长、城市建筑等,突显地域特色。

其次是文化特色改造。文化是课程发展的根基,也是灵魂所在。没有文化支撑的课程,就像是失去灵魂的空壳,很难走上健康发展的轨道。这里的文化不仅仅是指幼儿园课程文化,如教育实践团队的理念、信念等,还包括文化性的课程内容。文化性的课程内容可以是以民俗风情为依托的环境布置,也可以是以社会人文为线索的主题调查,还可以是以民间艺术和文化为背景的手工艺制作。比如,本园所在区域是中国广东省深圳市。中国包含的文化特色是中国传统文化、传统节日、民族特色、民间工艺和游戏等;广东包含的文化特色是岭南文化、餐饮特色等;深圳包含的文化特色是多元文化、语言特色等。

最后是园本化改造。每个幼儿园都有自己的特色,即便是某个幼儿园用实践证明了的成功经验或课程模式,我们也不能完全照搬模仿。因此,在选用课程内容时,必须要立足本园的实际情况对内容进行适当改造,才能为我所用,发挥课程的有效作用。本园的实际情况包括课程理念、园所文化、儿童发展的实际水平等。

第四部分
适宜、有效的学习中心环境

在规划学习中心时,我们考虑了以下几个问题:幼儿的一般需要是什么?本园幼儿的需要是什么?本园各年龄段幼儿的需要是什么?各个学习中心蕴含的领域学习经验是完整的、平衡的吗?为此,必须考虑学习中心的总体规划以及各个学习中心的具体规划,使每个学习中心都有其独特的价值。

通过对以上问题进行分析和讨论,我们确定了学习中心的总体规划,根据课程内容要求和实际情况设置了十二个学习中心,分别是:机械建构中心、戏剧扮演中心、语言表达中心、科学探索中心、美劳创意中心、生活体验中心、民间游戏中心、音乐韵律中心、自然博物中心、社会人文中心、数学感知中心和思维益智中心。学习中心涵盖了96种不同的活动区和上万种材料,以满足不同年龄段幼儿科学探索、数理逻辑、语言、艺术、人际、空间、肢体动作等多种能力发展的学习需求。

具体规划则是根据每个学习中心的核心经验,罗列在这个学习中心内可以开展的所有学习活动。我们分析和选择符合本园幼儿实际需要的资源,根据幼儿所需的关键经验进行学习区域的创新性设计。学习区域的创新性设计强调了"关注过程""提供有意义的情景""通过设计鼓励学习""为合作学习而做的设计""做出容易调整的设计""提供对预想的记录"等指导思想,关注幼儿的发展和学习情况。以机械建构中心为例,我们在大积木区特别设置了放纸、笔和卷尺的地方,方便幼儿进行记录和测量,是为关注幼儿学习过程所做的设计;当我们设计沙盘并提供丰富的辅助材料时,幼儿的活动与户外沙池中的活动便有了显著的不同,因为我们设计了一种有意义的情景,使孩子产生了不同的学习;当我们把大镜子和各种形状的立体材料放在一起设计成镜面区的时候,镜中倒影的形象变化引发了幼儿的好奇和探索欲望。在学习中心,固定的不能搬动的设施是很少的。因为我们需要根据幼儿的活动需求不断调整环境,这就需要对环境做出容易调整的设计。每个学习中心都根据自己的特点进行创新性设计,这使得各个学习中心都成为幼儿喜爱的游戏场所。

1. 学习区域规划策略

(1) 最大限度地利用教室空间,每个班级至少会有 8 个区域来支持幼儿的学习。

(2) 区域位置的规划让幼儿通行和游戏的路线都通畅,大部分的活动不会相互干扰。

(3) 开放式的设计让幼儿在没有成人帮助的情况下也能方便地独立取得材料和使用区域。

(4) 关注空间分割、家具布置和装饰的审美特点。

(5) 用低的架子、地毯或带子定义区域的界限,不会阻挡成人关注孩子的视线。

(6) 学习中心有范围宽广的活动,以适应不同年龄幼儿的兴趣和发展水平,活动内容涵盖幼儿各方面发展。

2. 材料提供的策略

材料是幼儿探索世界、获得经验的媒介。我们尽可能地创设可以让幼儿获得全面、和谐、平衡发展的支持性学习环境,为幼儿提供新颖有趣的材料。

(1) 提供真实的工具和设备。

真实的工具和设备会激发幼儿操作的兴趣,促使幼儿在活动中更加专注、更加细心。比如:机械建构中心里有各式的钉锤、螺钉、锯子、钳子、钻孔机、热胶枪、切割机;生活体验中心里有各种刀具、碗碟,还有冰箱、微波炉、电磁炉、石磨、缝纫机、针线等。

(2) 提供自然的材料。

自然的材料蕴含了人与自然的关系。对于在城市中生活的儿童来说,石子、沙、树叶、树枝、贝壳、泥、玉米须、稻草、稻谷壳、黏土、水等自然物是尤为重要的课程资源。幼儿通过各种感官感知自然材料的特性,发展观察能力、比较能力,在操作过程中和自然万物的联系更加密切。通过接触自然材料,幼儿学会关注动植物的生长、关心生命和地球生态,成长为有自觉环境意识的人。

(3) 提供来自生活的材料。

幼儿的许多经验来自于生活。来自生活的材料是幼儿熟悉的,承载着幼儿的已有经验,也便于引发新经验。比如,面粉、鸡蛋、蔬菜、水果等用于烹饪;各种纸盒、纸箱等用于搭建;糖、盐、醋、油、苏打粉等用于科学发现;衣服、帽子、袋子、手电筒、电话机等用于扮演。

(4) 材料体现本土文化。

文化是一个民族的魂魄,传承本土文化是教育的责任。选择幼儿感兴趣和需要的本土文化材料是教师文化自觉性的体现。比如,京剧、粤剧的服饰和音频资料,笔墨纸砚书写材料,青花瓷和脸谱等绘画材料,刺绣、剪纸、面人、糖画等手工材料,空竹、毽子、竹竿等户外游戏材料。

(5) 材料体现多元文化。

理解和尊重多元文化才能让世界变得和平和美好,因此,提供给幼儿的材料都应该体现平等、尊重、无偏见的特点。比如,图书中男性和女性的角色是多样化的、展现多种职业能力的;扮演妈妈角色的服饰有多种,可供幼儿选择,不是只有围裙;世界各国的国旗都被同样陈列和尊重等。

(6) 提供层次不同的材料。

在学习中心里有三个年龄段的孩子同时学习,所以提供的材料要尽可能满足不同水平的幼儿的需要并向他们提出适宜的挑战。比如,木块的不同厚度、不同密度,锯齿不同大小,锯子的不同长短等所带来的操作体验是不一样的;再比如,切香蕉与切胡萝卜的难度也是不同的。

(7) 提供积极的、可控制的媒体资源。

视听机、录音机、照相机、录像机、电脑及网络等作为信息处理及解决问题的资源,可以极大地丰富幼儿解决问题的工具、途径、方法和信息。教师可以协助幼儿尽可能独立地使用。

(8) 提供低结构材料。

由于学习中心的活动是即时生成的而不是预设的,因此它的材料必须是低结构且可以开放使用的。越是低结构的材料,越是具有挑战性的材料,越能发挥符号语言的中介作用。幼儿园低结构活动是低控制、以幼儿自主选择为主的活动,关注的是环境与材料的质量,使幼儿能与其实现有效互动。

第一节 机械建构中心

机械建构中心是一个集搭建、组装、拆卸于一体,极富创造力的学习中心,孩子们的空间想象力、探究力、数学思维能力、解决问题的能力在这里得

到极大的锻炼。此中心为幼儿提供了多种类型、低结构的建构材料以及适宜幼儿探索的机械工具。幼儿可运用多种途径建构和表征周围的生活及心中遐想的世界，感知形状与空间的关系，探究日常的事物和现象，了解物体的特性及功能，运用机械原理解决简单的问题等。

一、机械建构中心核心经验与区域之间的关系

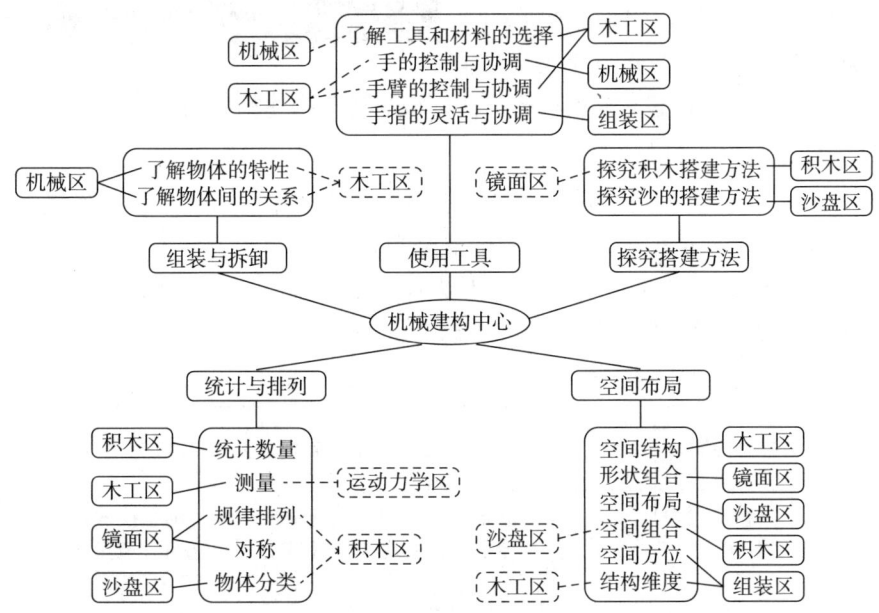

二、创设有效的活动区

为便于幼儿操作和使用工具，我们提供了不同层次的材料和工具，以满足不同阶段幼儿的需要。根据机械建构活动的特性，我们合理划分了不同功能的机械建构活动操作区，构建每个区域的核心经验，并把不同功能区域空间合理散开。机械建构中心主要分为以下几个活动区。

（一）积木区

1. 区域核心经验

（1）探索搭建的方法。

（2）组合空间。

（3）分类和统计数量。

2. 区域布局策略

（1）大积木区：适合的人数为3~4人。幼儿能用不同形状的空心大积木通过合作、参照图片或照片及真实情景来搭建相仿的内容。

（2）小积木区：适合的人数为2~3人。幼儿能用不同形状的实心小积木通过合作、参照图片或照片、真实情景及事物搭建相仿的内容。此区域更适于搭建精致的物体。

3. 区域材料提供

大积木区：正方形积木、长方形积木、三角形积木、指示牌、正方形框、长方形板、草坪、两层梯子、儿童型号的安全帽。

小积木区：不规格形小积木、厚长方体积木、易拉罐、圆柱体积木、长方体积木、正方形积木、拱形积木、半圆形积木、三角形积木。

4. 积木区行为特征及行为表现

核心经验	行为特征		行为表现
探索搭建的方法	1. 用积木代表物体	3~4岁	• 能拿着几块积木到处走或在地上随意摆放，用长方体积木代表房子，将拱形积木拿在手上做手枪
	2. 会使用平铺的方法搭建	3~4岁	• 会用两块以上的积木平铺 • 会将积木的两端相互衔接，并呈现出线性或面状延伸的状态。如：用两块以上的积木并排平铺成马路
	3. 能使用垒高的方法搭建	3~4岁	• 能将一块积木垒在另一块积木上，重复进行纵向的垒高，建成"高楼""高塔"等 • 能错落垒高
	4. 能使用联结的方法搭建	4~5岁	• 能用交叉联结的方法组合简单模型，搭建成如"十"字结构的道路、桥等建筑物 • 能用"⌐""「"等转向联结的方法，组合成简单的围拢模型，搭建成有拐角的建筑物 • 能用斜式联结的方法组合不同高度的模型，搭建成有斜度和坡度的建筑物

续表

核心经验	行为特征		行为表现
探索搭建的方法	5. 能使用架空的方法搭建	4～5岁	• 能用一块积木支撑另一块积木 • 能将一块积木横向搭在两块纵向竖立的积木上,用此种架空的方法搭建桥式模型
		5～6岁	• 能用平式联结的方法,将多个桥式模型等简单模型横向连接起来 • 能用桥式模型叠高的方法,建构纵向中空的塔式模型 • 能用平式联结或垒高的方法,将数块积木围成横向封闭而中空的围拢结构模型
组合空间	1. 能使用围合的方法搭建	4～5岁	• 能用桥式模型转向联结的方法,建构单层围合架空的建筑物 • 能用桥式模型转向联结的方法,建构多层围合架空的建筑物
	2. 会使用覆盖的方法搭建	5～6岁	• 会使用并排平铺和纵向围拢的方法,建构覆盖单层围合的模型 • 会使用并排平铺的方法,建构覆盖多层间隔架空的建筑物
	3. 能使用穿过的方法搭建	5～6岁	• 能用穿过的方法(即两个简单模型之间没有实际接触),组合平行的建筑物 • 能用穿过的方法(即两个简单模型之间没有实际接触),组合交叉的建筑物
	4. 能搭建单一的主体建筑	4～5岁	• 能用垒高、架空、围拢等方法搭建立体建筑物 • 能根据谈话主题,搭建高矮、长宽的,层次感明显的主体建筑物
	5. 能搭建丰富的建筑群	5～6岁	• 搭建时,能在主体建筑物的周围搭建简单的附属场景,如:搭建帝王大厦时,表现道路、草地、树等附属场景 • 能围绕一个主题进行搭建,在主体建筑物的周围搭建具有关联的丰富的周边场景,如:搭建公园主题时,组合道路、桥、商店、学校、加油站、公交站等场景 • 能预先做搭建设计图,根据图纸会进行模型搭建

续表

核心经验	行为特征		行为表现
分类和统计数量	1. 能区分物体的特点	3～4岁	• 能区分材料间的不同,并能从多种材料中选择一种材料 • 能区分材料间的不同,并能从多种材料中选择多种材料
		4～5岁	• 通过实物,能比较积木的长短、高矮、厚薄 • 能够比较相近物体的长短、高矮、厚薄
		5～6岁	• 能用目测的方法估计积木间的距离,并挑选适宜长度的积木 • 能用目测的方法估计积木间的距离,能估算所需积木的数量
	2. 能按物体的形状分类	3～4岁	• 能在老师的引导下把积木一个一个摆放在相对应的架子上 • 能把积木一个一个摆放在相对应的、放有参照物的架子上
		4～5岁	• 能一手一个积木放在相对应的、放有参照物的架子上 • 能两手一起找出形状相同的几个积木,摆放在相对应的、放有参照物的架子上
		5～6岁	• 能两手找到形状相同的几个积木,整齐地捏紧,摆放在相对应的贴有几何图形的架子上 • 能从一堆积木中找到自己收集的相同的积木并放在相对应的架子上
	3. 能用点数的方法数数、统计	3～4岁	• 能手口点数所建"高楼"的楼层数,但并不能手口一致地点数 • 能手口一致地点数所建"高楼"的楼层数,并能说出楼层的总数
		4～5岁	• 能用分类和点数的方法,统计使用不同形状积木的数量 • 会用简单的符号记录统计的结果
		5～6岁	• 能用简单的记录表,用图形统计使用积木的形状及数量 • 能用加法算出使用各种形状的积木总数

第四部分　适宜、有效的学习中心环境

6. 活动掠影

使用垒高、围合的方法建构酒店

使用覆盖和部分对称的方法搭建恐龙馆

（二）机械区

1. 区域核心经验

（1）了解物体的特性。

（2）手的控制与协调。

（3）了解物体间的关系。

2. 区域布局策略

适合的人数为 2~3 人。本区域主要是利用零件的原理建构物体，发现并探究物理现象。区域位置尽量选择有多个层柜的角落，便于投放多种零件材料。

3. 区域材料提供

PU 管、转接头、橡皮筋、火柴棍、雪糕棍、小铁棍、塑料管、火柴棍、粗细不同的捆绳、铁丝、铁链、车轮轴、各种型号的螺丝、大小不一的车轮、合页、锁、儿童毛线手套、大小不一的扳手、老虎钳、塑料操作眼罩、头罩灯、电钻、电动螺丝刀、胶枪、胶棒、吹风机。

4. 机械区行为特征及行为表现

核心经验	行为特征		行为表现
了解物体的特性	1. 会连接玩具汽车轮子，并使其移动	3～4岁	• 会随意拿出轮子和连接杆尝试连接，发现轮子与连接杆有松动或插不进 • 找到两个一样的轮子和连接杆，分别插在连接杆两端，用手推动轮子
		4～5岁	• 会将连接好的轮子和连接杆用热胶固定在物体底部，轮子不能滚动 • 用连接杆插入纸盒连接轮子，使其滚动
		5～6岁	• 会用四个螺丝分别固定在物体底部的两侧后，用铁丝连接左右两个螺丝使其滚动 • 在物体底部打扎，会将连接杆穿过物体，再将轮子分别插在连接杆的两端，使其滚动
	2. 探索和安装脚轮，并使其滚动	3～4岁	• 会拿起脚轮，在桌面上来回推动，使其前后滚动 • 会拿起脚轮并把脚轮放在木板上，尝试安装
		4～5岁	• 在教师的协助下，会用电钻在木板上钻一个孔，然后选用合适的钉子将一个脚轮固定在木板上，推动物体使其前后滚动 • 在老师的协助下，会用螺丝刀和螺丝将脚轮固定在木板上，使其前后滚动
		5～6岁	• 会在木板上钻一个孔，然后用螺丝刀和螺丝将脚轮固定在木板上。用同样的方法，安装3～4个脚轮，推动物体使其前后滚动 • 会用自动螺丝钻和螺丝将脚轮固定在木板上
	3. 探索和安装万向轮，并使其旋转	3～4岁	• 拿起万向轮，在桌面上来回滚动，并使其360°旋转 • 拿起万向轮，把万向轮放在木板上尝试安装
		4～5岁	• 会将轮子放在木板上，用笔对准四个螺丝孔画下记号 • 能在教师的协助下，选用适合的钉子，将万向轮的一个孔用螺丝钉锁住，剩下的三个孔由幼儿用同样的方法锁上
		5～6岁	• 会将轮子放在木板上，用笔对准四个螺丝孔画下记号，在记号处钻孔，然后将万向轮用螺丝钉锁住 • 用同样的方法，安装3～4个万向轮，使物体360°旋转

第四部分　适宜、有效的学习中心环境

续表

核心经验	行为特征		行为表现
了解物体的特性	4. 会利用滑轮使物体升降	3～4岁	• 会上下拉动组装好的滑轮绳子 • 会用一只手的食指勾起滑轮的顶端,用另一只手的食指拨动滑轮,使其转动
		4～5岁	• 在老师的协助下,能将滑轮固定在直立的物体上 • 能将绳子穿过滑轮,两手拉住绳子的两端,在滑轮上上下移动
		5～6岁	• 能将滑轮挂在钉好的挂钩上,用铁链穿过滑轮 • 能将铁链一头装铁钩挂物体,另一头用手上下拉动,使物体升降
	5. 能发现齿轮的特点	4～5岁	• 在老师的协助下,能将两个大小不同的凹槽齿轮用小橡皮筋连在一起 • 能用手转动一个齿轮,另外一个齿轮随之也会被带动
		5～6岁	• 能将三个大小不同的锯齿齿轮固定在一块硬纸板上,观察其变化 • 会将三个齿轮的锯齿相互对接,能用手转动其中一个齿轮,另外两个齿轮也随之转动
手的控制与协调	1. 会用手拧螺丝	3～4岁	• 会拿出不同的螺丝进行观察 • 在多个尺寸相同的不锈钢六角外牙螺母中,能任意拿出两个,将其中一个螺丝头插入另外一个有螺母的一端,右手按顺时针方向转动螺丝头,直至全部拧上
		4～5岁	• 在粗细不同的螺丝和螺母中,幼儿任意拿出一个螺丝或螺母,经过两至三次尝试,能找出与其相匹配的螺母或螺丝,按顺时针方向用右手转动螺母,直至全部拧上 • 在粗细不同的螺丝和螺母中,能找出自己所需的一个螺丝或螺母,通过目测找到与其相匹配的螺母或螺丝,按顺时针方向转动螺母,直至完全拧上
		5～6岁	• 在高密度板上,会先用电钻在木板上打一个孔,再找一个粗细、长短合适的螺丝,穿过木板 • 能找一个相匹配的螺母套在螺丝上,用手按顺时针方向转动螺母,直至螺母紧靠木板

47

续表

核心经验	行为特征		行为表现
手的控制与协调	2. 能用螺丝刀上螺丝	4～5岁	• 会随意选择螺丝,并用螺丝刀将螺丝拧进木板 • 在低密度板上,能直接用螺丝刀将短一点的螺丝拧进木板
		5～6岁	• 在高密度板上,能先用锤子在木板上钉一个小的尖头的钉子,再把钉子拔起,然后在钉子拔起的孔位上,用螺丝刀把螺丝拧进木板 • 在高密度板上,用电动螺丝刀把螺丝拧进木板
	3. 能用扳手上螺母	4～5岁	• 会在多个扳口大小不同的扳手中,随意拿出一个,来拧螺丝 • 会先尝试不同的扳手,最后找到与螺母尺寸相匹配的扳手,两手握住扳手转动螺母,但还没有注意扳手与螺母的方向
		5～6岁	• 选择活动扳手,会先把扳口调到最大,然后把扳口套在螺母上,再调节扳口,卡住螺母,能注意到扳手与螺母的方向 • 先比对与调节扳口的大小至螺母尺寸大小,卡住螺母,按照螺母的方向转动
	4. 会组合膨胀螺栓	3～4岁	• 在一组膨胀螺栓中,能先拿起沉头螺栓,再拿起膨胀管套在螺栓上,然后把螺母套在螺栓上,转动螺母时,螺栓会上下移动,能拧至螺栓的右端 • 会选择一个膨胀管套,把螺母套在母体上向左或向右旋转,一直找到可以往下移动的方向
		4～5岁	• 在一组膨胀螺栓中,能先拿起沉头螺栓,再拿起膨胀管套在螺栓上,然后把螺母套在螺栓上,用左手握住,不让螺栓上下移动,将螺母拧至相应的位置
		5～6岁	• 在一组膨胀螺栓中,能先拿起沉头螺栓,再拿起膨胀管套在螺栓上,然后依次拿起并套上平垫、簧垫,最后把螺母套在螺栓上,用左手握住,不让螺栓上下移动,将螺母拧至相应的位置

第四部分 适宜、有效的学习中心环境

续表

核心经验	行为特征		行为表现
手的控制与协调	5. 会用钳子剪断铁丝	4～5岁	• 会用两手分别握住老虎钳的两个把手,向两边拉,使钳口打开,然后把铁丝放入钳口的最后端,再用两手用力握住老虎钳的把手,向中间压。比较难剪断铁丝 • 会把铁丝放入钳口的中间,再用两手操作老虎钳的把手,剪断铁丝
		5～6岁	• 会一手把铁丝放入钳子上端的卡孔,一手操作老虎钳的把手,剪断铁丝 • 能把铁丝放入钳口的中间,一手操作老虎钳的把手,剪断铁丝
	6. 会用钳子钳电线	4～5岁	• 会把电线放入电线钳口的末端,双手握住手柄,用力往中间挤压,松开钳子,转动电线,再次双手把电线钳断 • 会一手把电线放入钳口的末端,一手握住钳子把电线钳断
		5～6岁	• 会一手把电线插入钳口前端的凹槽内,一手握住钳子用力钳,然后松开钳子,拿出电线,两手握住电线的两端,轻轻拉扯,露出铜丝 • 会一手把电线插入钳口前端的凹槽内,一手握住钳子用力钳,然后松开钳子,转动电线,再次用力钳,最后一手用力握住钳子,一手用力往外拉电线,剥下塑料皮,露出铜丝
了解物体间的关系	1. 能将软胶管套在物体上	3～4岁	• 会随意拿出软胶管,连接到自己建构的物品上 • 能用剪刀按自己所需长度直接将软胶管剪断,连接到自己建构的物体"消防车"上面
	2. 会用弯头连接硬胶管	4～5岁	• 会随意连接弯管和直管 • 在多个相配对的硬胶管中,会找出1个弯管和2个直管,直接把直管插入弯管中,使其连接
	3. 能用铁管连接水龙头	5～6岁	• 在相配的多个弯铜头、连接直铜管中,能找出一个弯铜头和一个直铜管,把直铜管插入弯铜头,右手按顺时针方向转动拧好 • 在相配的多个弯铜头、连接直铜管和软铜管中,能找出弯铜头、连接直铜管、软铜管、水龙头,依次连接

续表

核心经验	行为特征		行为表现
了解物体间的关系	4. 能用合页连接两块木板	4～5岁	• 能先把要连接的两块板中的任意一块平放在桌面上,找到一个合页,任意选择几个螺丝,然后把合页放在需连接的木板上 • 能一手把螺丝对准合页孔插入,并扶着螺丝,一手用螺丝刀将螺丝拧进木板。用同样的方法,将合页的一边固定在木板上
		5～6岁	• 会选择长度和大小合适的螺丝,将合页的一边固定在木板上 • 能用合适的螺丝先将合页的一边固定在木板上,再拿一块木板并排摆放,把合页的另一边放在木板上,然后用螺丝将合页固定好
	5. 能用铁链连接物体	3～4岁	• 会拿起铁链放在桌面上随意拉动 • 能用铁链的任意一头拴住物体,拉动铁链使物体移动
		4～5岁	• 能把铁链的两端分别用钉子固定在物体上,使两个物体连接在一起 • 使用较小的钉子固定,铁链容易脱落
		5～6岁	• 会选用钉头大过链孔的钉子,将铁链的两端固定在物体上,使物体连接在一起 • 会选择铁丝缠绕铁链和钉头,使其更加牢固
	6. 能用热熔胶固定物体	4～5岁	• 能两手握住热胶枪的把手,用力压下枪的扳机处,对着木板的黏接处挤出热胶,然后放下热胶枪,再把另一木条对着有热胶的地方压下去,使其黏接
		5～6岁	• 能左手扶物体,右手握热胶枪,对准黏接点挤出热熔胶,然后放下热胶枪,两手按住黏接物。物体黏接得比较稳定 • 能左手扶物体,右手对准黏接点,挤出热熔胶,快速将物体黏接在一起,然后再在黏接物体的四周挤出热熔胶,使物体的连接更加稳固

第四部分　适宜、有效的学习中心环境

续表

核心经验	行为特征		行为表现
了解物体间的关系	7. 能用塑料扎带固定物体	4～5岁	• 会拿出塑料扎带,试着把扎带尖头的一端对着有孔的另一端插入 • 会尝试使用塑料扎带固定物体,但拉动胶带的力量不够
		5～6岁	• 能把塑料扎带围在固定物上,把尖头的一端对着有孔的另一端插入,一手捏住插口,一手慢慢向前推动,直至推不动 • 能把塑料扎带围在固定物上,一手捏住扎带穿入插口,快速向前拉,直至拉不动,将物体固定牢固

5. 活动掠影

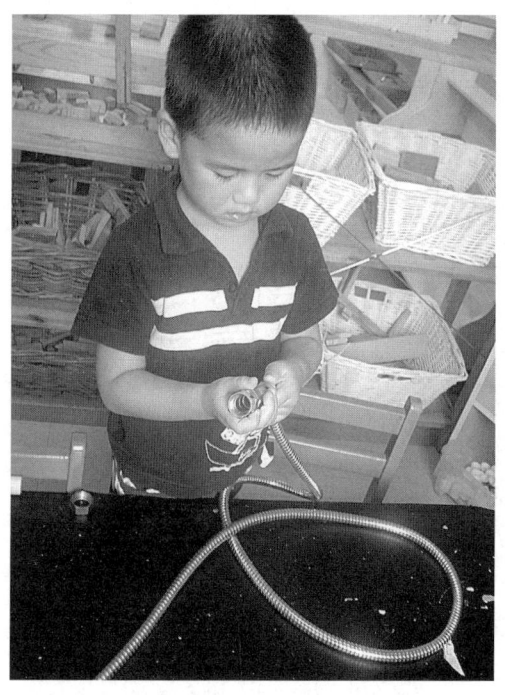

使用六角铜螺母和软管组装水管

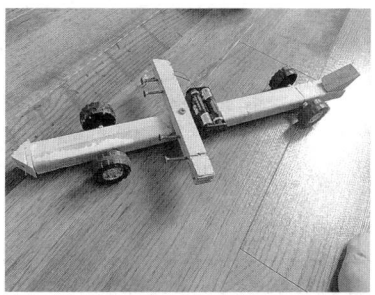

使用车轮和车杠制作飞机并使其移动

使用螺丝刀固定门扣,并用钳子剪断铁丝用于连接前后制作油罐车

（三）木工区

1. 区域核心经验

（1）选择工具和材料。
（2）手臂的控制与协调。
（3）测量物体。
（4）感知空间结构。

2. 区域布局策略

适合的人数为 3~5 人。这一区域主要进行木工制作。开展木工活动时，选取要使用的工具和各种长短不一的钉子的次数较为频繁。因此选择的场地一般较大而且便于幼儿来回走动，区域内不放置椅子，幼儿站在操作台旁进行操作。

3. 区域材料提供

凹凸槽木块、树藤、塑料扎带、高低不同的固定架、粗细不同的打磨纸、长短不一的木条、木块，木工刨子、塑料操作眼罩、儿童毛线手套、平衡尺、卷尺、墨尺、断丝器、安全帽、各种型号的钉子、螺纹钉、螺丝刀、大小不同的锯子、锤子、刷子、老虎钳。

4. 木工区行为特征及行为表现

核心经验	行为特征		行为表现
选择工具和材料	1. 选择木材	3~4 岁	• 不考虑木材的材质、厚度、密度等特性，就近随意拿木头
		4~5 岁	• 能选择相似长度和厚度的木材，较少选择密度小、易锯的木头
		5~6 岁	• 会选择较宽、较薄的小木条 • 会按需要选择材质、厚度、形状、长度相同且合适的木材
	2. 选择锯子	3~4 岁	• 探索各种锯子的用法，无目的地锯 • 能选择自己觉得可以用、拿得动的锯子，不会考虑锯的速度和需要的力度

续表

核心经验	行为特征		行为表现
选择工具和材料	2. 选择锯子	4～5岁	• 先尝试各种锯子,后选择锯子小、锯齿细而密的手锯(锯起来更快),更喜欢一个人使用锯子 • 会尝试一人扶着木头,另一人使用锯子,与人合作锯木头
		5～6岁	• 能选择适合自己力度的、锯的速度较快的手锯,并选择两人合作使用的锯子 • 能选择锯齿稍大且宽的小横割锯
	3. 选择钉子	3～4岁	• 会随便选择钉子或螺丝,没有目的性 • 所选的钉子或螺丝与木板的厚度相比,要么太长,要么偏短
		4～5岁	• 连接木头时会选择较长的钉子 • 会选择粗细和长短较适中的钉子,但不一定合适
		5～6岁	• 能根据木头的厚度,选择比其长一点的细钉子或螺丝 • 会选择钉子并与木块进行比对,找到长度合适的钉子
	4. 选择锤子	3～4岁	• 随意选择锤子 • 会选择锤面宽和重量轻的安全锤
		4～5岁	• 会先尝试各种锤子,最后选择适合自己力气的羊角锤或扁尾锤 • 会选择重量稍重的羊角锤或扁尾锤
		5～6岁	• 能选择较重的、锤面宽度合适的锤子 • 选择能拔出或弄直钉子的羊角锤
手臂的控制与协调	1. 锯出的木头偏离记号线	3～4岁	• 初始不会固定木头,直接在操作台上用手固定住木头来锯 • 会固定木头,但木头要锯的一边会固定在反方向,离固定器不是太远就是太近 • 使用锯子时,双手能握锯柄,锯木头时拿的锯子会斜,锯的速度较慢
		4～5岁	• 能正确使用木头的固定器,要锯的部位比较接近固定器 • 使用锯子时,单手握锯柄,能够对着记号线来锯,但离记号线较远 • 锯木头时拿的锯子会斜,很少能让锯子与木头垂直,锯子与操作台较难平行

续表

核心经验	行为特征		行为表现
手臂的控制与协调	2. 锯出的木头与记号线吻合	5~6岁	• 会按正确的方向固定木头,把要锯的部位用笔画好记号,然后把有标志的地方挨近固定器固定好 • 使用锯子时,一手能握锯柄,一手握锯身上面,锯子拿得不够平行,斜着锯木头,逐渐熟练后会接近垂直 • 会两人合作使用锯子,能够一前一后、速度均匀、垂直锯木头
	3. 在成人的协助下,能将较小的钉子钉进木板	3~4岁	• 需要有人帮忙扶钉子 • 锤钉子时,拿锤子的手接近锤头,手举锤子较低,锤钉子的力度小、频率快,所需时间长,易把钉子锤歪,试图用手掰直
	4. 能单独完成锤钉动作,较易锤歪钉子	4~5岁	• 锤钉子时,手握锤柄的中前端,手举锤子稍高,锤钉子的力度稍大,频率较快,所需时间较长,单独完成锤钉动作,较易锤歪钉子,能用锤子砸直或用羊角尖掰直钉子 • 一手拿着扶钉器或老虎钳固定钉子,一手用锤子完成锤钉动作
	5. 能垂直钉钉子	5~6岁	• 锤钉子时,手会拿锤柄中间合适的位置,较高地抬起锤子,用力锤下去,锤钉的力度大,频率较慢。垂直钉钉子,或用钳子夹住钉子使钉子被锤的时候不会歪,锤歪会用锤子弄直 • 当钉子钉歪的时候,会调整木板角度,用锤子锤直 • 会用羊角锤把锤歪的钉子拔起,重新选择钉子
测量	1. 能用眼睛估测	3~4岁	• 会目测想要的木块 • 会目测选择长或短的木条
		4~5岁	• 拿起木条或木板,能用眼睛估测所需的长度 • 目测所需长度后,会用笔在木条或木板上做记号
	2. 能用参照物作为测量工具	4~5岁	• 能用相似长度的木头进行比对
		5~6岁	• 在没有相等长度的木头时,会以较短的木头作为比照对象,用笔在较长木头上画线,锯出相等长度的木头 • 会用绳子比对所需长度后在木块上画线,锯出相等长度的木块

续表

核心经验	行为特征		行为表现
测量	3. 会用测量工具进行测量	4～5岁	• 随便选择一种测量工具进行测量 • 会选择直尺或卷尺进行测量,但对单位概念不理解
		5～6岁	• 会用卷尺、直尺等工具测量木头的长度,能对测量的数据进行记录 • 会用已测量并锯好的木条代替尺子,把两块木条的一端对齐,用笔画线做记号,并锯出相等长度的木条
感知空间结构	1. 能制作具有简单空间结构的物体	3～4岁	• 在一块板上随意钉钉子 • 会直接用钉子连接两块平放的木头 • 在教师的指导下,会在画好的团上钉上钉子
		4～5岁	• 会在一块木板上按照自己的想法用钉子进行围合,做成栅栏等 • 在教师的指导下,会用木板的一侧连接一块木头,让物体有一个简单的空间结构
	2. 能制作立体结构的建筑物	5～6岁	• 能用几块木板组建立体结构的房子,呈现上下和左右的对称 • 能根据主题和需要组建有规律(对称、平行等)、空间结构立体的建筑物

5. 活动掠影

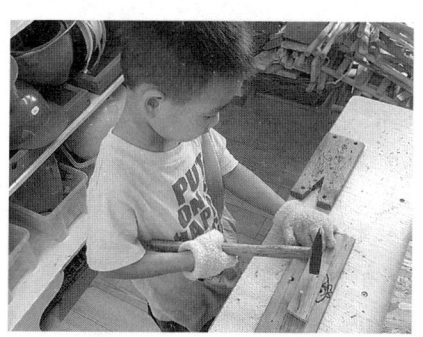

小班的宣宣能一手扶住钉子,一手拿锤子垂直地钉钉子

中班的豆豆正使用较大锯齿的锯子锯木条

小班孩子首先在木板上画出单车图案，用锤子和钉子分距离钉在图形上，最后用皮筋套在钉子上制作平面的单车作品

使用卷尺测量木条长度并沿线锯出同等长度的木块，使用羊角锤和钉子将盖子分别固定在木块两侧制作单车

（四）镜面搭建区

1. 区域核心经验

（1）按规律排列。

（2）组合形状。

（3）布局空间。

2. 区域布局策略

适合的人数为2～4人。区域位置选择教室一旁的固定桌台上，因为桌台有一面固定的玻璃镜子。活动经常会使用轻重不一的木质材料，因此需要幼儿轻拿轻放。

3. 区域材料提供

各种规格的拱形、半圆形、三角形、正方形、圆锥体等桌面积木；各种规格的圆柱体、长方形、圆锥体、彩色正方体、几何立体组、彩色立体等桌面积木；棕色梯。

4. 镜面搭建区行为特征及行为表现

核心经验	行为特征		行为表现
按规律排列	1. 会进行无规律的排列	3～4岁	• 随意拿取各种不同的积木进行排序,所取积木没有呈现任何规律 • 会拿同一类型的积木进行排序,但没有呈现任何规律。例如,全部拿取颜色积木,但没有颜色规律 • 在一个序列中,部分模型呈现规律,部分又不呈现规律
	2. 能进行对称图形的排列	3～4岁	• 能按照积木的颜色进行左右对称的摆放 • 能按照积木的形状进行左右对称的摆放
		4～5岁	• 能按照积木的颜色和形状都对称地进行摆放
	3. 能进行ABAB模式的排列	3～4岁	• 随意摆放积木 • 能按照积木的颜色或大小,呈现ABAB模式一组的排列。例如,红—黄—红—黄,或大—小—大—小的模式
		4～5岁	• 能在颜色、大小、粗细的维度上呈现ABAB模式几组的排列
		5～6岁	• 能在颜色、大小、粗细、高矮的维度上呈现ABAB模式多组的排列
	4. 会进行递增、递减模式的排列	4～5岁	• 会按照积木的大小、色板的深浅,呈现递增或递减的模式。例如,圆柱体从大到小进行排列,红色色板从深到浅进行排列
	5. 会进行创造性模式的排列	5～6岁	• 会按照积木的颜色、大小、粗细、高矮进行创造性模式的排列。例如:红—黄—黄—红—黄—黄,大—小—大—小—小—大—小—小—小
组合形状	1. 能用几块积木进行组合	3～4岁	• 能将两块或两块以上的积木平铺在镜面上 • 能将两块或两块以上的积木随意垒高
	2. 能用相同形状的积木进行组合	4～5岁	• 能将形状完全相同的两块立体积木组合在一起,形成新的形状组合。例如:把两个四方体拼在一起变成长方体;把两个三角柱边对边拼在一起,变成菱柱;把四个四方体拼在一起变成一个更大的四方体

续表

核心经验	行为特征		行为表现
组合形状	3. 能用一个面相同而形状不同的积木进行创意组合	5～6岁	• 能将具有一个相同面但形状不同的积木组合在一起，形成新的形状组合。例如，把圆锥体放在圆柱体的上面，变成了城堡 • 能将圆形、椭圆形、卵形放在圆形凹槽的圆柱体上，变成具有圆形、椭圆形、卵形屋顶的房子
布局空间	1. 能发现角度与倒影的关系	4～5岁	• 能发现倒影与实物呈现平面一维的影像 • 能发现物体在影子的作用下变高了
		5～6岁	• 能发现倒影与实物呈现二维的影像 • 能发现从上往下看倒影消失了
	2. 能发现倒影的顺序	5～6岁	• 能发现倒影的顺序跟实物是相反的
	3. 能发现倒影的数量	5～6岁	• 能发现整个影像的数目增加了 • 能发现实物的数量与倒影的数量是一样的

5. 活动掠影

使用不同形状的桌面积木进行组合并呈现少数对称模式

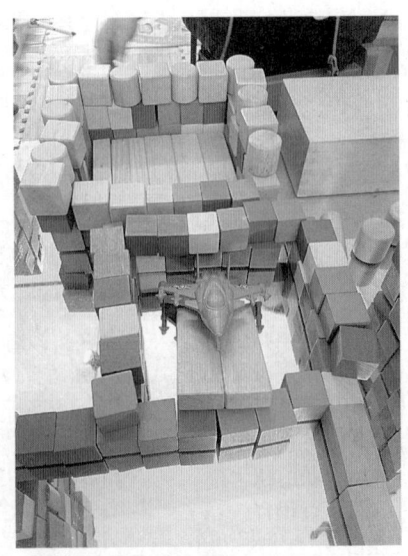

进行创造性模式排列，同时使用相同积木组合并能发现倒影现象

(五)组装区(由万向球区、百变螺母区、拼插区组成)

1. 区域核心经验

(1) 手指的灵活与协调。

(2) 感知空间结构。

(3) 感知空间方位。

2. 区域布局策略

(1) 万向球区域布局策略:适合的人数为2～3人。区域位置选择一个适中的角落,方便孩子搭建各种物体等。

(2) 百变螺母区域布局策略:适合的人数为2～3人。

3. 区域材料提供

万向球区:铁质螺母、万向球、钢管、各种型号的螺丝。

百变螺母区:塑料螺母、长木条、中木条、短木条、各种型号的螺丝和螺钉。

拼插区:乐高、雪花片等各类拼插材料。

4. 组装区行为特征及行为表现

核心经验	行为特征		行为表现
手指的灵活与协调	1. 会用pvc管拼插	3～4岁	• 会将一根塑料管插入直的或弯的接口内,并使两者相互固定
		4～5岁	• 会将两根塑料管分别插入直的或弯的接口的两端,形成更长的直管或会转弯的管
		5～6岁	• 会将多根管插入直的、弯的、三孔的接口,形成具有多个走向的管

续表

核心经验	行为特征		行为表现
手指的灵活与协调	2. 会用雪花片拼插	3～4岁	• 会随意将两片雪花片摆放在一起 • 会选择喜欢颜色的雪花片进行拼插,能根据拼出的形状说出自己拼插的是什么物体
		4～5岁	• 能用一片雪花片的凹槽对准另一片雪花片的凹槽插入,拼插出"车轮"、"花朵"、"小汽车"等物体 • 会选择同样颜色的雪花片进行拼插
		5～6岁	• 会用一片雪花片的凹槽对准另一片雪花片的凹槽插入,使两片雪花片紧紧卡在一起,用同样的方法拼插出各种造型 • 会根据物体的不同部位选择不同颜色的雪花片进行拼插
	3. 会用塑料乐高拼插	3～4岁	• 随意拿两块乐高积木,会把一块积木的凹粒对准另一块的凸粒进行拼插
		4～5岁	• 会将两块同样高度的乐高积木并排拿在手上,两手用力捏紧,进行拼插 • 会将两块同样高度的乐高积木并排或并列摆放,上面再放一块乐高积木,上面积木的凹粒拼插在下面两块积木的凸粒上时,三块积木固定在一起
		5～6岁	• 能根据积木上的凸粒数目,选择凸粒数目递减的积木进行拼插
感知空间结构	1. 会组成线状物体	3～4岁	• 能将一个螺钉直接拧入方块螺母内,组成简单的造型 • 能将螺钉放入一块合板组的洞口,用螺母将螺丝拧紧。能用螺钉将一块组合板和相应数目的方块固定,组成横向的方块组合
	2. 会组成平面物体	4～5岁	• 会将两块组合板摆成L字形,两洞口相对,用螺丝和螺母将两板固定 • 随意将两个分别用方块或组合板做成的一维造型按照不同的方向组合在一起 • 能参照图纸中物体的造型,用方块一维造型和组合板一维造型组合在一起形成具体的造型

续表

核心经验	行为特征		行为表现
感知空间结构	3. 会组成立体物体	5～6岁	• 会用三块或三块以上的方块,运用组合板、螺丝、螺母进行固定,形成简单的三维造型 • 有意识地参照图纸中物体的造型,能运用螺丝刀、扳手、锤子等工具,将各种主体材料、其他零件或配件组合成一个具体的物体,如组装一辆有火车头、车身、轮子的火车
感知空间方位	1. 会建构上下、左右空间方位	3～4岁	• 会在万向球杆的一端,拧入一个万向球 • 会在一根万向杆的两端,分别拧入两个万向球,感知空间的对称
		4～5岁	• 会在万向球上,拧入多个万向球杆,呈放射形状 • 会在万向球两边水平方向的洞口,拧入两根万向球杆
	2. 能建构对称、平衡的物体	5～6岁	• 能用万向球和万向球杆组成平面的三角形或正方形 • 能用万向球和万向球杆组成左右对称的立体的物体。如"飞机""滑板车""房子"等 • 能用万向球和万向球杆组成一个三角锥和四方体

5. 活动掠影

连接万向杆和万向球,组成平面正方形

运用乐高的对称凸粒数建构一棵树

选用三孔板和小螺丝组装二维立体作品——坦克　　用多孔板和方块组装具有上下、左右空间方位的立体作品——小狗

(六) 沙盘区

1. 区域核心经验

(1) 探索平铺、堆砌的方法。

(2) 分类。

(3) 布局空间。

2. 区域布局策略

适合的人数为4~6人。本区域需要适合高度的沙盘和可供在沙盘上布局的各种材料。

3. 区域材料提供

大小不同的石头、长短不同的木桩、木质沙盘、塑料恐龙玩具、塑料动物玩具、塑料植物、各类贝壳、塑料小铲子、防水布、不同大小/形状的木质积木。

4. 沙盘区行为特征和行为表现

核心经验	行为特征		行为表现
探索平铺、堆砌的方法	1. 会用沙子堆砌、填埋	3～4岁	• 会随意用手或工具捧沙、兜沙、堆沙、挖沙、埋沙、拍打和垒高沙子 • 用手或铲子把搭建的物体用沙子埋起来,再挖开沙子取出物体
		4～5岁	• 会一手自如握铲子挖沙 • 会把一个角落的沙子铲到另一个角落,把沙子堆成山丘或城堡
		5～6岁	• 会用手或铲子堆沙固定其他物体,用积木垒高物体当作立体建筑 • 会用手或铲子将沙子堆高,拍打沙子使其变紧实,进行垒高、连接、围合和架空物体
分类	1. 能把同类材料放在一起	3～4岁	• 随意选择一种或几种模型材料零散地放在沙盘里 • 会把喜欢的模型堆放在一起
		4～5岁	• 会有目的地选择自己喜欢的材料,搭建简单的模型 • 会根据种类来选择材料组合模型,用完一种材料再选择另一种材料
	2. 能把特性相同的物体放在一起	5～6岁	• 能把食肉、食草、杂食的动物放在一起,把爬行、飞行、游水的动物放在一起 • 当材料不足时采用其他材料替代。如:没有树墩,就用积木代替立体建筑 • 有目的地选择相应的辅助材料进行组合。如:用塑料膜垫在沙沟里,装上水呈现河流
布局空间	1. 能表现组合之间的关系及层次	3～4岁	• 把自己喜欢的材料或者同种类材料随意摆放,布局零散 • 把同类材料组合在一起摆放,布局不明显 • 能搭建单一的主题建筑,局部与局部之间不够连贯,没有明确的关系
		4～5岁	• 能注意材料之间的组合,有规律地摆放物体 • 能搭建有高矮、长宽等层次感明显的主体建筑物及周边环境(装饰)

续表

核心经验	行为特征		行为表现
布局空间	2. 能体现整体格局及细节	5~6岁	• 能体现整体与局部的关系,有明显的区域划分,并体现区域的功能及相互关系。如:酒店前搭建喷泉,旁边有马路,马路连接桥,路上有汽车、桥洞,路边搭建加油站、停车场 • 搭建的模型空间关系明确、连贯,布局较为清晰饱满。如:搭建动物园时,各种动物放在用积木搭建的栅栏里,每种动物有不同大小的格局;另一边用路和桥连接到休息场所,边上的草地、树木等环境搭配美观适宜

5. 活动掠影

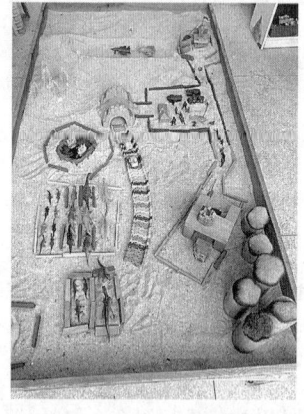

用沙盘体现动物园的整体格局以及陆地动物和海洋动物的习性细节

使用物体填埋沙子的方法表现军事基地区域之间的关系

典型案例

火山喷发

活动对象:笑笑(5岁半) 何何(5岁半) 小玮(5岁) 小宇(4岁半)
记 录 者:叶玉云老师

2015年12月9日,笑笑、何何、小玮和小宇四位小朋友带着愉快的心情一起去机械建构中心的沙盘区工作。一路上他们兴奋地聊着关于火山的话题:"火山有死火山,还有活火山""那些火山喷出的岩浆很烫的,可以把所有东西都融化掉""火山的喷发像喷泉一样""我们去沙盘区堆火山吧"……

来到了沙盘区,大家各自去拿了铲子。何何说:"我们在这里堆建一座火山吧。"笑笑说:"那我们都把沙子往这边堆。"小玮说:"堆沙的时候要压一压,这样沙子才不会掉下来。"而小宇一开始只在旁边随意地舀着沙子,听到大家的讨论,也过来用铲子把沙子往一个中心点聚拢,不一会就在沙盘的左边堆起了火山体。

孩子们合作堆建火山

> 幼儿能完整地叙述已有的经验。
> 幼儿能独立选择所需材料(工具)进行自主学习。
> 幼儿用工具堆砌、填埋沙子,获得了用沙搭建的方法。

老师看到大家在堆山体,就问:"火山口在什么地方呢?"何何说:"在山的最上面。"笑笑马上就用铲子在山体的最上方挖了一个小口,何何和小玮也一同加入到挖火山口的行动中来。小宇继续拿着铲子协助大家把沙子往中间聚拢并压实,不让沙子往下滑。大家齐心合力地完成了第一座火山的堆建。这时,同伴们的讨论又开始了,"我们用什么来代表岩浆呢?""岩浆喷出来是往上的。""我们可以用一些向上的东西来表示。""我们放一个瓶子在中间吧。""我们搭一个向上的管子。""岩浆的颜色是红色的。""那我们用红色的拼插管来做喷出来的岩浆吧。"……于是,孩子们就用红色的拼插管一根接着一根地垒高,做成了一根长长的红色柱子。

> 大班幼儿能清晰地表述自己的问题,能和同伴进行几个回合的讨论。
> 大班幼儿会用具有一个相同面的积木进行组合。

面对这根喷发的柱子,笑笑、何何和小玮又议论开了:"这根柱子不像喷发的岩浆。""喷发的岩浆是流动的。""那些红色的岩浆应该会顺着火山流下来。"于是,他们三个人就把红色的拼插管拆开,有秩序地排列在山体上。而小宇一直在一旁看着同伴做这件事情。

幼儿园返本课程：在行动中学习

孩子们将红色的管插在火山口中间

孩子们在表征流下来的岩浆

这时，老师问："小宇，你知道火山口旁边还会有什么呢？"小宇思考了一下，突然兴奋地说："火山口旁边还会有一些石头呢。""那你想怎么做呢？""我要在火山口边放上一些石头。"于是小宇找来了石头，把石头一个一个围着火山口的周围间隔相等地摆放了几圈。而笑笑和小玮就在另外一个地方堆建另一座火山。

> 中班幼儿能注意材料之间的组合，进行有规律地摆放，获得了表征组合之间关系及层次的经验。

这时，老师看到他们已经搭建好了火山，就问："这火山有多高呀？"何何马上找来一把直尺，把尺子放进了火山口洞里，认真地看着标尺的刻度，说："这个火山口的高度是18。"老师接着说："18厘米。"何何也跟着说："这是18厘米高呀。"老师又问："这火山口里面的高度是18厘米，那整个火山有多高呢？"笑笑听到了老师的提问，也加入了测量的队伍。何何拿着尺子垂直地放在外面，他们俩一开始用手比画着火山的高度，比画了几次，数据都不一样。他们俩就商量怎么办。后来，笑笑找来了一块木板，终于比较准确地测量出火山的高度。他们都很兴奋地说："火山的高度有22厘米。"

何何测出火山口里的高度是18厘米

孩子们合作测出火山的高度是22厘米

> 大班幼儿用直尺测量火山的高度,认识了直尺上的刻度和单位,学会了测量的方法。
>
> 大班幼儿遇到困难能够坚持,不轻易求助。

小宇和小玮却对岩浆从火山喷发的情景很感兴趣,小玮说:"我觉得应该往瓶子里灌水,让水从里面流出来,这样就像是火山喷发的样子啦。"于是小玮和小宇不断地去接水并往火山口里面的那个瓶子灌水,发现水满了就会往外溢出。

小宇往火山口放了一个瓶子,往里注水,水从瓶子里溢出来

小宇看着水从瓶子里溢出来,很快就渗到沙子里,但没有喷发的景象。于是,老师就问:"要怎么样才能有喷发的情景呢?"小宇说:"我要弄这个瓶子。"于是,小宇就用手挤压瓶的下方。看到小宇的动作,老师说:"你是要挤压瓶子吗?"小宇说:"是的,我在挤压这个瓶子。"小宇很用力地挤压着瓶子,一挤压瓶子,瓶子里的水就喷了出来,水一喷出来,小宇就大声地喊:"火山喷发啦!火山喷发啦!"同伴们看到水喷出来的状况,也一起参与到这种挤压瓶子的活动中来。

> 中班幼儿想办法验证自己的预测,获得了分析问题的能力。
>
> 幼儿用双手挤压瓶子,发现并获得了水与压力的关系。
>
> 中班幼儿学会使用新的词汇——挤压。

随着同伴们的参与,大家又开始讨论起来:"这要我们不断地挤压,水才会有喷发的现象""是呀,我们的手停了,水就不动了""这好奇怪呀"……于是老师就说:"这就像火山下的岩浆,当受到很大的压力挤压的时候,那些岩浆也就从火山口喷出来了。"大家异口同声地说:"原来是这样!"他们就一直在玩着倒水、挤压、倒水、挤压,而且还不断地发出各种欢叫声:"我一用力,这水柱喷的可高了!""我来试试!""啊!我的也喷得很高呀!"……

教师指导策略:

1. 教师在幼儿堆建火山出现停滞、表征岩浆喷发的情景有困难时,通过提问激发幼儿拓展想象,给他们提供支持。

2. 当幼儿对于测量后不能使用正确的长度单位表述时,教师给他们提供了正确的信息,引导幼儿学习测量的单位。

3. 教师帮助幼儿准确使用词汇"挤压"。

4. 当个别幼儿不能融入活动时,教师给予适当的引导与关注,通过提问启发他深入思考,帮助他进行深层次的学习。

第二节 音乐韵律中心

音乐韵律中心是一个探索声音、欣赏音乐、感知音乐、创作音乐、自我表现的场所。在这个充满欢乐的场所里,孩子们可以走进音乐,沐浴在优美的旋律之中,抒发自己的情感;可以探索声音与节奏,练习歌唱与演奏,自由地创作与表演,学会与他人合作、分享快乐。

一、音乐韵律中心核心经验与区域之间的关系

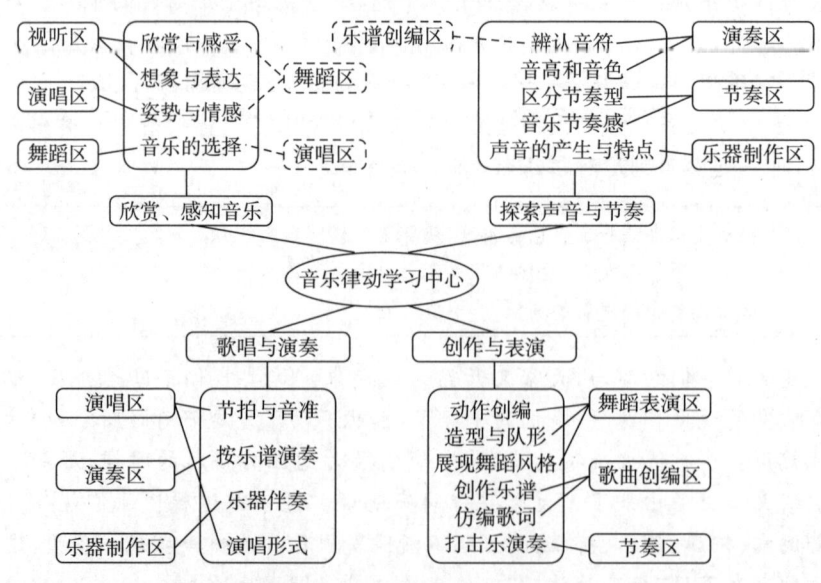

二、创设有效的活动区

为了更好地培养幼儿对音乐的兴趣,发展他们的欣赏能力和音乐技能,我们根据音乐活动特性合理划分了不同功能的活动区,音乐活动中心主要分为以下几个活动区:

(一)演奏区

1. 区域核心经验

(1)辨认音符。
(2)探索音高和音色。
(3)按乐谱演奏。

2. 区域布局策略

适合的人数为 2 人。此区域不需要桌椅,用软装饰地毯进行环境布置,提供放置乐器的柜子与架子、坐垫。

3. 区域材料提供

大铝板琴、中铝板琴、小铝板琴、大木琴、中木琴、小木琴、木质大沙锤、塑料大沙锤、摇铃、串铃、铃鼓、碰铃、三角铁、沙蛋、单响筒、双响筒、手按铃、鼓、乐谱、乐谱架。

4. 演奏区行为特征及行为表现

核心经验	行为特征		行为表现
辨认音符	1. 辨认琴上音符的位置	3~4 岁	• 在教师或大孩子的指导下能认识木琴上 1~7 七个音的位置 • 能听辨 1~7 七个音的高低
		4~5 岁	• 能认识木琴上 10 个以上的音符 • 能根据指定音符找到 1~7 七个音相对应的位置
		5~6 岁	• 能认识高、中、低音木琴所有音符的位置 • 能准确找到指定音符的位置
	2. 看谱敲出音符位置	3~4 岁	• 能在老师引导下认识简单的乐谱 • 在教师或大孩子指导下会敲击木琴上不同的音
		4~5 岁	• 能认识带有音阶的乐谱 • 能敲击乐谱中简单的音阶
		5~6 岁	• 能认识较长或较复杂的乐谱 • 能看乐谱完整敲击相对应的音高 • 能熟练地敲击乐谱中高、中、低音的音阶

续表

核心经验	行为特征		行为表现
探索音高和音色	1. 区分不同音高的琴	3～4岁	• 能区分出高音木琴和低音木琴音高的不同 • 在老师的引导下,能认识并敲击高音木琴或低音木琴
		4～5岁	• 在老师的引导下,能根据乐谱的音域选择合适的木琴 • 能敲击并分辨高音木琴和低音木琴
		5～6岁	• 能分辨低音、中音、高音三种木琴的不同音高 • 能根据乐谱的音域特点选择音高合适的木琴
	2. 区分不同音色的琴	3～4岁	• 会随意敲击木琴和铝板琴 • 能分辨出木琴和铝板琴的不同音色
		4～5岁	• 能分辨出一组同音高的木琴和铝板琴 • 会用不同的力度敲击木琴和铝板琴,发现音色的不同
		5～6岁	• 能分辨三组同音高的木琴和铝板琴 • 能控制手部力度敲击木琴和铝板琴,发现力度和音色的关系
按乐谱演奏	1. 能进行独奏	3～4岁	• 会用正确的握棒方式单手敲击音符 • 在老师的引导下,能敲击出四个乐句以内的乐谱
		4～5岁	• 能用正确的握棒方式双手敲击简单的乐谱 • 在老师的引导下,能敲击出六个乐句以内的乐谱
		5～6岁	• 能持续运用正确的握棒方法敲击完整的乐谱 • 能准确地敲击八个乐句以上的乐谱
	2. 能进行合奏	4～5岁	• 在老师的引导下,能认识二声部乐谱 • 能看着简单的二声部合奏谱配合演奏
		5～6岁	• 能演奏较复杂的合奏谱 • 能指挥同伴分工进行合奏

5. 活动掠影

根据《小星星》的旋律敲打音符,感知音色,探索手鼓的声音

根据《小兔乖乖》的旋律,用木琴进行合奏

(二) 演唱区

1. 区域核心经验

(1) 体验歌唱姿势与歌曲情感。

(2) 使用多种演唱形式。

2. 区域布局策略

适合的人数为 3~4 人。为了不受小舞台音乐影响,区域位置尽量选择靠窗户位置,区域内不设置椅子,选用软装饰地毯进行环境布置,提供合唱台与麦克风。

3. 区域材料提供

三角铁、沙锤、响筒、小铝板琴、彩色铝板琴、摇铃、音感钟、啦啦操道具、小提琴模型、小钢琴模型、小播放器模型、电视、VCD 机、U 盘、话筒、话筒架、合唱台。

4. 演唱区行为特征及行为表现

核心经验	行为特征	行为表现	
体验歌唱姿势与歌曲情感	1. 能有站姿地歌唱	3～4岁	• 喜欢跟同伴一起站立演唱 • 能自然站直唱完一首歌
		4～5岁	• 能抬头挺胸,双脚稍分开,加入少量辅助动作持续演唱 • 能连续唱几遍或几首歌曲
		5～6岁	• 能保持优美的站姿持续演唱 • 在演唱过程当中,加入匹配的辅助动作
	2. 能有坐姿地歌唱	3～4岁	• 喜欢跟同伴一起坐着演唱 • 能在指定的位置坐直唱歌
		4～5岁	• 能双腿并拢、身体微侧、坐直面朝前方演唱 • 能加入少量辅助动作持续坐着演唱
		5～6岁	• 能安排同伴演唱位置,示范优美的坐姿 • 能加入匹配的辅助动作持续坐着演唱
	3. 会有感情地歌唱	3～4岁	• 喜欢演唱欢快的歌曲 • 能面带微笑地演唱歌曲
		4～5岁	• 能理解歌曲风格和歌词内容 • 能根据歌曲特点有表情地演唱
		5～6岁	• 会运用丰富的表情表现不同歌曲的情感 • 能加入合适的动作表现歌曲
使用多种演唱形式	1. 会独唱	3～4岁	• 喜欢为他人进行独唱 • 能独自唱完一首简单、熟悉的歌曲
		4～5岁	• 会独自演唱4～5首完整的歌曲
		5～6岁	• 吐字清晰,能用自然适中的声音进行演唱 • 能声情并茂地表现歌曲
	2. 能合唱与轮唱	3～4岁	• 在老师的引导下,了解合唱或轮唱的方法 • 能跟随大孩子学唱合唱曲
		4～5岁	• 了解合唱或轮唱的正确方法 • 在大孩子的指挥下,能准确演唱歌曲自己负责的部分

续表

核心经验	行为特征		行为表现
使用多种演唱形式	2. 能合唱与轮唱	5～6岁	• 能示范合唱和轮唱的方法 • 能带领同伴齐唱或分工轮流唱
	3. 会指挥	3～4岁	• 喜欢一边指挥一边唱 • 能看着指挥开始和结束唱歌
		4～5岁	• 能分辨指挥中轮唱及合唱的手势 • 能看着指挥手势准确地进入
		5～6岁	• 能指挥一首完整的歌曲 • 能准确使用开始、结束、轮唱、合唱等指挥手势

5. 活动掠影

保持优美的站姿和微笑着合唱《和谐的家》

大孩子运用动作和表情歌唱，小孩子跟随大孩子学唱歌曲

（三）视听区

1. 区域核心经验

（1）欣赏与感受音乐。

（2）发挥想象并表现音乐。

2. 区域布局策略

适合的人数为 2 人。区域位置尽量选择靠近墙面电源的角落。

3. 区域材料提供

书写纸、水彩笔、彩色铅笔、铅笔、刻录好音乐的读卡器、碟片、试听机、CD 碟片架。

4. 视听区行为特征及行为表现

核心经验	行为特征		行为表现
欣赏与感受音乐	1. 能欣赏自然界及生活中的声音	3～4 岁	• 能分辨生活中常见的声音 • 喜欢模仿周围的声音
		4～5 岁	• 能辨别出自己认识物体发出的声音 • 会模仿常见的声音
		5～6 岁	• 会判断一些特殊的声音组合或声效组合 • 能模仿各种声音
	2. 能欣赏各类歌曲	3～4 岁	• 能欣赏经典的儿童歌曲 • 听到熟悉的歌曲喜欢跟着哼唱
		4～5 岁	• 能欣赏中外儿童歌曲及分辨本地域儿童歌曲 • 对喜欢的歌曲能边听边哼唱
		5～6 岁	• 能欣赏经典民族歌曲及外国歌曲 • 能了解几首经典歌曲背景
	3. 能欣赏各类名曲	3～4 岁	• 喜欢欣赏柔美、抒情的曲子
		4～5 岁	• 能欣赏有情节、有起伏的名曲
		5～6 岁	• 能欣赏曲式比较复杂的名曲
发挥想象并表现音乐	1. 能用符号表达	3～4 岁	• 能用线条或圆圈等一两种符号表达音乐的快慢、强弱
		4～5 岁	• 能用符号表达出音乐中的乐句 • 能用三到四种符号表达音乐特点
		5～6 岁	• 能用有规律的符号表达音乐的乐句或乐段 • 会用多种符号表达完整的音乐结构

续表

核心经验	行为特征		行为表现
发挥想象并表现音乐	2. 能用图画表达	3~4 岁	• 能用涂鸦的方式表达音乐想象的事物 • 能用颜色表达对音乐的感受
		4~5 岁	• 能用简单的画面表达音乐想象的情景
		5~6 岁	• 能用一个丰富的画面表达音乐想象的情节 • 能用连环画表现音乐情节
	3. 能用语言表达	3~4 岁	• 在老师的引导下，能用几个词汇表达听到音乐的感受和想象 • 能用简单的语言表达音乐的特点
		4~5 岁	• 会描述在音乐中听到的内容 • 会与同伴分享对音乐的感受和喜好
		5~6 岁	• 会表述音色、曲式结构等音乐特点 • 能用丰富的语言表达对音乐的理解

5. 活动掠影

由《欢乐颂》想到游乐场　　　　　　由《野蜂飞舞》想到站在繁忙马路上

（四）舞蹈表演区

1. 区域核心经验

（1）选择音乐。

（2）仿编动作。

（3）设计造型与舞台队形。

（4）展现舞蹈风格。

2. 区域布局策略

适合的人数为 4~5 人。为了更接近幼儿生活中的真实环境,需要较大的活动场地,可在靠近窗户的电源位置,搭建一个真实的舞台,在舞台前设观众席。

3. 区域材料提供

表演区:各种颜色的布块、不同材质的纱巾、各种材质和款式的帽子、各种动物和蔬果的头饰、印第安人头饰、表演服装、布扇子和纸扇子、啦啦操道具、塑料叶子、塑料模型(稻谷、玉米、辣椒、小南瓜)、须草、各种装饰舞台用的塑料花、电脑、小音箱。

化妆区:半身模特、墙面镜、饰品架、储物盒、分类盒、桌面化妆镜、化妆品、人体彩绘、发夹、眼镜、头饰、头箍。

4. 舞蹈表演区行为特征及行为表现

核心经验	行为特征		行为表现
选择音乐	1. 会搜索指定音乐	3~4 岁	• 由班级教师将指定曲目写在任务单上,汇总到学习中心交给教师搜索
		4~5 岁	• 能记住曲目名称,到学习区域请老师或大孩子搜索
		5~6 岁	• 能记住曲目名称,自行到区域使用电脑工具搜索
	2. 能按照主题搜索相关音乐	3~4 岁	• 能把主题写在任务单上,交给学习中心老师进行搜索
		4~5 岁	• 会将主题名称告诉老师,学习中心老师协助搜索
		5~6 岁	• 能在电脑上输入主题名称
	3. 会选择喜欢的音乐表现主题内容	3~4 岁	• 会在老师的帮助下,选择喜欢的音乐,随意表现
		4~5 岁	• 会在老师的建议下,选择喜欢的音乐,有目的地表现
		5~6 岁	• 会自己挑选喜欢的音乐,完整表现主题内容
仿编动作	1. 身体自由舞动	3~4 岁	• 听着音乐,会随意摆动身体 • 根据自己情绪,任意做动作
		4~5 岁	• 听着音乐,会有节奏地表现肢体动作 • 在老师的指导下,跟随音乐的节拍做动作

第四部分 适宜、有效的学习中心环境

核心经验	行为特征		行为表现
仿编动作	1. 身体自由舞动	5~6岁	• 融入音乐,能全身自由舞动 • 能舒展地舞动 • 呼吸与肢体动作协调配合
	2. 会模仿动作表演	3~4岁	• 能模仿老师或大孩子的简单动作进行表演 • 模仿1~2个动作重复表演
		4~5岁	• 能模仿同伴或视频表演较复杂的动作 • 模仿3~4个动作组合表演
		5~6岁	• 从老师或视频表演中,会学习特定舞蹈动作 • 模仿一段完整的舞蹈表演
	3. 能创编动作表演	3~4岁	• 能重复使用2~3个简单的动作进行表演
		4~5岁	• 能组合使用已学会的舞蹈动作进行表演 • 会创编简单的表演动作
		5~6岁	• 会根据内容需要创编音乐动作 • 会创编一段完整的舞蹈动作
设计造型与舞台队形	1. 会装扮舞蹈形象	3~4岁	• 会挑选喜欢的饰品装扮自己 • 在老师协助下装扮造型
		4~5岁	• 能根据表演的形象,挑选服饰装扮自己 • 尝试与同伴相互装扮
		5~6岁	• 会寻找各种资源设计形象和道具 • 协同同伴装扮符合主题的形象
	2. 能设计队形变化	3~4岁	• 能跟随大孩子变化横排、竖排的位置,或原地转圈 • 能听指令原地变换上下左右方位
		4~5岁	• 会根据指令变化圆形、三角形等各种队形 • 能设计横排、竖排队形
		5~6岁	• 会根据所表现的主题内容设计3~4种队形 • 能指挥队形变化
	3. 能创编舞蹈动作造型	3~4岁	• 能自己做1~2个造型的动作 • 在大孩子指挥下能与同伴组合造型
		4~5岁	• 能与同伴形成对称的动作组合 • 能与同伴形成不同方位的动作造型

核心经验	行为特征		行为表现
展现舞蹈风格	3. 能创编舞蹈动作造型	5~6岁	• 能创编有高低层次的造型组合 • 能创编有特定形状的造型组合 • 能指挥同伴根据音乐或内容变换造型
	1. 会用快与慢的舞蹈动作表现音乐的特点	3~4岁	• 动作与音乐的速度能基本相一致 • 在老师引导下,能用简单的动作表现节奏感明显的音乐
		4~5岁	• 动作与音乐的速度能相一致 • 在老师引导下,用动作表现音乐中的不同节奏
		5~6岁	• 会用动作会表现音乐抒情或欢快的特点 • 能加入情绪情感表现音乐的特点
	2. 能根据舞蹈风格展现舞蹈动作	4~5岁	• 能够表现1~2种不同类型的舞蹈动作 • 能表现1~2种民族舞动作
		5~6岁	• 能区分出民族舞、芭蕾舞、街舞等舞蹈风格 • 能表现出民族舞、芭蕾舞、街舞等舞种特点 • 能展现出1~2种特定舞蹈风格的完整舞蹈

5. 活动掠影

根据《萤火虫》的音乐风格进行自我装扮,并随着音乐创编简单的舞蹈动作　　运用肢体动作表现《小小解放军》的节奏

(五)乐器制作区

1. 区域核心经验

(1)了解声音的产生与特点。

(2) 用乐器伴奏。

2. 区域布局策略

适合的人数为 2~5 人。此区应靠近小舞台,方便幼儿完成作品后进行表演。

3. 区域材料提供

摇铃串铃制作小书、筷子、即时贴、铃铛、纸盘子、纸巾筒、毛绒球、玻璃碟、铁丝线、彩带、珠片、沙锤制作小书、豆子、沙子、鹅卵石、易拉罐、饮料瓶、玻璃瓶、装饰绸带、毛绒线、彩纸。

4. 乐器制作区行为特征及行为表现

核心经验	行为特征		行为表现
了解声音的产生与特点	1. 会制作串铃	3~4 岁	• 能将较大的铃铛用绒线缠绕在粗棒上,做出有声的铃铛乐器 • 在老师或大孩子指导下,会将铃铛系在纸巾筒上 • 会自己摇晃乐器,感受声音的不同
		4~5 岁	• 能将多种类型的铃铛用铁线穿在纸盘上 • 能进行各种装饰,会发现铃铛大小不同,声音也不同
		5~6 岁	• 会将多种类型的铃铛有规律地组合在纸盘、纸巾筒、粗棒等材料上,制成个性串铃乐器 • 能分辨出材料与声音的关系
	2. 会制作沙锤	3~4 岁	• 会将豆子装在塑料瓶子中,制作会发出声音的沙锤 • 会根据喜好选择合适的豆子
		4~5 岁	• 会将豆子装在不同材质的瓶子中,制作不同声音的沙锤 • 能根据自己的喜好给沙锤乐器进行装饰
		5~6 岁	• 会将不同种类不同数量的豆和沙装在各种瓶子中 • 会根据需要制作一组沙锤 • 能根据喜好有规律地进行乐器装饰
	3. 会制作弦乐器	3~4 岁	• 会将 2~3 根橡皮筋套在纸盒上 • 能拨动橡皮筋让乐器发出声音

续表

核心经验	行为特征		行为表现
	3. 会制作弦乐器	4～5岁	• 会将橡皮筋套在不同材质的盒子上 • 能弹拨橡皮筋,并发现不同材质的盒子会发出不同的声音
		5～6岁	• 会将橡皮筋或弹力线固定在不同的盒子上,制作能发出不同声音的造型弦乐器 • 会根据喜好有规律地装饰弦乐器
用乐器伴奏	1. 会边唱边伴奏	3～4岁	• 会拿着自制乐器边唱边随意伴奏
		4～5岁	• 会拿着自制乐器边唱边有节奏地伴奏
		5～6岁	• 会拿着自制乐器边唱用较复杂的节奏型进行伴奏 • 能根据需要选择合适的节奏型
	2. 能跟随音乐伴奏	3～4岁	• 能听着音乐拿着乐器随意伴奏
		4～5岁	• 能听着音乐节拍有节奏地伴奏 • 能尝试用不同的伴奏方法
		5～6岁	• 能听着音乐用较复杂的节奏型进行伴奏 • 能用不同的演奏方法进行伴奏 • 能根据音乐需要选择合适的节奏型
	3. 能与同伴合作伴奏	3～4岁	• 能跟着大孩子一起进行单一节奏的伴奏
		4～5岁	• 能拿着自制乐器跟着同伴用固定的节奏型进行伴奏
		5～6岁	• 会分配并带领同伴有节奏地伴奏 • 能根据乐曲的需要挑选合适的乐器进行合奏

5. 活动掠影

使用纸盘和铃铛制作手工铃鼓,探索清脆的声音

使用纸盒和皮筋制作吉他乐器,并运用其发出的声音伴随节奏表演

(六)节奏风暴区

1. 区域核心经验

(1) 体验音乐的节奏。
(2) 区分节奏型。
(3) 用打击乐器演奏。

2. 区域布局策略

适合的人数为2～3人。通过感知各种辅助道具感受节奏的快慢以及变化。

3. 区域材料提供

乐谱、节奏谱子、玻璃瓶子乐器、自制鼓、鼓槌、锅、音筒、鼓架、乐谱架、音箱、内存卡。

4. 节奏风景区行为特征及行为表现

核心经验	行为特征		行为表现
体验音乐的节奏	1. 会用鼓棒敲出有节奏的声音	3～4岁	• 喜欢用鼓棒在器皿上敲出声音 • 能发现不同器皿敲出的声音不同
		4～5岁	• 能用鼓棒在器皿上敲出二拍子的节拍 • 能根据喜好选择两种器皿进行对比敲击
		5～6岁	• 能用鼓棒在器皿上敲出三拍子、四拍子的节拍 • 能根据需要选择合适的器皿搭配敲击
	2. 能跟着音乐敲出节奏	3～4岁	• 会跟着音乐随意敲节奏 • 在老师的指导下,能跟着音乐敲出二拍子的节奏
		4～5岁	• 能跟着二拍子的音乐敲出稳定的节拍 • 在老师的指导下,能敲出节拍的强弱拍
		5～6岁	• 能跟着三拍子、四拍子的音乐敲出稳定的节拍 • 能根据音乐特点敲出节拍的强弱
区分节奏型	1. 会练习单一的节奏型	3～4岁	• 在老师的指导下,能认识二拍子的节奏型特点 • 能在老师的帮助下敲出××|×—|等二拍子节奏型 • 能敲击四小节稳定节奏型

核心经验	行为特征		行为表现
区分节奏型	1. 会练习单一的节奏型	4～5岁	• 能认识简单的二拍子、三拍子、四拍子节奏型特点 • 能敲出简单的二拍子、三拍子、四拍子节奏型 • 能敲击八小节稳定节奏型
		5～6岁	• 能认识带有休止符的二拍子、三拍子、四拍子节奏型 • 能敲出带有休止符的二拍子、三拍子、四拍子节奏型 • 能敲打八小节以上稳定节奏型
	2. 能练习组合式的节奏型	3～4岁	• 在老师的帮助下能敲出两种二拍子组合节奏型
		4～5岁	• 能敲出四种简单节奏型的组合节奏
		5～6岁	• 能敲出四种较复杂节奏型的组合节奏
用打击乐演奏	1. 能读谱	3～4岁	• 在老师的引导下，能看谱读出简短的二拍子节奏
		4～5岁	• 能看谱读准简短的二拍子、三拍子、四拍子的节奏
		5～6岁	• 能看谱读准较复杂的二拍子、三拍子、四拍子的节奏
	2. 用乐器敲打指定节奏谱	4～5岁	• 能在老师帮助下看谱用打击乐敲击出简单的节奏 • 能敲打两种以上不同的节奏谱
		5～6岁	• 能边看谱边用打击乐敲出较复杂的节奏 • 能敲打四种以上不同的节奏谱
	3. 会跟着音乐看谱演奏	4～5岁	• 会听着音乐敲出节奏谱上的节奏 • 能听着音乐敲出节奏谱的强弱拍
		5～6岁	• 会跟随音乐与同伴分工合奏 • 能协调与同伴之间看谱演奏的声音比例

5. 活动掠影

伴随音乐感知节奏

敲打单一节奏,学习简单的二拍子和三拍子节奏

(七)歌曲创编区

1. 区域核心经验

(1) 创作乐谱。

(2) 仿编歌词。

2. 区域布局策略

适合的人数为2~3人。在认识音符的基础上,学唱乐谱,并创编与主题相关的歌词。

3. 区域材料提供

乐谱、小班简谱、中班简谱、大班简谱、彩色铝板琴、白纸、简谱音符、白乳胶、玻璃碟、铅笔、棉签。

4. 歌曲创编区行为特征及行为表现

核心经验	行为特征	行为表现	
创作乐谱	1. 能认识乐谱	3~4岁	• 在老师的指导下,能认识1~7七个音符的唱名
		4~5岁	• 在老师的指导下,能认识两种拍号 • 在老师的指导下,能认识1~i一个八度各音符唱名
		5~6岁	• 在老师的指导下,能认识三种拍号 • 在老师的指导下,能认识小节线、终止符 • 在老师的指导下,能认识完整的乐谱结构

核心经验	行为特征		行为表现
创作乐谱	2. 会视唱乐谱	3～4 岁	• 在老师的示范下,能跟唱 1～7 之间音域的乐谱 • 在老师的指导下,能唱准乐谱中对应音符的唱名
		4～5 岁	• 熟悉的歌曲在老师示范几次后,会自己视唱 • 能自己视唱简单的二拍子乐谱
		5～6 岁	• 能自己识谱,唱出乐谱的音符和节奏 • 能在老师的引导下唱准乐谱中音符的音高音准 • 能自己视唱简单的二、三、四拍子的乐谱
	3. 能制作乐谱	3～4 岁	• 会剪贴相对应的音符 • 能对照乐谱,将音符贴在空缺的位置
		4～5 岁	• 能对照乐谱,在空缺的位置写上相对应的音符 • 能选择对应的拍号贴在乐谱上
		5～6 岁	• 能对照乐谱,写出新的乐谱 • 能根据乐谱的范例,改编部分音符,形成新的乐谱
仿编歌词	1. 能改编歌词	3～4 岁	• 能改编歌曲中的个别词组
		4～5 岁	• 能在老师的引导下,根据主题改编歌词的部分内容 • 对熟悉的歌曲,能自己改编部分歌词
		5～6 岁	• 会根据原歌词的句式结构填入新词 • 会根据主题内容改编歌词 • 能根据原调唱出改编好的歌曲
	2. 会创编歌词	5～6 岁	• 会尝试创编不同句式结构的歌词 • 能根据原调唱出创编好的歌曲

5. 活动掠影

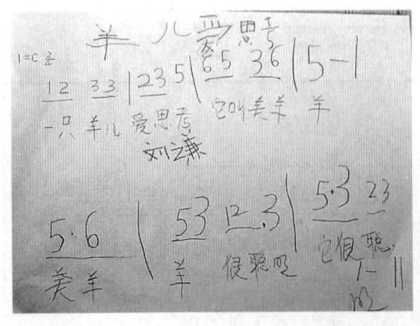 

参照并临摹《蚂蚁搬豆》的旋律并创歌词　　使用钢琴弹出《两只老虎》的旋律,并伴随旋律学唱已改编的歌曲《两个灯笼》

第四部分 适宜、有效的学习中心环境

> 典型案例

猫 舞

活动对象：楚黎(5岁)　子榕(4岁半)　睿妍(3岁半)
记 录 者：谭海兰老师

孩子们喜欢猫，也喜欢看《猫捉老鼠》的动画片。在谈话时，孩子们就把"我喜欢的猫"和动画片相结合，对"小猫是怎么走路？小猫是怎样叫的？小猫的神态和动态怎样"等都进行了激烈的讨论。楚黎、子榕和睿妍决定在小舞台跳小猫的舞蹈。于是，三个小朋友带着计划，来到了音乐中心创编"猫舞"。

她们来到了音乐中心的小舞台区，讨论如何分工。他们讨论出：猫的舞蹈怎么跳，需要哪些舞蹈队形，并在纸上画了几种队形。

老师看到他们的讨论出现了分歧，于是问："你们打算表演什么呢？"楚黎很有主见地说："我们今天就跳小猫的舞蹈吧。"老师说："你们选择什么音乐呢？有角色分配吗？怎样装扮自己呢？"大家根据老师的提问又展开了讨论。子榕提出让一个人扮演老鼠，但大家都不愿意扮演老鼠，最后决定都扮演猫。

讨论舞蹈的队形和猫舞的动作

孩子们各自开始化妆

她们决定了自己的角色后，子榕和楚黎很快到化妆区，拿着画笔脸上画了几根胡须，睿妍看见了，也在脸上画了几根胡须，然后她们分别找几个头饰戴上。

> 幼儿寻找各种资源设计形象和道具。根据舞蹈类型选择合适的服装、头饰、道具进行自我装扮。

这时，她们发现需要音乐，于是寻找教师帮助。教师找了几首曲子，供孩子们选择。孩子们一致认为《猫舞》的音乐比较好听，也跟她们表演的主题贴

切,决定用这首音乐进行表演。定下了音乐,孩子们开始上舞台进行排练!

楚黎很快在小组中表现出了主导的作用,大家也很愿意听她的指挥,于是楚黎就充当了小导演的角色,让大家按讨论好的队形出场。她们让老师放音乐,一边讨论一边创编舞蹈队形。

> 中班幼儿能自己挑选喜欢的音乐,完整表现主题内容。
> 幼儿感受音乐的旋律,有节奏地表现肢体动作。
> 中班幼儿根据主题内容设计队形,指挥队形变化。

楚黎让子榕第一个带队走一字队形出场,她和睿妍两人跟随排成一横排,学小猫走的动作,走到舞台中央。楚黎停下来征求两个小伙伴的建议:"小猫喜欢叫'喵喵喵',我们在这里也要学小猫叫,好吗?"大家同意后,三位小朋友整齐地对着舞台前面叫两声"喵喵"。

走猫步出场

学猫叫

> 幼儿会与同伴形成对称或不同方位的动作组合。

楚黎建议两个小朋友向右边学猫叫,再向左边学猫叫。小朋友非常配合。创编完这部分动作,孩子们停下来讨论。楚黎说:"我们接下来要做什么动作?"子榕拿来了她们自己画的设计图,说:"小猫喜欢捉迷藏呢!"楚黎说:"那我们三个人拉手转圈,然后蹲下躲起来。"睿妍说:"好啊!转圈好好玩哦!"她们手拉着手,开始转圈,一个圈,两个圈,然后蹲下来。她们重复了两遍。

> 中班幼儿根据指令变化圆形、三角形等队形。
> 中班幼儿根据所表现的主题内容设计队形,并指挥队形变化。

第四部分 适宜、有效的学习中心环境

变成三角形队形,开始寻找老鼠

做对称造型,舞蹈结束

音乐第二段比较欢快诙谐,她们觉得可以表演猫捉老鼠。但意见又有点不统一。子榕建议小班的睿妍扮演小老鼠,但是睿妍觉得小老鼠是不受欢迎的小动物,不愿意做老鼠。老师问她们:"那怎么办呢?你们怎么表演这一部分呢?"楚黎说:"那我们大家都扮演小猫警察,一起寻找老鼠吧。"其他两位小朋友表示赞同。然后,大家各自创编寻找老鼠的动作,它们轻轻地走着猫步,东看看,西看看。

在结束部分,楚黎要求小朋友摆好结束的造型。编排完,老师给出了一些建议。孩子听音乐,进行第二次完整的表演。

表演完,孩子们把自己表演的舞蹈,一步一步画下来

教师指导策略:

1. 活动前,教师根据幼儿养猫和看过的动画片的经验,让幼儿讨论猫的形象和动态,帮助幼儿梳理经验及创编舞蹈动作。

2. 教师提供了几首音乐让她们从中选择适合的音乐,给幼儿提供音乐的经验。

3. 教师认可幼儿的创编过程,在这个舞蹈创编活动中,教师不断地肯定幼儿的创作,让幼儿更自信地表现和发挥。

第三节　生活体验中心

生活体验中心是幼儿进行生活活动较为集中的场所,它将品味生活、享受生活、健康生活、低碳生活、个性生活、美化生活的理念渗透在生活体验中心的各个角落;它为幼儿提供适合其发展水平的丰富的生活工具和生活材料,使幼儿在真实的活动情景中面对真实的任务、真实的材料,使用真实的工具动手操作,解决真实情境中的生活问题,习得有用的生活技能,获得真实的生活经验,从而培养其"爱生活、懂生活、会生活"的健康生活理念。

一、生活体验中心核心经验与区域之间的关系

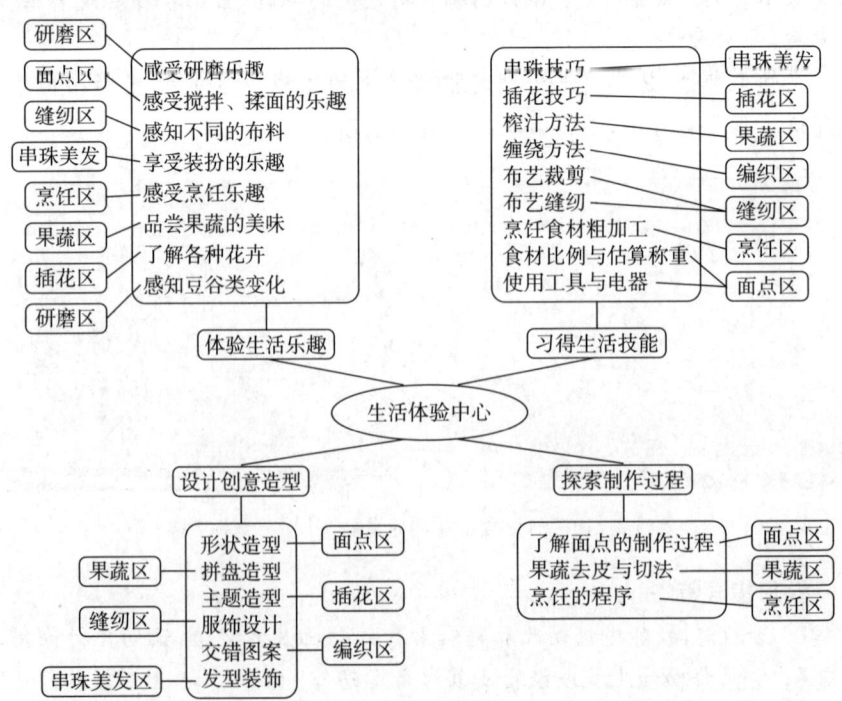

二、创设有效的活动区

为了便于幼儿的生活活动正常开展,根据生活活动特性和不同年龄阶段幼儿的需要,我园划分了不同功能的生活活动操作区,主要分为以下几个活动区:

(一)缝纫区

1. 区域核心经验

(1)感知不同的布料。

(2)设计服饰。

(3)裁剪布艺。

(4)缝纫布艺。

2. 区域布局策略

适合的人数为2~4人。幼儿能个别或合作学习。

3. 区域材料提供

材料筐、塑料袋抽取盒、全身模特、穿线器、滚轮尺、软尺、卡通布贴、DIY手工立体钩花、弹力线、棉线、蜡绳线、绸缎丝带、纯棉丝带、刺绣花边、蕾丝、各种材质扣子、木质嵌板、针、棉花、裁缝剪刀、亮片、珠子、各种材质的布料。

4. 缝纫区行为特征及行为表现

核心经验	行为特征		行为表现
感受不同的布料	1. 辨别布料材质	3~4岁	• 会随意用五指抓着布料,辨别布料手感的粗糙与光滑 • 能分辨布料的颜色,并能正确说出
		4~5岁	• 能用三指抓去揉捏布料,简单说出布料的图案、纹路、厚薄等 • 会比较两种布料,并说出相同与不同之处
		5~6岁	• 会用整个手轻轻地触摸布面,感受布料 • 会用准确的语言说出布料的材质细节
	2. 区分布料的风格	3~4岁	• 在老师引导下,了解不同风格的布料
		4~5岁	• 能根据颜色和图案进行分类 • 能区分和说出几种常见布料的风格
		5~6岁	• 能根据主题的需要选择适宜布料 • 能根据布料的风格说出其名称

续表

核心经验	行为特征		行为表现
服饰设计	1. 根据设计需求选择适宜布料	3~4岁	• 会随意选择布料 • 会在同伴或老师的协助下拿取需要的布料
		4~5岁	• 会根据自己的喜好选择布料 • 会根据季节选择厚薄不一的布料
		5~6岁	• 会根据设计选择自己需要的比较适宜的布料 • 能选择几种布料搭配 • 能调整选择
	2. 根据设计对象设计款式	3~4岁	• 能根据图案区分男女服饰 • 能根据款式区分男女服饰
		4~5岁	• 能根据自己的生活常识,设计简单的半身裙、连衣裙或上衣 • 能在图纸上简单地把设计的想法画出来
		5~6岁	• 能根据设计对象的想法,并加入自己的理解进行创意设计,会对设计的服饰进行色彩搭配 • 能按照实物的尺寸在图纸上进行设计,设计内容丰富完整
	3. 细节设计与搭配	3~4岁	• 能在老师的引导下搭配简单饰品 • 会用粘贴的方法配上扣子、花边
		4~5岁	• 会根据自己的喜好进行细节配饰的搭配 • 会尝试用缝的方法缝上扣子、花边
		5~6岁	• 会根据主题与对象的需求搭配配饰,关注细节、协调搭配颜色 • 会用缝的方法缝上扣子、花边、布条等
裁剪布艺	1. 测量设计对象的尺寸	3~4岁	• 能用长、短、大、小来表达布料的尺寸大小 • 能用手来比划自己需要的布料大小
		4~5岁	• 会用手来比划所需布料的长短 • 会用直尺测量直线的布料,但不是很精准
		5~6岁	• 会选择直尺测量所需要的布料,并做好记号 • 会用软尺测量身体部位的大小,如腰围、手长等,并会在纸上做记录

续表

核心经验	行为特征		行为表现
裁剪布艺	2. 根据尺寸剪出纸样	4～5岁	• 能根据自己的想法剪出抱枕的纸样 • 能根据尺寸剪出简单的鞋样
		5～6岁	• 能根据尺寸剪出裙子的纸样 • 能根据模特的尺寸剪出上衣或裙子的纸样
	3. 根据纸样裁剪布料	4～5岁	• 能把样式模板放在布上，用划粉画出简单的样纸，但是边线会离开样式模板的边线 • 能用剪刀裁剪薄和光滑的布料，剪口粗糙，偶尔会走样
		5～6岁	• 能把样式模板放在布上，用划粉画出样纸，边线比较精准 • 能用剪刀裁剪布料，剪口比较顺滑，边线比较精准
缝纫布艺	1. 使用针线	3～4岁	• 会看同伴穿针走线 • 会在老师引导下尝试走线
		4～5岁	• 会尝试用平针的方法缝合布料，间隔较宽，偶尔会失去顺序，错缝 • 会尝试穿针，但是穿针的时间较长，不容易把线穿过针眼 • 会尝试用半结的方法打结
		5～6岁	• 能用平针或锁边缝的方法缝合布料，间隔较密，拉线比较紧凑 • 能较快速地穿针 • 会尝试用八字结的方法打结
	2. 使用缝纫机	3～4岁	• 会有兴趣地看同伴使用缝纫机缝纫 • 能知道缝纫机的不同部位及功能
		4～5岁	• 能尝试用较慢的速度推送布料进行缝纫，线条容易弯曲 • 会尝试穿针引线
		5～6岁	• 能双手流畅地配合推送布料，缝纫的线条较直 • 能熟练地使用缝纫机，速度较快地穿针引线

续表

核心经验	行为特征	行为表现	
缝纫布艺	3. 缝纫配件	3~4岁	• 能使用双面胶粘贴自己喜欢的配件 • 能使用万能胶水粘贴自己喜欢的配件
		4~5岁	• 能根据要求和自己的想法选择配件 • 能尝试用平针的方法缝合配件
		5~6岁	• 能根据主题创意设计各种配件,会选择合适的风格 • 能用平针、锁边针的方法缝纫配件

5. 活动掠影

学习使用缝纫机

根据图形剪裁布料,将填充物塞进布,并用针线缝合,呈现较密集的针脚

(二) 烹饪区

1. 区域核心经验

(1) 了解烹饪食材。

(2) 了解烹饪程序。

(3) 感受烹饪乐趣。

2. 区域布局策略

适合的人数为1~2人。为安全

起见,区域尽量选择靠边角和水源的位置。

3. 区域材料提供

烹调佐料、切菜刀、刨丝器、炒菜铲、筷子、碗、碟、油瓶、洗碗刷、煎蛋模具、油刷子、餐具储物盒、砧板、电磁炉、不粘平底锅、护眼罩、围裙、袖套、帽子。

4. 烹饪区行为特征及行为表现

核心经验	行为特征		行为表现
了解烹饪食材	1. 知道各种食材	3～4岁	• 知道常见食材的名称 • 能说出甜、酸、咸、辣等味道
		4～5岁	• 知道多种食材名称 • 能准确说出自己喜欢食材的味道,对食材的味道有一定的经验
		5～6岁	• 能准确说出各种食材的名称与口感 • 能主动与同伴分享自己对食材的经验
	2. 会摘菜和洗菜	3～4岁	• 会用双手抓住菜的两端往外拉,将叶子与茎摘开 • 能将菜放进水里,直接拿起蔬菜
		4～5岁	• 会用一手抓住叶子菜,另一手在靠近的地方掰菜 • 会一手摁住根茎蔬菜在切板上,另一手拿着削皮刀进行去皮 • 能将蔬菜放进水里,用手摩擦表皮清洗蔬菜
		5～6岁	• 能一手拿着叶子菜头较远的地方,另一手在合适的位置掰断蔬菜 • 能一手把根茎蔬菜竖起,另一手拿着削皮刀从上往下去皮 • 能将菜放进水里用手抖一抖清洗叶子菜,还能用目测的方式判断清洗的蔬菜是否干净
	3. 知道切菜的方法	3～4岁	• 能一手握紧刀具,在切板上切菜,另一手没有配合 • 会把刀具往下剁,力度不均匀,方向也不稳定
		4～5岁	• 能一手握紧刀具,另一手放在菜的另一端上下来回地切菜 • 能切各种不同的蔬菜,大小长短比较均匀

续表

核心经验	行为特征		行为表现
了解烹饪食材	3. 知道切菜方法	5~6岁	• 会根据需要选择刀具,一手握刀,另一手五指放在菜的上面,刀具靠近五指的位置来回地切菜 • 能目测菜的长短和大小,根据需要切出大小比较均匀的菜 • 知道刀具用完后放到固定地方,有一定的安全意识,会保护自己
了解烹饪程序	1. 知道配菜技巧	3~4岁	• 能简单搭配一两种蔬菜 • 能将所有切好的蔬菜放在一起搭配
		4~5岁	• 能按照菜单进行蔬菜搭配 • 能按照自己的想法进行简单的蔬菜搭配
		5~6岁	• 能根据营养和常见菜品,进行多种蔬菜组合搭配 • 能根据自己的经验尝试搭配菜品
	2. 知道烹饪方法	3~4岁	• 能在老师的引导和陪伴下,用一只手翻炒少量单一的蔬菜 • 能在老师的协助下添加调味料 • 能在老师的提醒下知道菜是否炒熟了
		4~5岁	• 会一手扶着锅柄,一手拿着锅铲,利用大臂的大动作翻炒蔬菜 • 能在老师引导下按顺序添加适量调味料 • 会用煎、炒的方法烹饪菜肴
		5~6岁	• 会双手配合,灵活运用手腕力量翻炒蔬菜 • 会根据个人口味适当添加调味料 • 会观察色泽,正确判断菜是否炒熟
	3. 会起菜、摆盘	3~4岁	• 能在老师或同伴的帮助下起菜,并将菜摆放在桌面上 • 能两手拿着锅铲尝试起锅
		4~5岁	• 能一手拿锅铲,另一手扶着锅柄,把菜从锅里盛到碟子里,一部分把菜会散落在周围 • 会把菜盛放在碟子的中间,没有艺术摆盘的概念
		5~6岁	• 能一手拎锅,一手拿着锅铲,把菜侧着倒进碟子 • 会按照需要选择菜盘,并进行有主题的装饰和搭配

续表

核心经验	行为特征		行为表现
了解烹饪程序	4. 会清洁烹饪工具	3~4 岁	• 会两手一起拿着盘子或锅铲放到水龙头旁,再打开水龙头,最后用双手拿着盘子或锅铲进行清洗 • 在清洗的时候经常把水溅到身上
		4~5 岁	• 会双手拿着工具放在水龙头下,然后用单手打开水龙头,把水量调到合适的大小进行清洗 • 能把工具放在水龙头下用手去清洗,不会用到工具和洗涤用品
		5~6 岁	• 能一手拿着工具,一手打开水龙头,把工具放在水龙头下清洗,水不会溅到身上 • 会用洗涤用品和工具进行清洗 • 能够根据目测判断是否已经清洗干净
感受烹饪乐趣	1. 感受色香味的变化	3~4 岁	• 能品尝菜品 • 能用"好吃"、"很甜"等简单的词语说出自己的感受
		4~5 岁	• 能说出菜品在烹饪过程中的变化 • 能用"美味"、"色香味"、"快乐"等较丰富的词语说出自己的感受和心情
		5~6 岁	• 能预测菜品的变化,准确说出各种菜品的变化,经常与同伴分享 • 能用"色香味俱全"、"幸福的味道"等丰富的词语说出感受和心情
	2. 分享菜品及体验	3~4 岁	• 会很愿意品尝自己制作的菜品 • 能与同伴分享自己的喜欢的菜品
		4~5 岁	• 会边吃边与同伴分享自己的体验,对菜品进行评价 • 会提出一些改进味道的建议
		5~6 岁	• 会估计菜品的味道,挑选自己喜欢的菜进行品尝 • 会说出菜品的优点与不足,提出改进菜品的建议

5. 活动掠影

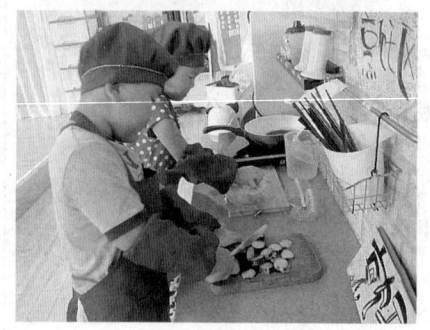

分工切菜,学习青菜的清洗方法和切法

学习炒青菜,并体验烹饪的乐趣

(三) 研磨区

1. 区域核心经验

（1）感受研磨的乐趣。
（2）观察豆谷类的变化。

2. 区域布局策略

适合2～3名幼儿工作,最好两人合作学习。

3. 区域材料提供

石磨、石磨架、漏勺、小勺子、玻璃碗、量杯、锅、捣盅、捣棒、各种豆类、防热手套、围裙、袖套、帽子、相关书籍。

4. 研磨区行为特征及行为表现

核心经验	行为特征		行为表现
感受研磨的乐趣	1. 了解豆、谷的不同特性	3～4岁	• 能说出3～4种常见豆谷类名称 • 会用手触摸谷类
		4～5岁	• 能辨认常见豆谷,说出其名称、颜色、大小 • 知道浸泡过的豆谷类会膨胀
		5～6岁	• 能辨认豆谷食材的形态、质地 • 知道豆谷类的营养价值

续表

核心经验	行为特征		行为表现
感受研磨的乐趣	2. 知道干磨方法	3~4岁	• 会单手握住研磨棒,在研磨钵中无目的上下击捣
		4~5岁	• 能运用击捣、旋转等方式在研磨钵中研磨 • 会使用手动研磨器研磨
		5~6岁	• 能根据需要选择磨具 • 能在研磨钵中用击捣、按压、旋转等方式研磨 • 能使用较大的石磨适度加料,比较协调地推磨
	3. 知道湿磨方法	3~4岁	• 会选择单品种进行研磨 • 会用勺子把豆谷放进研磨口,但豆谷会洒在外面 • 会在同伴的协助下推动磨盘
		4~5岁	• 能选择1~2种豆谷类进行研磨 • 能把料、水较准确地放进研磨口 • 能独立推磨,但常改变推磨方向
		5~6岁	• 能选择2~3种豆谷类进行研磨 • 能独立按顺时针方向匀速推磨 • 能一手加料,一手推动磨盘
观察豆、谷类的变化	1. 能研磨成液体	3~4岁	• 会看出豆谷类研磨后形态的变化 • 会说出豆谷类研磨后形态的变化
		4~5岁	• 会说出豆谷类研磨后形态的变化 • 能在同伴提示下,调整加水加豆谷的量
		5~6岁	• 会说出豆谷类研磨后的各种变化 • 能有比例地加水和豆谷,液体比较均匀
	2. 能研磨成粉状	3~4岁	• 能看出豆谷类研磨后的变化 • 能说出豆谷类研磨后的变化
		4~5岁	• 能研磨成较细的颗粒状 • 能较清晰说出豆谷类在研磨过程中的变化
		5~6岁	• 能判断是否需要二次研磨,能研磨成比较均匀的粉状 • 能清晰说出豆谷类在研磨过程中的变化

5. 活动掠影

学习研磨的方法,探索推磨速度和加料动作的协调

学习豆、水的搭配比例,调整豆浆的浓稠度

(四)面点区

1. 区域核心经验

(1)探索面点的制作过程。
(2)估算食材比例与称重。
(3)感受搅拌、揉捏的乐趣。
(4)塑造形状、造型。
(5)使用工具与电器。

2. 区域布局策略

适合的人数为3~4人,区域位置尽量选择柜子搭建的角落,便于幼儿动手制作。

3. 区域材料提供

电饭锅、微波炉、压面机、烤箱、冰箱、迷你电不粘煎锅、手持式电动打蛋器、裱花枪、擀面杖、电子秤、木质案板、不沾硅胶垫、量杯、塑料寿司卷帘、饺子器、陶瓷碟、储物罐、油瓶、器皿、烘焙工具和材料、黄油、干果、调味品、各种面粉、围裙、袖套、帽子、迷你垃圾桶。

4. 面点区行为特征及行为表现

核心经验	行为特征	行为表现	
了解面点的制作过程	1. 会选择种类及款式	3～4岁	• 能随意翻阅面点书籍 • 会选择喜欢的面点款式
		4～5岁	• 能带着自己想法去选择图片与图书,欣赏与了解不同的面点种类与款式
		5～6岁	• 与同伴协商后自主拿取喜欢的种类与款式的图片、图书,确认种类与款式
	2. 知道相关制作步骤	3～4岁	• 自由走动,触摸食材和工具,观察有经验孩子的制作过程 • 能完成老师给予的单一任务(例如:装水、拿鸡蛋等)
		4～5岁	• 观察模仿有经验的孩子,大概知道简单的制作步骤 • 能参与制作过程的讨论,喜欢动手操作
		5～6岁	• 熟练了解面点制作的步骤,能按照书中的步骤进行制作
	3. 知道所需食材及工具	3～4岁	• 在老师及同伴的指引下,选择食材与工具
		4～5岁	• 能与同伴一起协商,选择需要的食材和工具
		5～6岁	• 能告知同伴工作中所需的食材与工具,并指挥大家去拿取物品
估算食材比例与称重	1. 知道面粉与水的比例	3～4岁	• 随意放面粉与水,无比例的概念
		4～5岁	• 在老师的引导下学习使用工具,重复投放面粉和水,直到变成面团
		5～6岁	• 会利用工具按照比例比较精准地投放面粉和水
	2. 知道主要食材与辅助食材的比例	4～5岁	• 在老师的引导下了解主要食材与辅助食材的比例,投放辅助材料
		5～6岁	• 会使用工具按照比例比较精准地投放辅助食材
	3. 能估算与称重	3～4岁	• 能说出各种称重的工具 • 会在老师引导下使用称重工具
		4～5岁	• 能使用量勺、量杯与称重的工具,但不能很精准地使用这些工具 • 能说出刻度或数字,但不能正确说出单位符号

续表

核心经验	行为特征		行为表现
	3. 能估算与称重	5~6岁	• 能比较精准地使用各种工具,能根据数量进行估算和记录 • 能看刻度和重量砝码,并能说出比较正确的单位
感受搅拌、揉捏的乐趣	1. 会使用搅拌工具	3~4岁	• 能用两只手握拳拿着工具进行搅拌 • 只用一只手进行左右搅拌,另一只手不能协同参与
		4~5岁	• 能单手握住搅拌工具绕圈搅拌 • 能一手扶着容器,一手直立握住搅拌工具绕圈搅拌
		5~6岁	• 能根据需要正确选择搅拌的工具 • 能掌心向下握住搅拌器绕圈,另一手扶着容器
	2. 会揉捏面团	3~4岁	• 会用一根手指触摸面团 • 能用两三根手指抓捏面团
		4~5岁	• 会用一只手较大范围进行抓捏 • 会用双手抓捏面团
		5~6岁	• 会用抓、捏、揉、搓、拉等动作进行面团制作 • 会把面团甩在揉面板上进行拍打
塑造形状、造型	1. 会使用模具造型	3~4岁	• 会拿取一些模具,单手随意在面团上按压
		4~5岁	• 会选取自己喜欢的模具,在面皮上随意按压 • 会用单手按压模具
		5~6岁	• 会根据面团的尺寸考虑模具的大小 • 会选择模具按顺序进行按压、造型,边做边与同伴进行交流
	2. 能自主设计造型	4~5岁	• 会用捏、折、搓等动作完成简单的造型,往往是完整的一大块 • 会添加单一的辅助装饰
		5~6岁	• 能根据主题表达事物的主要特征,做出比较完整的造型 • 能根据造型添加丰富的辅助装饰

续表

核心经验	行为特征		行为表现
使用工具与电器	1. 会使用擀面杖	3~4岁	• 会用擀面杖敲打面团 • 会前后小范围推动擀面杖,但不会均匀用力,不能把面团压平
		4~5岁	• 会用力前后推动擀面杖,努力把面团压平 • 会在突出的面团上左右推动擀面杖
		5~6岁	• 会自如地大范围地推动擀面杖,用力均匀,能把面团压平 • 能观察面皮的厚薄,在厚的地方再次用力推动擀面杖
	2. 会使用面条机	3~4岁	• 会观看同伴使用面条机,协助哥哥姐姐放面饼进入面条机 • 会将面团放进面条机压饼,方向时顺时逆
		4~5岁	• 会使用面条机压面饼,顺着正确的方向摇动 • 会用力摇动面条机,力度时大时小,面条厚度不均匀
		5~6岁	• 会组装面条机,会团圆和压饼 • 会使用面条机压面饼和压面条,用力均匀,面条粗细基本一致
	3. 会使用烤箱和微波炉	4~5岁	• 会开门,将需要烤制的食品放在烤盘的正确位置,关门 • 会调时间,但不能把握准确的烤制时间和火候
		5~6岁	• 能准确掌握各种面点的烤制方法,对时间和火候把握比较准确 • 会使用安全手套拿取热的食品

5. 活动掠影

学习使用擀面杖擀饺子皮和包饺子的方法,知道配制饺子馅的原材料

学习使用食品电子秤称重,了解制作蛋糕的材料比例以及制作程序

(五) 果蔬区

1. 核心经验

(1) 了解果蔬去皮方法与切法。
(2) 学习榨汁方法。
(3) 设计拼盘造型。
(4) 品尝果蔬的味道。

2. 区域布局策略

适合的人数为2~4人,幼儿可以个别或合作学习。

3. 区域材料提供

榨汁机、切片器、削皮刀、挖球勺、雕花刀、水果刀、西餐刀、儿童西餐刀、水果盘、无盖小瓷壶、小玻璃把杯、小玻璃碟、玻璃酒杯、马克杯、镊子、搅拌棒、砧板、围裙、袖套、帽子、迷你垃圾桶。

4. 果蔬区行为特征及行为表现

核心经验	行为特征		行为表现
学习果蔬去皮方法与切法	1. 了解果蔬的特性	3~4岁	• 会触摸、品尝各种果蔬 • 能说出2~3种果蔬名称与味道
		4~5岁	• 能说出3~4种果蔬的颜色、质感、味道、重量等特点 • 知道常见果蔬的食用方法
		5~6岁	• 能说出果蔬各个部位的名称并描述特点 • 能说出常见果蔬生长的地方 • 知道常见水果的营养价值
	2. 学习果蔬去皮方法	3~4岁	• 能在老师撕开一小口的软皮水果上,完整剥掉水果皮,例如:香蕉和橘子
		4~5岁	• 尝试使用削皮刀,一只手抓住果蔬,一只手尝试削皮,削出的果皮比较短 • 能削比较光滑、平直的果蔬,常常削皮不够彻底
		5~6岁	• 能正确熟练地使用削皮刀,能削一些圆形的、粗糙的果蔬,削出的皮比较长 • 能把水果果皮去除干净

第四部分　适宜、有效的学习中心环境

续表

核心经验	行为特征		行为表现
学习果蔬去皮方法与切法	3. 学习果蔬的切法	3～4岁	• 能选择较软、较长的果蔬进行切割。（如香蕉） • 能一手扶着较软、较细长的果蔬，另一只手握西餐刀前后来回，拉锯方式将果蔬切断
		4～5岁	• 能在老师切好较硬的水果上，再次用西餐刀切割。（如苹果、雪梨等） • 能选择较软、小的果蔬进行切割。（如圣女果、草莓等） • 能垂直向下用力地切果蔬，会反复练习切的动作
		5～6岁	• 能熟练使用刀具切果蔬 • 能根据需要将各种果蔬切成所需要的形状和大小
学习榨汁方法	1. 选择适宜的榨汁工具	3～4岁	• 能说出1～2种榨汁工具名称 • 能使用单一的榨汁工具 • 会一手握住工具，一手来回挤压转动水分较多的水果，但力度不够
		4～5岁	• 能根据水果类型自主选择榨汁工具 • 能在榨汁工作中用力按压、旋转，榨出较多的果汁
		5～6岁	• 能根据自己的需要选择榨汁工具 • 能将还未彻底榨出汁的部分再次榨汁 • 会一手夹水果，一手朝一个方向搅动手动榨汁机
	2. 尝试果蔬混合搭配	3～4岁	• 能随意搭配各种果蔬汁 • 能选择适合的器皿装盛
		4～5岁	• 根据果蔬汁颜色、味道的不同，进行两种果蔬汁的混合搭配 • 能选择漂亮、特别的器皿盛装
		5～6岁	• 能根据果蔬汁颜色、味道的不同，进行2～3种果蔬汁的搭配 • 能在反复品尝后，再次调整搭配，并加入辅助调味品 • 知道水果的营养、科学、按比例搭配
	1. 平面造型	3～4岁	• 能将切好的各种果蔬散放在果蔬器皿中 • 能将同伴切好的较薄的蔬果进行压花

续表

核心经验	行为特征		行为表现
设计拼盘造型	1. 平面造型	4～5岁	• 能根据切好的果蔬的颜色,进行有规律的简单的搭配与造型 • 会添加单一的辅助材料
		5～6岁	• 能根据颜色、形状的不同,进行多种果蔬的搭配与造型 • 能设计制作出果蔬拼画,关注到颜色、规律的搭配细节
	2. 立体造型	3～4岁	• 随意将切好的各种果蔬摆放在果蔬器皿中
		4～5岁	• 能在同伴帮助下,根据切好的果蔬颜色、大小的不同,进行有一定规律的简单搭配与造型 • 能进行高低搭配,或表现简单主题的立体造型设计
		5～6岁	• 能根据颜色、大小、形状的不同,进行多种果蔬的搭配与立体造型,能设计制作出表现主题的造型 • 能运用小工具、辅助材料进行连接和装饰,关注到细节的搭配
	3. 平面立体组合设计造型	4～5岁	• 能在老师的引导下根据主题将切好的果蔬按颜色、大小进行简单的平面与立体组合搭配和造型
		5～6岁	• 能与同伴讨论后根据主题设计平面与立体的组合造型 • 能运用小工具进行连接和装饰,能关注到细节的搭配,不断地进行调整与创新
品尝果蔬的味道	1. 品尝及分辨	3～4岁	• 会愉悦地品尝 • 能运用简单词语说出品尝后的味道和感觉
		4～5岁	• 能预知常见果蔬的味道 • 品尝果蔬后能运用词汇与同伴分享自己的感受
		5～6岁	• 能准确分辨水果的味道,说出一些细微的差别 • 能用丰富的词汇与同伴分享自己的感受
	2. 选择辅助调味品调整口味	3～4岁	• 能随意添加辅助调味料
		4～5岁	• 能根据自己的喜好添加1～2种辅助调味料 • 能在品尝后再次添加辅助调味料
		5～6岁	• 能选择适合果蔬的调味料 • 能根据自己的口味需要较精准地添加辅助调味料

5. 活动掠影

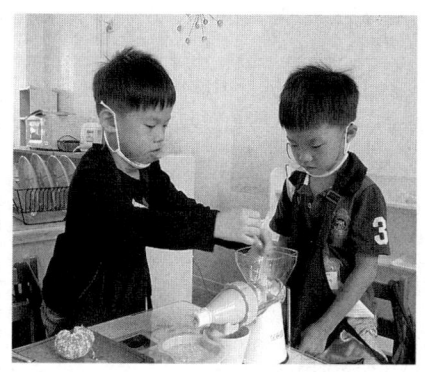

使用榨汁器榨橙汁,发现橙子属于多水分的水果,同时学习橙子去皮的方法技巧,品尝之后发现橙汁味道偏酸

选择容易去皮的水果,并使用水果刀切开。观察并发现水果的特性,如苹果较硬,所以难切;而香蕉柔软,容易切开,但切开后很快变黑

(六)串珠美发区

1. 区域核心经验

(1)学习串珠技巧。

(2)装饰发型。

(3)享受装扮的乐趣。

2. 区域布局策略

适合的人数为1~2人。幼儿个别或合作学习。

3. 区域材料提供

头模、假发、皇冠头饰、发夹、发箍、绒发圈、头绳、手链绳、发带、卷发卷、盘发器、魔法贴、梳子、修护蜜、美甲套装。

4. 串珠美发区行为特征及行为表现

核心经验	行为特征		行为表现
	1. 会匹配珠子和线	3~4岁	• 会选择较大孔的珠子与较硬的线进行串珠 • 能单手拿珠子,另一只手拿线穿过珠子

续表

核心经验	行为特征		行为表现
学习串珠技巧	1. 会匹配珠子和线	4~5岁	• 会选择小孔珠子与细线进行串珠 • 能单手拿线,另一只手拿珠子穿过细线后将线拉直让珠子挨在一起
		5~6岁	• 会根据自己的需要精准地选择珠子和线 • 能双手协调快速地串珠
	2. 会按照一定的规律串珠	3~4岁	• 会选择喜欢的珠子随意串珠
		4~5岁	• 能以 ABAB 规律串珠 • 能按 ABBABB 规律串珠
		5~6岁	• 能以 ABCABC 规律串珠 • 能以 AABBCC 规律串珠
装饰发型	1. 知道梳发和分界	3~4岁	• 能用梳子随意梳头发,没有目的 • 会用梳子梳一小段,不能从上至下地梳
		4~5岁	• 能用梳子从上至下梳顺头发 • 会将头发进行中分,但是界限不清晰,会有乱发
		5~6岁	• 能用梳子一片一片地按顺序梳理头发 • 能把头发分成大概平分的两半,分界线比较直
	2. 会用发饰品装饰	3~4岁	• 会选择喜欢的发夹随意插在头发上 • 会两手握住发夹的底部用力打开,并夹在头发上
		4~5岁	• 能有目的地选择与发型相适应的发夹或头箍 • 会一手拿着发夹,一手扶着头部,把发夹夹在头发上
		5~6岁	• 能选择与发型、发量相适应的发饰 • 能有规律地夹发夹,色彩搭配有美感
	3. 会编发与绑发	3~4岁	• 能协助同伴拿取所需物品
		4~5岁	• 能把头发拉成一份或是把一缕头发转动成一个辫子 • 能在同伴的帮助下用橡皮筋把头发扎 1~2 圈
		5~6岁	• 能用两股、三股麻花辫进行编发 • 能一手拿着橡皮筋,一手拿着头发绑发 2~3 圈

续表

核心经验	行为特征		行为表现
享受装扮的乐趣	1. 会自我装扮及欣赏	3～4岁	• 能用头箍、帽子、披肩、围巾等饰品装扮自己 • 戴上一个装饰后马上照镜子欣赏
		4～5岁	• 会选择喜欢的发夹、头箍等发饰装饰自己 • 会在装扮后照镜子欣赏
		5～6岁	• 会边自我装饰边照镜子欣赏 • 能根据自己的审美体验调整发饰
	2. 能服务他人及互相欣赏	3～4岁	• 能欣赏大孩子装扮的过程及成果 • 能简单模仿同伴的装扮
		4～5岁	• 能协助同伴装扮 • 能对同伴的装扮给予评价,相互模仿装扮
		5～6岁	• 能帮助同伴装扮,愿意服务他人 • 能用语言表达欣赏、相互建议,并添加自己的创意

5. 活动掠影

学习头发分界的方法并使用松紧皮筋上下捆扎

使用较粗的松紧皮筋穿珠孔较大的珠子制作项链

(七) 插花区

1. 区域核心经验

(1) 了解各种花卉。

(2) 学习插花技巧。

(3) 设计主题造型。

2. 区域布局策略

适合的人数为1~2人。幼儿能个别或共同合作。

3. 区域材料提供

花瓶、木质多肉植物框、花环、花桶、各种绿植、仿真的鲜花、DIY材料（微景观树脂摆件饰品、镊子）、五彩鹅卵石、包装纸、绒线条、皮筋、粗细不同的各种绳子。

4. 插花区行为特征及行为表现

核心经验	行为特征		行为表现
了解各种花卉	1. 认识常见的花卉	3~4岁	• 能闻出花的气味 • 能说出2~3种花卉的颜色
		4~5岁	• 能说出3~4种花卉的名称，能说出花卉的形态、颜色、气味 • 能说出花卉的结构及相应名称
		5~6岁	• 能说出花卉的种类、类别 • 能简单说出常见花卉的生长环境及用途
	2. 了解常见花卉代表的意义	4~5岁	• 能说出在什么情况下送花 • 能说出特别节日常用到的花卉
		5~6岁	• 能说出4~6种常见花卉代表的意义 • 能说出常见花卉的花语
学习插花技巧	1. 会选择主花及辅材	3~4岁	• 会随意选择喜欢的花和叶 • 会随意添加花卉以外的辅助材料，如石头、贝壳
		4~5岁	• 会选择花、叶，并有意识地进行颜色及高矮搭配 • 能选择辅助材料与花、叶一起搭配
		5~6岁	• 会根据主题内容选择花、叶进行搭配 • 会根据主题内容选择合适的辅助材料进行搭配
	2. 会选择插花器皿	3~4岁	• 会说出插花器皿的高低、大小 • 会随意选择喜欢的插花器皿

第四部分　适宜、有效的学习中心环境

续表

核心经验	行为特征		行为表现
学习插花技巧	2. 会选择插花器皿	4~5岁	• 会说出插花器皿的形状 • 能根据自己选择的花卉与辅材选择器皿
		5~6岁	• 会说出插花器皿的材质与类别 • 能根据主题选择与花搭配的器皿，遇到问题能调整器皿
	3. 能用基本的插花方式进行插花	3~4岁	• 能将所选择的花和叶全部插入器皿 • 能在教师及同伴指引下调整高矮和位置
		4~5岁	• 能说出1~2种插花方式 • 会简单插花方式，如直立式、繁花式等
		5~6岁	• 能说出2~4种插花方式 • 能尝试斜卧式、悬崖式等较复杂的插花方式
设计主题造型	1. 会选择主题设计造型	4~5岁	• 能随意摆弄花、叶进行插花 • 能在教师指导下选择插花的主题
		5~6岁	• 会选择插花主题，并能命名 • 能添加辅助材料进行搭配插花
	2. 会设计造型	4~5岁	• 会运用剪刀随意将花、叶剪短 • 会随意设计造型，搭配基本协调
		5~6岁	• 能根据主题，将花、叶剪到适合的形状与长度 • 能设计造型，会按设计插花，搭配协调
	3. 能呈现与欣赏作品	3~4岁	• 愿意向他人呈现自己的作品
		4~5岁	• 能在教师指导下包装花卉、添加饰品或卡片 • 能用语言与同伴分享自己的体验
		5~6岁	• 会自主设计包装花卉、添加饰品或卡片 • 能用语言和同伴分享自己的设计和体验

5. 活动掠影

选择泡沫底和假花进行插花,并用小模型布置情景主题,达到艺术效果,即小狗的花园

挑选同种类的植物并了解植物名称——多肉植物

(八)编织区

1. 区域核心经验

(1)练习缠绕方法。

(2)编织交错的图案。

2. 区域布局策略

适合的人数为 2~3 人。幼儿能个别或共同合作。

3. 区域材料提供

DIY 皮筋编织机、绳圈编织机、密齿圆形编织器、毛球器套装、毛线编织机、织布机、毛线、钩编线、塑料缝衣针套装、一次性筷子、手工编织篮子、钩针。

4. 编织区行为特征及行为表现

核心经验	行为特征		行为表现
练习缠绕方法	1. 会用单方向缠绕的方法编织	3～4岁	• 能协助同伴拿着木板工具让同伴缠绕 • 能在固定的木板工具上,一手拿着粗毛线,单方向进行绕圈缠绕
		4～5岁	• 会一手拿着木板工具,一手拿着毛线,单方向绕圈缠绕 • 能进行从上到下或从下到上的螺旋状绕圈缠绕
		5～6岁	• 能在自己手掌上,用粗细不同的毛线绕圈缠绕,形成线团 • 能与同伴合作分工缠绕
	2. 会用十字交叉缠绕的方法编织	3～4岁	• 能运用粗毛线随意缠绕十字骨架 • 会一手拿十字交叉工具,一手拿毛线,在十字架的一根骨上绕圈,但不会拉直线
		4～5岁	• 会一手拿十字交叉工具,一手拿毛线,在十字架的一根骨上绕一圈,拉直线,再换一根旁边的骨绕一圈,一直循环 • 能在打结或者方法不对时主动寻求老师或同伴帮助
		5～6岁	• 会一手拿十字交叉工具,一手拿毛线,在十字架的一根骨上绕一圈,拉直线,再换一根旁边的骨绕一圈,一直循环;最后在十字架的骨上绕线打结 • 能用两种以上的、不同颜色的细毛线进行搭配,朝一个方向一直循环,比较顺畅
	3. 能用米字型上下交错缠绕	4～5岁	• 能用米字型骨架上下交错缠绕、循环 • 能调整缠绕方向,把打结的线解开,将线捋顺
		5～6岁	• 能用多种颜色的毛线,朝一个方向循环缠绕 • 能在米字型骨架上绕出圆形平面图案
编织交错的图案	1. 会编织平面交错的图案	3～4岁	• 能在教师和同伴的引导下,在平面交错模板上使用彩色硬纸条上下交错穿插 • 会两手用力往下摁彩色硬带,但分开距离还是较大
		4～5岁	• 会双手协调上下交错穿插,偶尔会穿错位 • 能选用多种颜色的彩色硬纸条进行编织

续表

核心经验	行为特征		行为表现
编织交错的图案	1. 会编织平面交错的图案	5~6岁	• 能用正确的平面交错的规律进行编织 • 能自己设计图案,预设图形效果,选择需要的颜色进行平面交错图案的操作
	2. 会编织立体交错的图案	4~5岁	• 会从不同方向、无规律地进行立体交错 • 会选择两种颜色的线进行编织
		5~6岁	• 能按S形循环进行立体交错的编织 • 能与同伴协商作品的规律与顺序,分工合作

5. 活动掠影

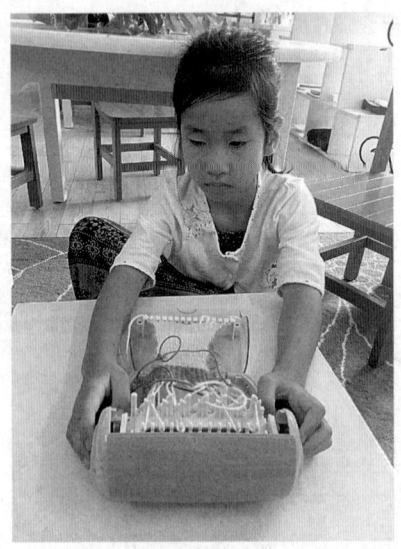

学习织布机的操作方法,体验编织围巾的乐趣

使用细毛线学习上下缠绕的方法编织蜘蛛网

第四部分　适宜、有效的学习中心环境

典型案例

做 裙 子

活动对象：金金(5岁半)　欣欣(5岁)
记 录 者：裴少容老师

2015年6月20日,金金和欣欣带着无比激动的心情一起去生活体验中心的缝纫区工作。一路上她们都兴奋地聊着由艾莎的裙子引发的一些话题:"艾莎的裙子很漂亮"、"艾莎的裙子是蓝色的"、"我喜欢粉红色的纱裙"、"我们一起去做一条像艾莎一样漂亮的裙子吧"。老师听到孩子们的对话,就问:"你们想怎么做呢?"金金说:"先找一块长方形的布,然后在上面进行装饰。""你们想怎样来装饰呢?"金金说:"先在布上面画一些图案,然后用针线把亮片缝上去装饰,最后把两边缝起来就变成裙子了。""准备画什么样的图案呢?"欣欣说:"我想画一些不同动物的头。"金金听了连忙说:"那我就在动物的周围用英文字母来装饰吧,我会写几个英文单词。"

来到了缝纫区,金金说:"我们得先找一块漂亮的布。"在选布的时候,两个人发现有的布很厚,有的布比较薄,有带花色的布,还有纯色的布。欣欣说:"我们选粉红色的布,可以吗?我喜欢粉红色的裙子。"金金说:"可以呀!那就选薄一点的吧!这样比较像纱裙。"选好布后,两人决定先设计图案。

设计裙子的图案

> 幼儿能根据自己的生活经验去设计活动任务,主动发起活动。
> 幼儿能根据同伴的想法,再加入自己的理解进行创意设计,并在与同伴的交流中调整设计意图。
> 幼儿能够运用多种感官辨别布料的不同材质,并能自主选择适宜的布料。

金金画了一会儿,发现两人同时做一件事很浪费时间,就跟欣欣商量说:"欣欣,我们这样画太慢了,要不你来画图案,我先在布的周围缝一些亮片做装饰,好吗?"欣欣说:"好呀!我来画几个动物的头吧。"于是金金就去柜子里

学习打结

找到了针线盒,拿出一根针准备穿线。老师问:"你知道怎么将线穿进针里吗?"金金说:"我知道怎么穿针,就是不会打结。"老师说:"可以将穿进去的线两头对齐,然后绕成一个圆圈,把线头穿过去一拉就可以了。你来试一试吧!"金金练习了两遍,很快就学会了打结。然后,金金又去区域里找了一些不同颜色和不同形状的亮片放在桌子上。老师问:"金金,你知道怎样缝吗?"金金说:"我上次去民间游戏中心的刺绣区绣过花,我知道怎么缝。"老师说:"好的,注意安全,小心扎到手。"金金笑着对老师说:"放心吧!我不会扎到手的。"说完便埋头开始缝制起来。

> 幼儿能够按步骤完成任务,发现问题能够及时进行调整。
> 幼儿能够熟练地穿针引线,并学会了打结的方法。
> 幼儿能够有顺序地十字交叉缝合布料,间隔较密,拉线比较紧凑。

很快,欣欣的图案画好了,她画了各种各样的动物的头。金金放下手中的针线,在各个动物头的周围写了一些英语单词,整个图案看上去挺有意思的。看到图案已经完成,金金对欣欣说:"欣欣,你帮我一起来缝亮片吧。"欣欣愉快地说:"好的。"很快,欣欣就穿好针线,"金金,我不会打结,你帮帮我吧!"金金说:"好的,我来教你打结。"就这样欣欣也迅速地开始缝制起来。金金在缝的过程中,发现亮片不容易固定,就想到先用双面胶把亮片固定好,再进行缝就快多了。于是两个人开始合作,互相帮忙。

分工合作,互相帮助

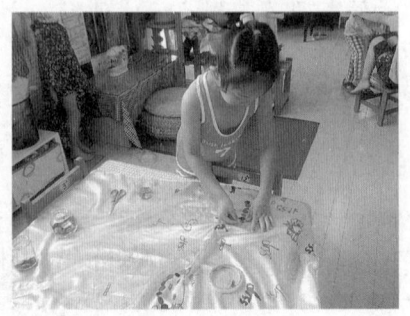

金金在图案上缝制亮片

这时,工作结束的音乐响起来了。金金说:"哎呀!怎么这么快就到时间了呢?我们还没有做好呀!"欣欣说:"没关系的,我们不是明天还可以来这里接着做吗?"金金说:"对哦!我们明天一定要继续选缝纫区,把我们的裙子做好!"欣欣高兴地回答说:"好的。"

> 幼儿遇到困难能够主动向同伴寻求帮助。
> 幼儿能够与同伴协商如何更好地完成计划。

2015年6月21日,谈话时,针对前一天金金和欣欣在缝制过程中出现的问题,其他小朋友也给出了一些建议。经过大家的讨论,她们决定换一种缝的方法,就是直接在一面挑着针缝制,针不用穿到布的下面,这样既节省时间,又不容易扎到手。

同伴有针对性地提出新的建议

> 能够接受别人的意见,敢于尝试用新方式进行活动和探索。

于是,金金和欣欣再次来到了缝纫区。她们放下手中的布,将所需要的材料全部拿出来摆放好后,就熟练地穿好针线开始缝亮片了。金金一边缝亮片一边说:"欣欣,你看,我们今天直接这样挑着来缝,是不是快多了呀!"欣欣说:"是呀!而且还不用担心会扎到手哦!真好!"金金说:"是啊!你看我们已经快缝好了。"老师问:"你们准备怎么将这块布缝制成裙子呢?"金金说:"好像需要两块布才行吧!你看我穿的裙子就是用两块一样大小的布做成的。"欣欣:"可是现在我们只有一块这么大的布呀,要不我们再找一块一样的布来装饰吧!"欣欣说:"啊,那样的话今天肯定做不完哦!明天都不一定能够做完。"老师说:"你们看这块布挺大的,如果给你们穿需不需要这么大呢?"金金赶紧说:"不需要,这样做出来太大了,可以给老师穿了。"老师说:"我们能不能想个办法,把这块布变成两块一样大小的布呢?"欣欣听了连忙叫着说:

开始将两条边缝制在一起

"哦！我知道了，可以把这块布对折一下，就变成两块一样大小的布了。"老师笑着说："那你们来试试看吧！"金金说："我来吧。老师看，这样对折就变成两块了。"欣欣说："那怎么缝才能变成裙子呢？"金金说："把这两条边缝起来就可以了吧。"欣欣说："好的，那我来帮你对整齐，你来缝好吗？"金金说："可以呀！"一会儿金金就缝好了。

测量老师的腰围

"哎呀！这条裙子的腰太粗了，都可以把我整个人套进去了。"金金说。"真的哦！那怎么办呢？"欣欣说。老师说："你们想想有什么办法可以让腰这个部位变细一点呢？"金金说："要不在腰这里缝一条腰带吧，这样系上腰带裙子就不会往下掉了呀！"老师说："嗯！这个办法不错，可以用什么来做腰带呢？"欣欣看了看柜子里面的材料，发现了一卷漂亮的丝带。"金金，我们用这卷丝带来做腰带，好吗？""好呀！好漂亮的丝带哦！""可是，到底需要多长呢？"欣欣问道。金金说："我们做好了送给裴老师穿吧！"欣欣说："好呀！"金金说："那就看裴老师的腰有多粗，欣欣你来量一下。"欣欣说："好的，我去找一把尺子来量一下吧！"老师说："欣欣，你知道怎么用尺子来测量吗？"欣欣说："我知道。"老师说："看看测量的结果是多少呀？"欣欣说："是72。"老师说："这个'cm'符号叫'厘米'，我的腰围是多少厘米呀？"欣欣笑着说："哦！那就是72厘米了。"金金听了赶紧过来说："欣欣，你看我们穿的裙子的腰带都是很长的，还可以系个漂亮的蝴蝶结呢！不能刚好72厘米这么长的哦！要不就不能系蝴蝶结了。"欣欣听了赶紧说："那就加长到80厘米，可以吗？"老师说："你们看，现在缝好后的裙子裴老师还可以穿吗？"金金和欣欣看了看一起笑着说："好像小了哦，看来只能给我们自己穿了。"老师说："那你们觉得80厘米的腰带，你们穿可以吗？"金金说："肯定可以呀！我们的腰比你的细。"欣欣说："那就剪成80厘米长吧！"于是，欣欣将量好长度的丝带剪下来，在两人的合作下很快就缝好了。

> 幼儿能比较清晰地表述自己的问题，能和他人进行几个回合的讨论。
> 幼儿能够选择合适的测量工具进行测量，并准确地读出数字，在教师的引导下认识了"cm"这个单位符号叫"厘米"。

金金说:"终于缝好了,我们来试一试吧!"欣欣说:"穿上去真的很漂亮哦!老师,看,我们像不像一位美丽的公主呀!"

看!很合适哦!　　　　　　　　　　我很美吧!真开心!

教师指导策略:

1. 教师采用不干涉法让幼儿能够根据自己的计划有目的地进行工作,支持幼儿的学习。

2. 教师在幼儿遇到困难时选择时机介入了几次,让幼儿学会正确使用针、线、剪刀、亮片等工具和材料。

3. 在整个活动中,教师没有过多地参与幼儿的讨论,而是在必要的时候提出一些开放性的问题,促进幼儿之间的互动与讨论。

第四节　美劳创意中心

美劳创意中心是一个感受美、欣赏美、自由想象、大胆创作的空间,它为幼儿设置了富有创意的学习区,提供了丰富的绘画材料以及自由创想的表达空间。在与材料的互动中,幼儿体验着不同的材料带给自己的乐趣;在创作过程中,幼儿感受和发现美,表现和创造美。在这里,孩子们表达着自己的情感,讲述着自己的故事,展现着自己的想象力和创造力。

一、美劳创意中心核心经验与区域之间的关系

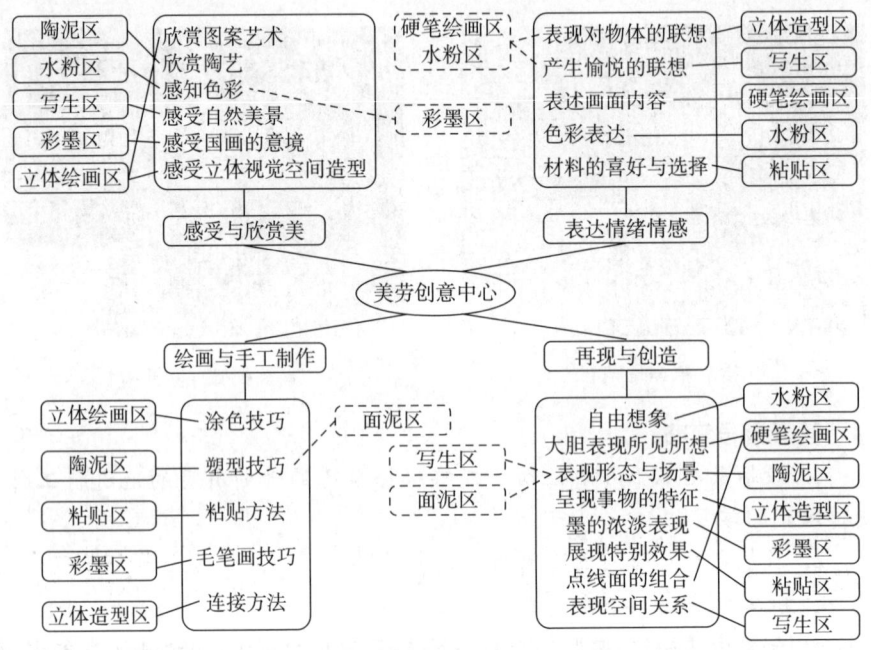

二、创设有效的活动区

为了便于幼儿自由地自我表达和创作，满足不同阶段幼儿的创作需要，我园按照不同方式的艺术创作活动设置区域，并根据每个区域的核心经验把不同功能区域空间合理散开，分类摆放材料及工具，便于幼儿自主选择材料进行创作。美劳创意中心主要分为以下几个活动区：

（一）硬笔绘画区

1. 区域核心经验

（1）大胆表现所见所想。

（2）组合点线面。

（3）表述画面内容。

2. 区域布局策略

本区域适合的人数为1～6人。本区域为幼儿进行合作创意

绘画提供圆桌、方桌。

3. 区域材料提供

油性笔、36色水彩笔、彩色铅笔、蜡笔、双头刮画笔、不同规格和材质的绘画纸、纸盘、牛皮纸袋。

4. 硬笔绘画区行为特征及行为表现

核心经验	行为特征		行为表现
大胆表现所见所想	1. 能用水彩笔绘画	3~4岁	• 能挑选自己喜欢的1种颜色水彩笔在纸上涂鸦 • 能挑选自己喜欢的2~3种颜色水彩笔在A4纸上画出想表达的东西
		4~5岁	• 能选择水彩笔在A4纸上画出预先构想的内容 • 能选择与所画物体颜色相似的水彩笔在较大的纸上大胆发挥想象
		5~6岁	• 能自由灵活、有目的地选用冷暖色、近似色、对比色进行绘画 • 能把多种颜色组合搭配,在较大的纸上进行合作绘画,能大胆地呈现所见所想的事物或景象
	2. 能用彩色铅笔绘画	4~5岁	• 学习铅笔的握笔姿势,表达画面内容 • 能使用适当的力度在较小的纸上画出清晰的画面
		5~6岁	• 能用正确的握笔方法画出与主题内容相关的画面 • 灵活掌握绘画深浅力度,在小卡张上画出较精细的画面
组合点线面	1. 能用蜡笔绘画	3~4岁	• 能用蜡笔在A4纸上画出简单的图案 • 能在图案里涂满颜色
		4~5岁	• 会先用笔画出图案的外形,再用蜡笔均匀地涂满颜色
	2. 会用黑色油性笔绘画	3~4岁	• 学习握笔姿势,还不能很好地控制用笔,线条不连贯,中间会有停顿的点 • 画面能呈现点线面的两两组合
		4~5岁	• 能较稳地握笔,用无规律的点线面组合,画出较大的面 • 在面上增加较密的线条,在线条之间增加点的图案
		5~6岁	• 能用线条的粗细表现整体与局部 • 有规律地呈现点线面复杂的层次,并能填满色彩

续表

核心经验	行为特征		行为表现
组合点线面	3. 会刮画	3～4岁	• 学习使用刮画笔刮出简单的线条、图案 • 能用刮画笔刮出线与面的简单组合
		4～5岁	• 会用刮画笔刮出有主题的画面 • 会用刮画笔刮出线条较丰富的组合,呈现清晰的画面
		5～6岁	• 会用牙签刮出点线面组合 • 能完整精细地画出主题场景
表述画面内容	1. 能边画边讲	3～4岁	• 在教师的引导下会说出自己想画什么 • 边画边简单表达
		4～5岁	• 在教师的引导下,能说出与画面内容相关联的更多信息 • 边画边向同伴介绍画面内容
		5～6岁	• 能说出自己的期望并想办法达到期望 • 边画边与同伴讨论画面内容,进行改变
	2. 能画完再讲	3～4岁	• 在教师的引导下,能说出自己画了什么 • 能主动找教师、同伴简单介绍画面内容
		4～5岁	• 能主动找教师、同伴介绍画面内容与一些细节 • 能够完整表述画面内容和自己的情绪
		5～6岁	• 会详细地描述画面内容与细节 • 能具体表述画面里的情景及角色情感

5. 活动掠影

使用彩色笔绘画具有情景的图画并表现愉悦的情感,能在轮廓内均匀填色

使用刮画的方法呈现具有故事情节的画面内容和清晰的线条

（二）陶泥区

1. 区域核心经验

（1）欣赏陶艺。

（2）使用塑型技巧。

（3）表现形态与场景。

2. 区域布局策略

本区域适合的人数为1～3人。本区域活动要使用陶泥机，需要用水，所以宜安排在靠近水源的地方，并提供大桌子以方便幼儿合作。

3. 区域材料提供

陶泥、电线、纸皮、塑料人形模具、木质泥塑切刀、泥塑工具、工作盘、塑料垫子、挤泥器、袖套、围裙、一次性手套、大白桶。

4. 陶泥区行为特征及行为表现

核心经验	行为特征		行为表现
欣赏陶艺	1. 欣赏陶艺的外形特征	3～4岁	• 欣赏各种有趣陶艺的颜色和形状 • 运用各种感官感受各种陶艺的颜色和形状
		4～5岁	• 欣赏各种陶艺作品的造型、颜色、形状 • 感受各种陶艺的颜色变化、花纹图案的特色
		5～6岁	• 欣赏生活中的陶艺艺术品 • 欣赏陶艺作品的各种造型、区分图案的特点
	2. 感受陶艺文化	3～4岁	• 能寻找生活中的陶艺作品 • 感受陶艺作品的实用性
		4～5岁	• 了解陶艺的材质 • 了解陶艺的造型及制作工艺
		5～6岁	• 感受陶艺作品的不同地域、不同民族的文化 • 理解陶艺作品所表达的情感和隐喻
使用塑型技巧	1. 会使用模具塑型	3～4岁	• 学习使用简单的模具 • 能利用模具用拍、填、敲等方法制作出各种不同形状的物体
		4～5岁	• 会利用模具用压、挤等方法制作出各种不同形状的物体 • 会将压、挤的泥塑进行组合造型

续表

核心经验	行为特征	行为表现	
使用塑型技巧	2. 会使用工具塑型	3~4岁	• 能用手或工具拍打出外型不规则、厚度不均匀的泥块 • 能用手或工具将泥块搓成长条或团成圆形
		4~5岁	• 能用手或工具拍打出有主题的泥块 • 能用挖、切、拧等方法做出较简单的造型
		5~6岁	• 能灵活用手或工具塑造立体泥塑作品 • 会用擀、嵌、插、按等技能做出复杂的造型
	3. 会使用陶泥机	4~5岁	• 学习使用陶泥机 • 能控制拉胚机的转盘速度,拉出无造型、不规则的泥胚
		5~6岁	• 能根据需要熟练控制拉胚机的转盘速度 • 能有目的地拉出有形状的泥坯
表现形态与场景	1. 能表现单个形态	3~4岁	• 会观察物体的基本特征 • 能简单地表现物体的单一典型特征
		4~5岁	• 能根据主题内容表现出物体的基本结构 • 能具体表现物体的简单形态,有一些显著的细节部分
		5~6岁	• 能根据主题内容,多方位地表现出物体丰富的形态 • 关注到物体的细节,精心制作,完整表达主题
	2. 会组合场景	3~4岁	• 能用少量的单个物体组合成简单的平面场景 • 能介绍自己的作品,简单表达情感
		4~5岁	• 能用多个物体组合成有主题的平面或立体场景 • 能主动和成人及同伴分享自己的作品,表述主题内容与情感,体验成功的快乐
		5~6岁	• 会用多个物体组合成复杂的有故事情节的场景 • 可以用组合场景连环立体造型作品表达主题内容,编出小故事

5. 活动掠影

使用陶泥机学习简单的泥胚塑形技能

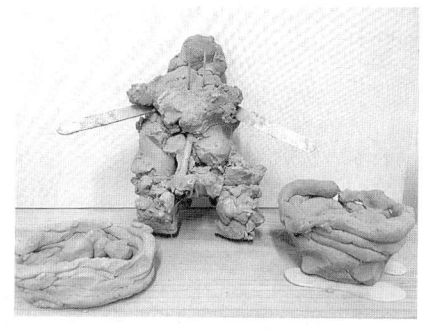

使用前后搓、捏团表现平面单个形态

（三）水粉区

1. 区域核心经验

（1）感知色彩。

（2）用色彩表达情感。

（3）自由想象。

2. 区域布局策略

本区域适合的人数为1～5人。区域位置宜选择在阳台等宽敞的地方，方便幼儿清理地上的水渍等。

3. 区域材料提供

水粉颜料、画笔、画板、各种规格的画纸、报纸、牙刷、塑料盘、围裙、袖套、水桶。

4. 水粉区行为特征及行为表现

核心经验	行为特征		行为表现
感知色彩	1. 感知色彩	3～4岁	• 能认识三原色并说出名称 • 能认识单色并说出名称
		4～5岁	• 知道色彩深浅变化 • 知道简单的调色方法
		5～6岁	• 了解色彩之间的关系 • 会运用对比色、渐变色、冷暖色

续表

核心经验	行为特征	行为表现	
感知色彩	2. 感知色彩蕴含的情感	3~4岁	• 能结合自己的生活经验,说出对色彩的初步感受 • 能说出自己喜欢的颜色
		4~5岁	• 能讲出几种颜色所表达的情感 • 能说出自己喜欢和不喜欢的颜色,并带入情感色彩
		5~6岁	• 会说出色彩本身所代表的情感 • 能运用不同的色调和风格传达出自己的情感
用色彩表达情感	1. 会选择色彩	3~4岁	• 会选择自己喜欢的单一色彩 • 会选择自己喜欢的多种色彩
		4~5岁	• 会根据自己的生活经验,选择自己喜欢的颜色 • 会使用与物体本身的色彩有一定的关系的色彩
		5~6岁	• 会选择自己喜爱的鲜艳的颜色 • 会选择色彩协调、色调柔和的颜色来表达情感
	2. 会搭配色彩	3~4岁	• 能以自己的喜好为主,随意搭配颜色 • 不考虑事物的原本色彩,也没有意识到用什么颜色合适,搭配时颜色对比比较强烈
		4~5岁	• 会使用多种颜色进行比较合理的搭配 • 所使用的颜色中至少有一些是真实物体的颜色或是真实物体颜色的反应
		5~6岁	• 会有意识地对色彩进行对比、调和,搭配比较协调 • 会呈现冷暖对比色渐变的效果
自由想象	1. 能大胆作画	3~4岁	• 能开心涂鸦,大胆绘画 • 画面随意,占满纸张
		4~5岁	• 能画出主题中比较形象的主体 • 能在画面的主要位置大胆绘画
		5~6岁	• 能大胆下笔,画出主题场景 • 画面中有主体和细节的表现,色彩丰富
	2. 敢于表达	3~4岁	• 能用简单词汇或短句表述自己的画作 • 喜欢边画边与同伴讲出内容
		4~5岁	• 能比较连贯、清楚地表述画面内容 • 能主动与教师和同伴进行交流,讲出画面的具体内容
		5~6岁	• 能运用联合句式完整表述画面内容 • 能编出小故事与教师、同伴分享

5. 活动掠影

用色彩和线条表现单一内容

用色彩表现具有主题内容的画面,并用黑色水彩笔勾边以及在轮廓内填色

(四)立体绘画区

1. 区域核心经验

(1)欣赏图案艺术。
(2)有技巧地涂色。
(3)感受立体视觉空间造型。

2. 区域布局策略

本区域适合的人数为 2~4 人。为方便幼儿合作创作,我们提供较大的桌子,并设置了作品欣赏区域,以便于幼儿欣赏优秀作品后选择工作材料,完成创作。

3. 区域材料提供

油性笔、36 色水彩笔、面具、纸杯、白色无花纹的纸扇子、纸碗、各种颜色和规格的瓷器瓶、玻璃瓶、塑料瓶、塑料盒。

4. 立体绘画区行为特征及行为表现

核心经验	行为特征		行为表现
欣赏图案艺术	1. 欣赏图案的色彩与形状	3~4岁	• 能欣赏各种艺术品的图案 • 能说出图案像什么或是什么
		4~5岁	• 会欣赏和比较两种不同图案的色彩与形状的异同 • 会欣赏图案中独特的创意
		5~6岁	• 欣赏多种图案中色彩、形状的不同 • 能了解艺术家所要表达的设计感
	2. 欣赏图案的规律与创意	3~4岁	• 能感受图案的美,并简单表达出来 • 能发现相同的形状和简单规律的排列
		4~5岁	• 能感受图案的形状和色彩的规律 • 能找到图案的规律
		5~6岁	• 会欣赏图案的创意变化 • 会找到设计者的设计规律
有技巧地涂色	1. 能用单色进行块状涂色	3~4岁	• 能选择喜欢的颜色,用粗笔进行块状涂色 • 能有意识地涂鸦
		4~5岁	• 会用细笔线条勾勒出简单图案 • 能比较均匀地涂色
		5~6岁	• 会根据需要选择粗细不同的笔进行构图,画出有规律的图案 • 会边画边根据需要调整角度,绘画物体
	2. 能用多色进行有规律的涂色	3~4岁	• 能运用2~3种颜色,用较粗的笔以覆盖或重叠颜色的方式进行涂色 • 涂色时颜色不平整、不均匀
		4~5岁	• 会运用较细的笔,用多种颜色填涂色块 • 涂色时颜色较平整
		5~6岁	• 会用粗细不同的画笔,按照自然色、对比色、冷暖色进行有规律的涂色 • 具有一定的审美情趣及美感,颜色均匀饱满

续表

核心经验	行为特征		行为表现
感受立体视觉空间造型	1. 能从一个角度感受物体	3～4岁	• 能从一个角度感受物体的基本形状 • 能用多种感官去感受物体
		4～5岁	• 能从一个角度感受物体的具体形状特点 • 能主动运用多种感官感受物体的对称、不对称
		5～6岁	• 会从一个角度感受物体的外形特征与立体构造 • 会主动运用多种感官去感受物体的造型特点与设计变化
	2. 能从多个角度感受物体	3～4岁	• 能从不同方向、平视感受物体造型 • 能用多种感官多角度感受物体
		4～5岁	• 能从仰视、俯视的视角感受物体造型 • 能主动运用多种感官感受物体不同角度的特点
		5～6岁	• 能够主动从不同角度感受物体造型特点 • 会说出自己对立体视觉空间造型作品的理解与感受

5. 活动掠影

《蚂蚁搬家》：使用彩色笔表现具有情景的图画，能均匀地填色

分区域填色并呈现暖色调的色彩

（五）创意粘贴区

1. 区域核心经验

（1）选择材料。

（2）掌握粘贴方法。

（3）展现特别效果。

2. 区域布局策略

本区域适合的人数为2～4人。由于本区域有很多软质材料和珠片类材料，所以需用各种瓶子、盒子装好，以避免非工作时间幼儿拿取材料玩。

3. 区域材料提供

不同规格的硬画纸、彩色画笔、白乳胶、棉签棒、铁盒、刷子、儿童安全剪刀、裁纸刀、宽窄不同的透明胶和双面胶、棉花、布艺花瓣、各种颜色的珠子、亮片、羽毛、吸管、毛线、泡沫球。

4. 创意粘贴区行为特征及行为表现

核心经验	行为特征		行为表现
选择材料	1. 能平面贴画	3～4岁	• 认识基本贴画的材料 • 能选择自己喜欢的平面材料进行简单贴画
		4～5岁	• 能选择同种类型的材料，主动进行平面贴画 • 能呈现画面的基本轮廓
		5～6岁	• 会选择与事物特点相近的材料，主动进行平面贴画 • 会呈现事物本身的特点
	2. 能半立体贴画	3～4岁	• 了解半立体贴画的材料及具体步骤 • 能选择自己喜欢的立体材料进行贴画
		4～5岁	• 会有意识地选择平面和立体的材料，进行半立体贴画 • 组合表现事物的2～3个突出特点
		5～6岁	• 会有目的地选择平面和立体的材料，组合表现主题 • 会表现出事物的颜色、形状、质地等多维度特点
掌握粘贴方法	1. 会平铺式粘贴	3～4岁	• 学习粘贴的基本方法 • 会选择单一大块材料随意粘贴
		4～5岁	• 会设计简单的主题图样 • 选用多种材料粘贴
		5～6岁	• 会使用多种材料进行组合粘贴 • 会多个方向进行粘贴

续表

核心经验	行为特征		行为表现
掌握粘贴方法	2. 会重叠覆盖式粘贴	3~4岁	• 能使用大块平面材料进行叠加粘贴 • 能使用大块平面材料进行覆盖粘贴
		4~5岁	• 能有目的地使用多种材料进行叠加和覆盖 • 能关注到一些细节的粘贴和表现
		5~6岁	• 会根据自己的设计,使用多种材料进行叠加和覆盖 • 会根据需要选择粘贴的方法
展现特别效果	1. 能用不同材料呈现效果	3~4岁	• 能选择自己喜欢的材料进行平面创作 • 能使用2~3种平面或立体材料呈现出平面效果
		4~5岁	• 能根据需要选择各种材料进行创作 • 能使用多种材料呈现浮雕效果
		5~6岁	• 能按照材质的大小、长短、粗细、软硬等,进行不同的创作 • 能呈现较复杂的浮雕效果
	2. 能用颜色与图案呈现效果	3~4岁	• 会使用鲜艳的色彩,随意呈现画面内容 • 能选择喜欢的颜色展现比较抽象的图案
		4~5岁	• 能选择多种喜欢的、与真实物体相近的颜色进行粘贴 • 能有目的地展现比较清晰的图案
		5~6岁	• 会使用丰富的颜色有规律地进行粘贴 • 会运用图案构成比较形象、画面丰满的效果

5. 活动掠影

使用不同材料呈现不同色彩的效果

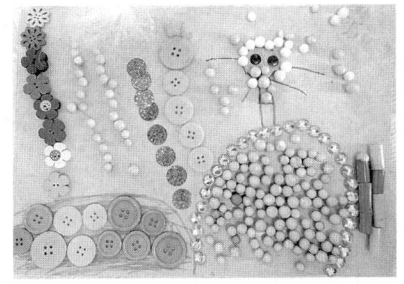

对不同形状的材料进行分类并分类粘贴,呈现凸起的画面效果

(六) 立体造型区

1. 区域核心经验

(1) 呈现事物的特征。
(2) 掌握连接方法。
(3) 表现对物体的联想。

2. 区域布局策略

本区域适合的人数为2~3人。为方便幼儿合作制作,我们选用较大的桌子,并将区域位置设置在水粉区域旁边,以便于幼儿完成立体制作后给作品上色。

3. 区域材料提供

彩色冰棒棍、绒绳、酒瓶盖、包装纸、包装绳、即时贴、各种各样的塑料瓶、塑料瓶盖,各种花纹的纸盒、铁盒、塑料盒,粗细不同的铁丝、绳子(麻绳、线绳、毛线绳)、贝壳、布艺花瓣、胶带(宽胶带、细胶带、双面胶带)、儿童安全剪刀。

4. 立体造型区行为特征及行为表现

核心经验	行为特征		行为表现
呈现事物的特征	1. 会呈现单个造型	3~4岁	• 在大孩子的引导下,能使用一两件材料做简单的造型 • 能自己独立地进行简单的造型
		4~5岁	• 能协助大班孩子运用2~3种材料进行造型 • 能使用多种材料和工具进行较复杂的造型
		5~6岁	• 会选择适合的材料,做出细节丰富的造型 • 会与同伴协商制作表现出事物特征的造型
	2. 能呈现组合造型	3~4岁	• 能根据需要找自己喜欢的材料组合简单造型 • 能使用3~5种材料组合成一个物体
		4~5岁	• 能使用多种材料组合成物体 • 根据需要选择材料组合简单场景
		5~6岁	• 会运用多组物体完整呈现情景丰富的场景 • 会自主选择材料进行高低变化的组合造型

续表

核心经验	行为特征		行为表现
掌握连接方法	1. 会使用各种胶连接	3～4岁	• 能用胶水、白乳胶进行简单粘贴 • 能用透明胶进行粘贴式连接
		4～5岁	• 会用泡沫胶、白乳胶、双面胶进行粘贴式连接 • 会根据需要选择粘贴材料进行连接
		5～6岁	• 在成人指导下,学会使用胶枪 • 能独立使用胶枪,进行粘贴式连接
	2. 能使用铁丝、绳子连接	3～4岁	• 学习简单的连接方法 • 能用有绒铁丝缠绕物体
		4～5岁	• 能用细铁丝捆绑物体 • 能用粗绳子有顺序地捆绑物体
		5～6岁	• 会使用细绳子比较扎实地捆绑物体 • 会用嵌入的方法连接物体
表现对物体的联想	1. 能对材料进行联想	3～4岁	• 能把材料想象成自己喜欢的物品 • 能把材料想象成生活中熟悉的物体
		4～5岁	• 能根据材料的外形特征进行联想 • 能根据已有的经验进行联想
		5～6岁	• 能根据材料的特性和作用进行联想 • 会根据自己的需要寻找相似的材料进行创作
	2. 能对作品进行联想	3～4岁	• 能把自己制作的单个作品进行简单描述 • 能把自己的制作想法与生活的某一场景相联系
		4～5岁	• 能对自己制作的一些作品进行描述 • 能把自己的制作想法,以比较贴近生活的方式真实呈现
		5～6岁	• 会根据自己制作的作品联想更加丰富的内容 • 会根据制作的作品联想故事

5. 活动掠影

选择与真实物体的特点相近的材料，并用缠绕和粘贴的连接方法制作立体"飞机"

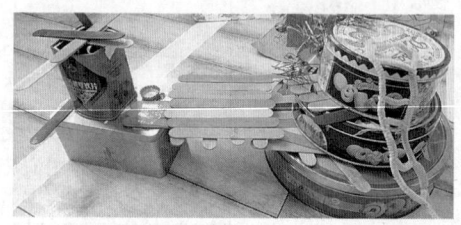

用透明胶和即时贴粘贴连接纸盒并制作立体"船码头"

（七）彩墨区

1. 区域核心经验

（1）感受水墨画的意境。

（2）使用毛笔绘画。

（3）表现墨的浓淡。

2. 区域布局策略

本区域适合的人数为 2~3 人。

3. 区域材料提供

不同规格的宣纸、毛笔、牛皮纸、彩色纸、墨汁（调成浓墨、中墨、淡墨）、彩墨、黑、白泡沫板，调墨用的水瓶、笔架、报纸、水墨书籍、书法作品、书法毛毡子、围裙、袖套。

4. 彩墨区行为特征及行为表现

核心经验	行为特征		行为表现
感受水墨画的意境	1. 欣赏名家名画	3~4 岁	• 以欣赏齐白石的作品为主，如枇杷、石榴、虾、猫、梅花等写实作品 • 感受作品内容的各种形态及色彩景象，发现它们的美
		4~5 岁	• 欣赏郑板桥的《墨竹图》及吴冠中的线条画、水墨画等 • 感受作品的线条构图、用笔技巧

续表

核心经验	行为特征		行为表现
感受水墨画的意境	1. 欣赏名家名画	5~6岁	• 欣赏徐悲鸿的《奔马图》,张大千的《四屏大荷花》,李可染的《万山红遍》《江山如此多娇》 • 欣赏丰子恺的人物画,表述自己对画面的感受,结合生活中的人物进行联想
	2. 欣赏儿童作品	3~4岁	• 欣赏画面的干净、整洁 • 欣赏画面的完整及色彩搭配
		4~5岁	• 欣赏墨的浓淡 • 欣赏画面呈现的远近对比
		5~6岁	• 欣赏色彩的运用 • 感受画面的韵味
使用毛笔绘画	1. 会正确握笔	3~4岁	• 知道正确的握笔姿势 • 学习正确的握笔方法
		4~5岁	• 正确的握笔方法与自己的握笔方法不断交替使用 • 学会正确的握笔方法
		5~6岁	• 能够保持正确的握笔姿势 • 能熟练握笔绘画
	2. 学习运笔方法	3~4岁	• 学习运笔方法 • 能用较大的力量中锋拖笔绘画
		4~5岁	• 运笔流畅,能运用中锋、侧峰绘画 • 有枯笔飞白效果出现
		5~6岁	• 能较灵活地运用中锋、侧峰作画 • 会运用连锋、藏锋进行绘画
表现墨的浓淡	1. 了解用墨技巧	3~4岁	• 随意选择毛笔,进行平铺作画 • 作画时偶尔会出现积墨、破墨效果
		4~5岁	• 能根据需要挑选浓、淡不同的墨来作画 • 能运用染、勾或点的方法作画
		5~6岁	• 会用浓墨、淡墨、重墨、清墨的方法作画 • 会用泼墨、焦墨、甩墨进行作画

续表

核心经验	行为特征		行为表现
表现墨的浓淡	2. 用墨呈现不同的颜色效果	3~4岁	• 能用大量墨呈现湿黑的颜色效果 • 能用大量墨呈现深浅不同的颜色效果
		4~5岁	• 能用大量墨呈现黑、白、浓三种颜色效果 • 能根据需要加入适当的彩墨呈现颜色效果
		5~6岁	• 能用大量墨呈现阴阳明暗的效果 • 会用适量的墨呈现干湿兼备的颜色效果

5. 活动掠影

用浓墨和彩墨表现图画,并呈现粗线条

感受水墨画的意境并学习用毛笔绘画

(八)写生区

1. 区域核心经验

(1)感受自然美景。

(2)产生愉悦的联想。

(3)表现空间关系。

2. 区域布局策略

本区域适合的人数为2~4人。为方便幼儿合作和户外写生,我们选用较大的桌子,提供可移动的写生画架,并创设作品欣赏区域,便于幼儿欣赏优秀作品后选择工作材料完成创作。

3. 区域材料提供

水粉颜料、画笔、画纸、画板、水桶、塑料盘、报纸、牙刷、围裙、袖套。

4. 写生区行为特征及行为表现

核心经验	行为特征		行为表现
感受自然美景	1. 感知自然色的美妙	3～4岁	• 认识自然色,感受自然色的美 • 能说出自然色彩的名称
		4～5岁	• 能感受到不同的自然色带给人的不同视觉感受 • 对自然色有自己的感受与想法
		5～6岁	• 能观察生活中的各种自然色彩 • 能感受到自然色在阳光下的变化
	2. 感受自然形态的变化	3～4岁	• 能简单感受圆形、正方形、三角形的自然形态之美 • 愿意用手触摸、把玩自然物品
		4～5岁	• 感受塔形、伞形、圆锥形、圆柱形的自然形态之美 • 能运用多种感官发现自然形态的变化
		5～6岁	• 知道自然形态是千姿百态的 • 了解自然形态中有人的曲线形态、艺术作品形态、园林植物的形态等
产生愉悦的联想	1. 联想景象	3～4岁	• 绘画时,能联想到自己生活经验当中最常见的景象 • 能把自己的作品用单一的词语进行表述
		4～5岁	• 绘画一个物体时,能联想到自己经验当中常见景象的搭配,如:画到石头就会联想到蚂蚁 • 能围绕主题进行创作,并主动将自己的作品介绍给老师和同伴
		5～6岁	• 绘画时,能联想到自己间接经验当中的景象搭配,如:从书籍、影视、与人交流中获得的间接经验 • 能从绘画作品中感受到成功的体验
	2. 联想事件	3～4岁	• 能联想到事件或情绪片段 • 能联想到熟悉的生活场景
		4～5岁	• 能联想到自己经历过的较完整的事件 • 能用连环画的形式,简单表现事件
		5～6岁	• 能联想到事件中的人、事、物及情绪或情感 • 能按照时间的顺序,将事件完整表现

续表

核心经验	行为特征		行为表现
表现空间关系	1. 能把观察到的物体或场景画出来	3～4岁	• 能从平视的视角画出自己观察到的较少的主体 • 对自己感兴趣的主体反复画，主体大而单一
		4～5岁	• 能从平视的视角画出自己观察到的较多的物体 • 能关注场景的布局，画面比较丰富
		5～6岁	• 能从平视或俯视的视角画出多角度的人物或物体 • 能完整布局整个画面，关注细节，画面精致
	2. 在画面中能呈现透视关系	3～4岁	• 绘画时，能注意到物体大小的关系 • 绘画时，能注意到物体左右、上下的关系
		4～5岁	• 绘画时，能注意到物体的前后、相邻的关系 • 绘画时，能注意到物体的垒加和重叠关系
		5～6岁	• 绘画时，能注意到物体的远近关系 • 绘画时，能注意到物体的内外关系和遮挡关系

5. 活动掠影

《鳄鱼的家》：联想场景，使用线条绘画并能呈现画面中的上下关系

感受自然事物仙人掌，联想恐龙生活的情景并运用深浅绿色表现仙人掌的年龄

典型案例

松鼠的家

活动对象：晖晖(5岁半)　小博(5岁半)　邦德(4岁)

记　录　者：毛玉红老师

2014年1月7日,这一天,天气突然转冷。孩子进入到了谈话主题:冬眠的动物。结合"松鼠"的话题,晖晖、小博和邦德经过讨论,决定去美劳创意中心的立体造型区给小松鼠做一个温暖的窝。

他们来到立体造型区,先观察区域里的材料,然后选出自己想要的材料。邦德先选了一根小树枝,"我用小树枝,小松鼠的家像小鸟的家一样是用树枝搭建的,小松鼠要把这些小树枝垫在窝里。"晖晖说:"那我再加一些稻草吧,不然全是树枝太硬了,小松鼠会不舒服。"他找来一些较粗的稻草,并且将它们全部剪成几乎相等长度。小博说:"那我去找东西,看看什么能把他们捆扎起来。"小博环视了一圈,选择了内含铁丝的毛线,他认为毛线铁丝太长,不好用,于是把它剪成一半的长度。

> 幼儿自主计划自己的活动。
> 幼儿自主灵活地计划自己在区域中的活动任务,主动发起活动。
> 大班幼儿能清晰地表述自己的问题,并和他人进行几个回合的讨论。小班幼儿能清晰地表达自己的看法。
> 幼儿能分工合作,任务明确。

他们想把这些小树枝捆成一扎一扎的。晖晖说:"我们把这些都捆起来,连在一起吧。"小博说:"树枝太硬,不好弯曲,想把它变圆的话就要折,一折就很容易断哦。"他们发现小树枝很容易折断,想增加柔软度,于是,决定增加稻草。晖晖说:"那我们用稻草把树枝包裹起来。"他们把稻草一缕一缕摆好,然后用毛线铁线把他们捆扎起来。一共扎了三捆稻草。

> 幼儿选择适合的材料,制作单个物体。幼儿获得了使用3~5种材料组合成几个单独物品的经验。

他们一直试图把这三捆连成一个环形,因为怕弄断树枝,他们试了三次,还是很不整齐,于是找老师帮忙。老师帮孩子们把这个环形弯好。"不过,这里有些突出来的枝条,不美观哦,你们看看有什么方法可以使这个圆环更整齐,不会扎伤小松鼠?而且,这个圆环看起来不够结实,有些松散哦。"晖晖说:"那我加点泡沫胶,这样稻草和树枝就粘在一起了。"邦德说:

将三捆材料连接起来

"加点这个贴紧点(指即时贴碎块),这样就更紧了。"三个孩子一起照此对圆环实施了加固工程。

> 幼儿遇到问题会积极地反复尝试,实在无法解决时会寻求老师的帮助。
> 幼儿获得使用各种胶连接形状的各部位或固定造型的经验。
> 幼儿使用铁丝、绳子连接三扎稻草和树枝,将稻草和树枝捆绑组合成需要的形状(圆环)。

增加毛线铁丝捆扎的密度

在圆环的基本形态形成后,老师带着幼儿检查。老师提出两个环中间联结的地方有凸起,不够圆,也不好看,问他们怎么办。晖晖和小博马上调动已有经验,"前天我们做过小刺猬,是用白色卫生纸涂上白乳胶后变硬的。""对,这样还不会扎手,又容易造型。""那我们再来一次吧,这次也用卫生纸涂上胶盖住。"他们开始将卫生纸涂上白乳胶,再往草环上糊。在等待纸巾干透的时候,第一天活动结束了……

> 幼儿在艺术表达方式中能添加新的元素表达事物、经验和想法。
> 幼儿获得对材料进行联想、改造的经验。

第二天,孩子们又来到了立体造型区。在进行有关前一天活动的谈话时,他们觉得做的环形不够完美,凸起部分会扎手。于是,他们决定对环形进行美化塑形和加固。他们使用了更多的毛线铁丝,将凸起部分全部捆扎好,必要时还在下面垫了胶皮再捆扎。为了让造型更美观,他们将纸巾涂上白乳胶后再糊在环形上,把环形包装得平滑了许多。

> 大班幼儿在艺术表达方式上能添加新的元素表达事物。
> 幼儿增加了毛线铁丝的捆扎密度,扭动环形将它塑造得更圆。
> 幼儿进一步对作品进行联想,制作想法更加接近作品的特征和造型。

待纸巾干燥后,他们一致决定把松鼠的窝建在树上。于是,晖晖从前一天看到的几棵枯树的主干树枝里,挑选了一根长度与环形大致相配(觉得能撑得稳)的树枝。他采用了相同的联结方式,和小博一起用毛线铁丝把环形的家"安装"了在树枝上。

> 幼儿获得对材料进行联想、改造的经验。

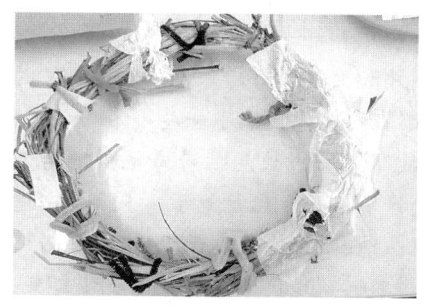
调整圆环外形,用纸巾涂胶固定造型

将环形固定在树杈上

与此同时,小班幼儿邦德就显得没事干了。老师问他:"邦德,那怎样把树上的家立起来呢?总不能让小松鼠的窝就这样躺着放在地上吧?"邦德想了想,说:"种起来,用石头压住它。"他找来一些又大又重的石头和一个美工小铁桶,果断地将小树杈种进了小铁桶,并用最大的石头压在上面……

> 幼儿尝试用多种方式将外形差异大的立体造型进行多维度连结。
> 幼儿运用多组物体完整呈现情景丰富的场景,有高低的变化。
> 幼儿获得进一步对材料进行组合、对作品进行深入改造的经验。

环形与树枝已经连结上了,晖晖想了想:"不对,这空空的,小松鼠会很冷呀。"他与小博商量,觉得要把这个环形做成窝的感觉,要留个门,然后将后面密封起来。

对于怎样密封的问题,他们进行了深入的讨论。他们找了很多材料,都觉得不合适,这时,老师提示他们:"以前做小刺猬时是不是使用过报纸?"哦……孩子们茅塞顿开,于是拿了一张厚厚的报纸,想封住环形的后面。可是,报纸怎么才能够与这个环形相连结呢?他们觉得可以粘,可是不好粘,因为报纸太方,而这个草环是圆的。老师提示他们:"可以把报纸变形,捏捏压压,再把毛毛线穿过报纸,就可以连上了呀。"哦,是的,晖晖马上动手试起来。可是,一会儿报纸就穿了一个大洞,失败了。于是他又加了三叠报纸在后面,厚厚的三层,然后用剪刀在报纸上扎了很多小孔,再用毛丝线穿过,成功地固定在圆环上,形成了一个比较完整、半封闭的有门的小松鼠的"家"。晖晖把这个密封后的窝整理了一下,把后面的部分稍微向外扯成了圆拱形,才满意地说:"嗯,这样很好,小松鼠不冷了,可以在里面过冬了。"

> 幼儿能够将一种材料与另一种质地反差极大的材料相结合。
> 幼儿获得使用绳子捆绑或嵌入的方法进行连接的经验。

在环形背后加装几层报纸

因为刚才和大哥哥一起讨论了要将松鼠的家"种"起来,小班的邦德找来了一些小石头,他把石头堆在"松鼠窝"下面,让两位哥哥把松鼠窝竖起来,可是,支撑了不一会儿就倒了。小博说:"这些石头这么容易跑(因为玻璃桌面很滑,而且石头数量太少,堆得不够高),找个东西把石头装起来,再把树种在里面,应该就能立起来了。"他们找到一个小号玩具桶,装了满满一桶石头,最上面又特别加了两块大石头压得紧紧的,终于让这个"松鼠的家"稳稳地立起来了。

> 幼儿在不断的解决问题的过程中,获得不畏困难、坚持不放弃的学习品质。

晖晖说要在这个窝里放些松果,别人才知道这是松鼠的家。于是,三位小朋友兴致勃勃地去科学中心沙盘区找了10颗松果,一个一个地摆放在这个温暖的窝里。小松鼠的家就这样大功告成啦!

教师指导策略:

1. 教师与幼儿共同讨论作品的主题和运用的艺术技巧,如:小松鼠的家大致是什么形状?用什么材料搭建?怎样把这些材料连接起来?……帮助幼儿更加清晰地了解自己所要表达的主题作品。

2. 教师教授幼儿一些具体的技巧,让幼儿在活动中获得成功。如对于不同材料的整合,晖晖学会了比较长短,并截断多余的树枝;邦德学会了用白乳胶使柔软的纸巾变硬塑形的方法;小博学会了用比泡沫胶更稳固的联结捆扎方式。

3. 教师在幼儿遇到关键难点的时候,提出适当的问题引导幼儿深入思考。如:在幼儿不知道如何才能将树枝立起来并失败了四次的过程中,老师一直鼓励幼儿积极面对困难,并提示他们不断尝试新的办法,让他们不放弃,使得他们这一次的合作作品能够顺利完成。

第五节 语言表达中心

语言表达中心是一个提供孩子们倾听、阅读、表达、交际的语言环境。幼儿通过听、欣赏、讲述来表现文学作品、评议各种现象和事物;他们能找到自己想了解的资料、解决心中的疑问;可以通过各种情景表现各种故事角色;可以仿编诗歌、创作谜语、三句半和故事,制作成小书、报纸等进行表演;可以通过运用符号、造字及毛笔书的练习为前书写做准备,可以通过各种词汇游戏,发展语言综合能力。

一、语言表达中心核心经验与区域之间的关系

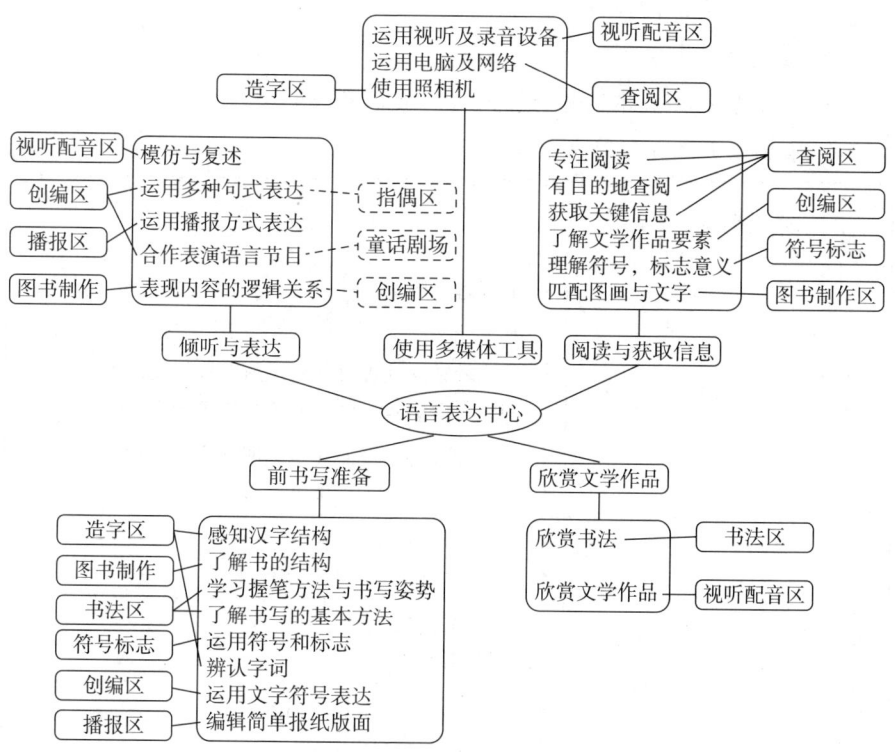

二、创设有效的活动区

我园根据语言活动特性展现层次不同的材料,满足不同阶段幼儿的探索需要,并把不同功能区域空间合理散开,分类并摆放材料及工具,便于幼儿自主开展探究活动。语言表达中心主要分为以下几个活动区。

(一)查阅区

1. 区域核心经验

(1) 专注阅读。

(2) 有目的地查阅资料。

2. 区域布局策略

适合人数3~4人。区域宜靠近面积比较大的活动空间,并且还要选择教室里光线好、安静的地方。

3. 区域材料提供

各类书籍、有声读本、记录纸若干,铅笔彩笔若干。

4. 查阅区行为特征及行为表现

核心经验	行为特征		行为表现
获取关键信息	复述图文内容	3~4岁	• 能理解关键信息 • 会讲述3~4个关键信息
		4~5岁	• 能比较准确地理解并讲述所获取的关键信息 • 能将关键信息用图文的形式记录下来
		5~6岁	• 能比较准确而全面地讲述所获取的关键信息 • 能用较完整的文字记录
学习运用电脑及网络	1. 了解基本的操作方法	3~4岁	• 不会去触碰电源 • 能在老师的帮助下使用电脑
		4~5岁	• 会正确开机、关机 • 会使用鼠标点击
		5~6岁	• 会使用鼠标点击相关内容 • 掌握键盘的操作方法
	2. 会使用搜索引擎	3~4岁	• 能大致表达搜索任务 • 在教师的帮助下使用搜索引擎

续表

核心经验	行为特征		行为表现
	2. 会使用搜索引擎	4～5岁	• 能清晰表达搜索的关键信息及类别 • 在教师的帮助下搜索相关内容
		5～6岁	• 能正确找到搜索引擎 • 尝试使用鼠标和键盘键入关键信息
专注阅读	1. 能专心阅读	3～4岁	• 能用正确姿势阅读 • 能专心阅读绘本5～10分钟
		4～5岁	• 能专心阅读绘本10～15分钟 • 会寻找图画书中的线索
		5～6岁	• 能图文对应地阅读 • 能经常以划读辅助阅读
	2. 能边阅读边说	3～4岁	• 随意翻看图书 • 阅读时自言自语
		4～5岁	• 正确逐页翻看图书 • 阅读时与同伴交流对话
		5～6岁	• 能抓住图书重要情节 • 将阅读的内容讲给同伴听
有目的地查阅资料	1. 会查阅与主题相关的资料	3～4岁	• 能知道主题内容 • 在教师指导下寻找与主题相关的资料
		4～5岁	• 能根据主题内容寻找相关类型书籍 • 在教师帮助下比较自主地根据图文线索查找与主题相关的资料
		5～6岁	• 有目的地自主查找主题所需资料 • 全面地查找解决问题的相关资料和方法
	2. 欣赏所查阅资料	3～4岁	• 能根据喜好随意欣赏书籍 • 能根据图画理解人物情绪
		4～5岁	• 反复欣赏感兴趣的同一内容 • 能理解故事情节
		5～6岁	• 能找到熟悉的文字，并获得阅读的成就感 • 有目的地欣赏所查阅的资料

5. 幼儿活动掠影

翻阅《迷宫的奥秘》,并根据图文提示阅读内容

小班孩子在阅读时与同伴交流对话

(二)视听配音区

1. 区域核心经验

(1) 欣赏文学作品。
(2) 模仿与复述。
(3) 运用视听及录音设备。

2. 区域布局策略

适合人数 2~3 人。区域位置宜选择靠近电源的角落。

3. 区域材料提供

不同类型的儿歌及故事、水彩笔、磁带、电脑、音响、试听机、耳机、录音机、CD机、录音编辑软件。

4. 视听配音区行为特征及行为表现

核心经验	行为特征		行为表现
欣赏文学作品	1. 欣赏有声文学作品	3~4 岁	• 将计划的文学作品作业单交与学习中心老师搜索 • 欣赏搜索的文学作品
		4~5 岁	• 能说出文学作品类型或名称 • 能请老师或大孩子协助搜索
		5~6 岁	• 能记住作品类型或名称 • 自己搜索

第四部分 适宜、有效的学习中心环境

续表

核心经验	行为特征		行为表现
欣赏文学作品	2. 欣赏影视配音作品	3～4 岁	• 随意选择自己感兴趣的影视作品 • 欣赏自己选择的影视作品
		4～5 岁	• 在教师或大孩子协助下有目的地选择影视作品 • 在教师或大孩子协助下有目的地欣赏影视作品
		5～6 岁	• 能独立操作并欣赏所需要的影视作品 • 能准确找到所需影视作品类型并欣赏
模仿与复述	1. 能复述故事、诗歌、儿歌、绕口令等	3～4 岁	• 能复述简单儿歌或故事中重复的句式 • 能复述简单儿歌或故事中重复的词语
		4～5 岁	• 能复述儿歌、绕口令 • 能复述故事的主要情节,并用图画表现
		5～6 岁	• 能完整复述儿歌、绕口令 • 能清晰复述故事情节
	2. 能模仿与创编影视配音作品	3～4 岁	• 能模仿动作与表情 • 喜欢模仿象声词等简单句式
		4～5 岁	• 能模仿某些语音和语调,表达情绪或角色 • 会用自己的语言替换某些词句,开始有意识地对口型
		5～6 岁	• 能比较准确地在同一作品中模仿多个角色的语调 • 会用自己的语言创编情节,能与原作品中人物的口型相对应
运用视听及录音设备	1. 会运用视听设备	3～4 岁	• 在教师协助下了解按键功能 • 在教师协助下操作设备
		4～5 岁	• 了解按键功能并有意识地操作 • 熟练运用正确的操作方法操作设备
		5～6 岁	• 熟悉按键功能并能准确操作 • 独立正确使用视听设备
	2. 会使用录音设备	3～4 岁	• 幼儿了解并观察教师操作软件及设备 • 幼儿模仿同伴操作软件及设备
		4～5 岁	• 在教师指导下尝试操作软件及设备 • 幼儿能准确找到录音软件
		5～6 岁	• 能独立操作简单的软件 • 能独立操作简单的设备

5. 幼儿活动掠影

 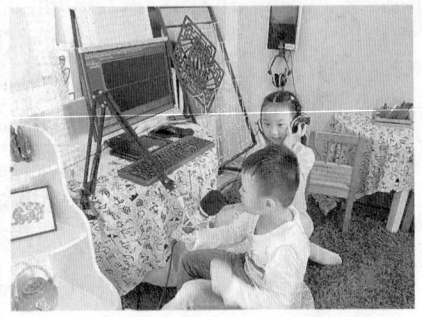

小班孩子们正在聆听《小蝌蚪找妈妈》　　在老师指导下,一边听故事一边复述句子

(三) 创编区

1. 区域核心经验

(1) 了解文学作品的要素。
(2) 运用多种句式表达。
(3) 运用文字符号表达。
(4) 合作表演语言类节目。

2. 区域布局策略

适合人数 2～4 人。区域宜设置在教室里的小房间,将区域布置成一个小剧场。

3. 区域材料提供

不同种类的卡片(包括谜语、儿歌、歇后语等)、手摇铃、钹、沙锤、大鼓、小鼓、鼓棒、彩色铅笔。

4. 创编区行为特征及行为表现

核心经验	行为特征		行为表现
1. 欣赏文学作品		3～4 岁	• 在明确的类型中选择自己喜欢的文学作品 • 欣赏自己选择的文学作品
		4～5 岁	• 在明确的类型中选择自己喜欢的多个文学作品并欣赏 • 逐个欣赏自己选择的文学作品

续表

核心经验	行为特征		行为表现
了解文学作品的要素	1. 欣赏文学作品	5～6岁	• 在明确的类型中专注地欣赏自己喜欢的多个文学作品 • 用语言模仿自己喜欢的多个文学作品
	2. 能分辨不同的文学作品类型	3～4岁	• 能分辨故事、谜语等文学作品类型 • 能分辨绕口令、三句半等文学作品类型
		4～5岁	• 能分辨谜语、三句半、故事、儿歌等文学作品类型 • 能分辨绕口令、成语故事等文学作品类型
		5～6岁	• 能准确分辨绕口令、谜语、三句半、故事、儿歌、成语等多种文学作品类型 • 能分辨绕口令、成语、歇后语、诗歌等文学作品类型
	3. 能说出文学作品类型的特点	3～4岁	• 发现文学作品类型的大致特点 • 在老师提示下表达文学作品类型的特点
		4～5岁	• 能自主发现文学作品的某些特点 • 自主发现文学作品的特点并能表达出来
		5～6岁	• 能自主发现文学作品类型的特点 • 清晰表达出文学作品的特点
运用多种句式表达	1. 能模仿文学作品中的句式与结构	3～4岁	• 能根据视听的文学作品，随意模仿 • 在大孩子协助下模仿文学作品中某个最显著的句式
		4～5岁	• 能根据视听的文学作品，用相同的语速、语感进行模仿 • 能片段式地自主模仿文学作品中的某些句式与结构
		5～6岁	• 能较完整地模仿文学作品的句式 • 能较完整地模仿文学作品的结构
	2. 能按文学作品的特点创编语言并表现	3～4岁	• 能用自己的语言根据事物特点随意表述 • 在教师或大孩子的协助下整理成具有文学类型特点的作品
		4～5岁	• 能根据事物的特点创编语言 • 能根据文学作品的某些特点进行创编
		5～6岁	• 能根据事物特点较为准确地创编文学作品 • 在自己创编的语言中能较完整地呈现文学作品的特点

续表

核心经验	行为特征		行为表现
运用文字符号表达	1. 知道临摹所需要的文字	3～4岁	• 将听到的文学作品随意地用图画呈现出来 • 在教师帮助下记录幼儿的口述内容
		4～5岁	• 能运用图画将文学作品的主题进行分格呈现 • 能参照范例或教师的记录以画字的方式临摹相关文字
		5～6岁	• 能运用图画和自己认识的文字一起呈现 • 能有结构意识地参照范例或教师的记录临摹相关文字
	2. 能运用图文形式表达	3～4岁	• 随意用图形表达 • 能以模仿同伴作品的方式表达
		4～5岁	• 能以图形或符号的方式自主表达 • 在教师的帮助下记录文字
		5～6岁	• 能联合运用丰富的图形或符号以及简单的文字表达自己的想法
	3. 能运用自定义符号表达	4～5岁	• 用简单的符号设定自己的语言表达方式 • 开始运用自定义符号表达相关文字的意思
		5～6岁	• 用多种符号设定自己的语言表达方式 • 能够灵活运用自定义符号表达相关文字的意思
合作表演语言类节目	1. 会分配角色和相关台词	3～4岁	• 接受同伴分配的角色 • 接受同伴分配的台词
		4～5岁	• 能和同伴商量分配角色及台词 • 能提出饰演适合自己的角色
		5～6岁	• 能在小组内分配适宜的角色及台词 • 能根据同伴的特点分配角色
	2. 准备语言表演的辅助工具	3～4岁	• 选择自己喜欢的语言表演辅助工具 • 根据作品的特点用双手打节奏
		4～5岁	• 根据表演的内容选择较适宜自己的语言表演辅助工具 • 运用一种辅助工具根据文学作品特点打节奏

续表

核心经验	行为特征		行为表现
合作表演语言类节目	3. 与同伴合作练习	5~6 岁	• 能在小组内分配较适宜的语言表演辅助工具 • 运用一种以上辅助工具根据文学作品特点打节奏
		3~4 岁	• 用辅助工具为同伴打节拍 • 在同伴的提示下练习自己表演的部分
		4~5 岁	• 知道自己的出场顺序 • 知道自己的语言部分
		5~6 岁	• 能清楚知道小组内各个角色的出场顺序及语言的衔接 • 能够在多个角色间自如转换

5. 活动掠影

根据角色，使用乐器合作表演儿歌

选择自己喜欢的表演辅助工具进行表演

（四）书法区

1. 区域核心经验

（1）欣赏书法。

（2）学习握笔方法与书写姿势。

（3）了解书写的基本方法。

2. 区域布局策略

适合人数 1~2 人。区域位置选择靠近光线好的班级门口。

3. 区域材料提供

不同型号的毛笔、墨盒、笔架、洗笔砚、笔筒、竹帘子、字帖、硬笔、白色纸扇、活字印章、小木块。

4. 书法区行为特征及行为表现

核心经验	行为特征		行为表现
欣赏书法	1. 欣赏书法字帖	3~4岁	• 随意翻阅字帖 • 发现不同字帖字体是不同的
		4~5岁	• 随意翻阅字帖,并寻找认识的汉字 • 观察书法字的外形特征
		5~6岁	• 仔细观察字的笔画特征 • 在字帖上用手书写
	2. 欣赏同伴作品	3~4岁	• 欣赏同伴作品 • 在老师的引导下对同伴作品做出简单评判
		4~5岁	• 欣赏作品或模仿同伴作品,辨认认识的字词 • 对同伴作品做出简单评判
		5~6岁	• 欣赏同伴作品 • 能对同伴作品发表自己的看法
学习握笔方法与书写姿势	1. 选择适宜的毛笔	3~4岁	• 发现各种粗细不同的大小毛笔 • 选择粗笔
		4~5岁	• 发现大小、软硬不同的毛笔蘸水后笔尖的不同 • 选择自己喜欢的毛笔
		5~6岁	• 观察比较蘸水和蘸墨后笔尖的不同及变化 • 根据纸张格子的大小选择适宜的毛笔
	2. 练习基本执笔姿势	3~4岁	• 在老师的帮助下尝试拇指食指中指三指捏紧握住毛笔的执笔方法 • 自己练习这种方法握紧毛笔
		4~5岁	• 在老师指导下尝试立腕、三指捏紧毛笔下部三寸中指立起的握笔姿势 • 自己练习这种方法握紧毛笔
		5~6岁	• 在老师指导下练习手指实、手心虚、手背圆、手掌竖的执笔姿势 • 练习并坚持用悬腕中指竖执的方式握紧毛笔
		3~4岁	• 在老师的帮助下采用平坐枕腕的姿势 • 尝试横着从左到右、竖着从上到下的笔画方向

续表

核心经验	行为特征		行为表现
了解书写的基本方法	3. 了解书写时手的基本方法	4～5岁	• 在老师的指导下采用坐姿与站姿交替、枕腕与提腕交替的姿势描红纸上练习 • 在书写笔画时感受手腕的变化及手的移动方向
		5～6岁	• 能根据书写的空间位置、字体的大小,灵活采用枕腕、提腕或悬腕姿势 • 在书写笔画时,仔细体会手腕转动及手的移动方向
	1. 学习起笔、运笔、收笔的基本方法	3～4岁	• 在老师指导下,感受毛笔在起笔、运笔、收笔时的力度 • 感受一个笔画在起笔、运笔、收笔过程中的笔尖、笔锋所造成粗细不同的结果
		4～5岁	• 在教师指导下练习一气呵成的运笔方式及回锋收笔的基本方法 • 尝试在纸上画出简单笔画,感受手的移动方向
		5～6岁	• 在教师指导下有意识地练习藏锋起笔、中锋运笔、回锋收笔的基本方法 • 临摹字帖中的笔画,按字帖的说明练习笔画
	2. 练习基本笔画的书写方法	3～4岁	• 用手指跟随笔画描画 • 用毛笔在大格子纸上写横、撇、捺基本笔画
		4～5岁	• 在教师指导下练习横、撇、捺基本笔画的书写方法 • 用毛笔在中格纸上练习竖、点、横折等笔画的方向
		5～6岁	• 在教师指导下练习横折弯钩、竖弯钩等较复杂的笔画 • 在描红纸上控制手腕力量,填满基本笔画
	3. 练习字体的基本书写方法	4～5岁	• 在教师指导下练习在格子里居中书写简单字体 • 在描红纸内书写简单字
		5～6岁	• 在描红纸上书写简单字,填满且不描出线 • 在教师指导下练习在格子中合理布局字体结构

5. 活动掠影

一边欣赏书法作品,一边使用手指感知字形

选择适宜的毛笔临摹简单的文字

(五)造字区

1. 区域核心经验

(1)感知汉字结构。

(2)辨认字词。

(3)学习拍摄记录。

2. 区域布局策略

适合人数2~4人。区域宜设置在榻榻米上,活动空间大,方便幼儿操作。

3. 区域材料提供

小石头、树枝、雪糕棍、小黑板、双头油性笔、彩色水笔、毛绒线、KT板、卡纸、点读笔、点读卡、拼音卡、偏旁卡、照相机。

4. 造字区行为特征及行为表现

核心经验	行为特征		行为表现
感知汉字结构	1. 能临摹所需汉字	3~4岁	• 能用形状表达字体 • 能用图画的方式画字
		4~5岁	• 能够临摹出文字的大体形状 • 能够比较准确地临摹汉字的形状
		5~6岁	• 能够按照字的结构临摹 • 能够准确临摹出汉字的结构
	2. 会使用低结构材料造字	3~4岁	• 会随意选择材料造字 • 能大体呈现文字的形态

第四部分 适宜、有效的学习中心环境

续表

核心经验	行为特征		行为表现
感知汉字结构	2. 会使用低结构材料造字	4～5岁	• 能够根据笔画的长短选择适宜的材料组合文字的形状 • 能使用多种材料呈现文字
		5～6岁	• 能够根据字的形状呈现字词结构 • 能够根据字的形状比例呈现字词结构
	3. 会使用偏旁部首卡片拼字	4～5岁	• 能参照范例选择偏旁部首进行比对 • 能参照范例选择偏旁部首进行比对后再组合成字
		5～6岁	• 能参照范例选择偏旁部首卡 • 能参照范例选择偏旁部首卡并准确地拼字
辨认字词	1. 会使用有声字卡选字	3～4岁	• 运用有声字卡选择自己感兴趣的字重复点读辨认 • 运用有声字卡选择自己认识的字重复点读辨认
		4～5岁	• 借助有声字卡选择自己所需要的字 • 借助有声字卡学习点读自己选择的字
		5～6岁	• 运用有声字卡选字组词 • 运用有声字卡选字组词，并用自己的方式记录
	2. 会用铅活字、木活字选字造句	3～4岁	• 使用已经组合好的活字词组或句子印刷 • 辨认印刷作品上的字词
		4～5岁	• 在教师指导下辨认选择所需的活字进行印刷 • 在教师指导下辨认选择所需的活字进行组合后印刷
		5～6岁	• 能参照范本辨认选择所需活字组合成词句 • 能正确独立参照范本辨认选择所需活字组合成词句
学习拍摄记录	1. 了解照相机的结构及基本操作方法	3～4岁	• 在老师帮助下操作开关键和快门键 • 反复操作开关键和快门键
		4～5岁	• 在老师的指导下操作相机的开关键、闪光灯、快门键、镜头的伸缩键等 • 能正确操作相机的开关键、闪光灯、快门键、镜头的伸缩键等
		5～6岁	• 能够独立地操作相机各个组成部分的功能键 • 能按正确的步骤操作相机各个组成部分的功能键

续表

核心经验	行为特征		行为表现
学习拍摄记录	2. 运用照相机给作品留影	3~4 岁	• 能够使用相机给作品留影 • 能够使用相机给作品按一定比例留影
		4~5 岁	• 能够清晰、完整地呈现拍摄的主体 • 能够清楚完整地给作品留影
		5~6 岁	• 能够关注到拍摄角度、光线等 • 完整清楚地给作品留影,具有一定的审美性

5. 活动掠影

参照字卡,用木棒摆出对应的文字感知字形

大班幼儿参照字卡造字,了解文字的偏旁部首

(六) 图书制作区

1. 区域核心经验

(1) 了解书的结构。

(2) 匹配图画与文字。

(3) 表现内容的逻辑关系。

2. 区域布局策略

适合人数 2~4 人。区域内放置若干图书,方便幼儿做小书时查阅资料。

3. 区域材料提供

油性笔、彩色水笔、彩铅笔、剪刀、胶纸座、扣环、回形针、订书机、打孔机、不同规格及材质的纸(如包括彩色纸、卡纸、A4 复印纸等)。

第四部分 适宜、有效的学习中心环境

4. 图书制作区行为特征及行为表现

核心经验	行为特征		行为表现
了解书的结构	1. 选择合适的纸张制作封面和封底	3～4 岁	• 观赏展示的自制图书 • 在老师和同伴的协助下选择纸张
		4～5 岁	• 能够选择自己喜欢的颜色和大小的纸张 • 能留意到纸张的材质
		5～6 岁	• 能根据自己的喜好选择颜色、材质,留意前后搭配 • 能根据需要裁剪纸张
	2. 设计封面及封底	3～4 岁	• 仔细观察成品图书 • 在教师指导下了解书名、作者、出版日期、封面、封底等要素
		4～5 岁	• 能有意识地在封面设计书名、作者、出版社 • 能有意识地在封底呈现条形码、价格及其他要素
		5～6 岁	• 能独立完整地呈现封面封底等各个要素 • 能用图文合理布局各个要素
	3. 选择适宜的纸张作为正文用纸并编码	3～4 岁	• 能选择自己喜欢的纸作为正文用纸 • 会留意纸张尺寸与封面封底是否合适
		4～5 岁	• 能根据自己的喜好独立选择纸张作为正文用纸,裁剪纸张尺寸与封面封底相匹配 • 按顺序正确编码
		5～6 岁	• 能预测书的页码,并有目的地、明确地选择纸张的数量、质地、颜色作为正文用纸按顺序正确编码 • 合理搭配正文纸与封面、封底
	4. 装订小书	3～4 岁	• 在老师和同伴的协助下了解订书机的使用方法 • 尝试以按压的方式使用订书机装订小书
		4～5 岁	• 能独立使用订书机装订小书,目测距离,尝试将书装订于合理的边线上 • 尝试用其他任意一种方式装订小书
		5～6 岁	• 熟练使用订书机装订小书,装订位置合理 • 尝试使用打孔机,用穿线、粘连等方式装订小书

续表

核心经验	行为特征		行为表现
匹配图画与文字	1. 以图画表达内容	3～4岁	• 会用圆圈、点、长短不一的线条及重复的图画表达内容 • 尝试将图画涂色
		4～5岁	• 能用简单的图形表达自己的观察和想象，并有简单情节 • 尝试用不同的图画风格表达想法
		5～6岁	• 运用细节丰富的图画表现有主旨内容的想法 • 图画内容前后连贯，呈现一定的逻辑关系
	2. 以文字符号表达内容	3～4岁	• 尝试说出自己的图画
		4～5岁	• 清晰口述图画内容 • 教师在小纸条上记录内容，幼儿将其剪贴在相应的书页内
		5～6岁	• 幼儿临摹教师的记录或自己书写文字符号表达 • 文字内容与图画完全一致
表现内容的逻辑关系	列举逻辑	3～4岁	• 尝试给自己的图书起书名
		4～5岁	• 能用图文展现主要概念 • 整个故事有明显的主题线索
		5～6岁	• 能运用细节丰富的图文表现主要内容 • 故事情节呈现连贯性或一定的逻辑性

5. 活动掠影

 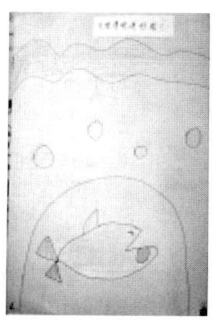 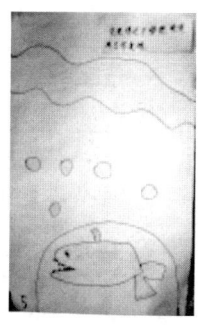 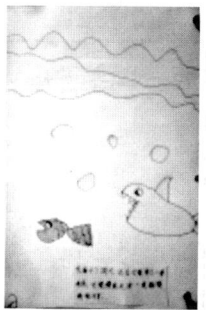

使用图文配对的方法制作一本封面、页码、图文、封底等要素齐全的故事书

(七) 符号区

1. 区域核心经验

(1) 理解符号、标志的意义。

(2) 运用符号和标志。

2. 区域布局策略

适合人数 2～4 人。区域宜选择靠窗户的位置,空间较大,方便取材料。

3. 区域材料提供

交通标志卡、书籍、油性笔、彩色水笔、彩色纸、A4 复印纸、大卡纸、KT 板、剪刀、双面胶、透明胶、胶纸座、橡皮泥、磁铁贴、牙签、地图册。

4. 符号区行为特征及行为表现

核心经验	行为特征		行为表现
理解符号、标志的意义	1. 能理解生活中常见标志的意义	3～4 岁	• 能说出自己熟悉的标志名称 • 能理解自己熟悉的标志名称和意义
		4～5 岁	• 能说出常见标志名称 • 能理解常见标志的意义及运用环境
		5～6 岁	• 能辨识多种类的标志名称 • 能辨识多种类的标志意义及运用环境
		3～4 岁	• 能够理解表示山峰、河流的图例符号 • 能够理解表示铁路、物产、动植物分布的图例符号

续表

核心经验	行为特征		行为表现
运用符号和标志	2. 能理解常用地理图例符号的意义	4~5岁	• 能在地图上找出表示山峰、河流、方位的图例符号 • 能在地图上找出表示铁路、物产、动植物分布的图例符号
		5~6岁	• 能够辨识山峰、河流、方位等多种图例符号 • 能够辨识物产、铁路、动植物分布等多种图例符号
	1. 会运用常见的符号或标志	3~4岁	• 能够使用熟悉的1~5个交通标志,在地图上表达自己的意思 • 能够准确使用自己熟悉的交通标志
		4~5岁	• 能够运用常见的交通标志 • 开始尝试运用表示山峰、河流、方位、铁路、物产、动植物分布等的图例符号,并在地图上做标注
		5~6岁	• 能在地图上合理使用多种交通标志 • 能运用丰富的表示山峰、河流、方位、铁路、物产、动植物分布等的图例符号,有目的、较准确地在地图上做标注
	2. 会创造自定义符号或标志	3~4岁	• 能够画出标志的大概形状 • 能够根据标志底板涂鸦标志
		4~5岁	• 能够自制自定义符号 • 能够在自制的地图上添加表达自己想法的自定义符号
		5~6岁	• 在自制地图上灵活添加丰富的自定义符号 • 能经常运用文字类符号表达自己的意思

5. 活动掠影

参照标志符号临摹交通标志

运用虚线和箭头绘画公园的地图

（八）播报区

1. 区域核心经验

（1）编辑简单的报纸版面。
（2）运用播报方式表达。

2. 区域布局策略

适合人数 2～3 人。区域宜选择幼儿能相互靠近而面积比较小的活动空间。

3. 区域材料提供

话筒、支架、彩色水笔、A3 大小白纸及彩色纸、报纸模板、废旧报纸及杂志、剪刀、双面胶、固体胶、透明胶、胶纸座。

4. 播报区行为特征及行为表现

核心经验	行为特征		行为表现
编辑简单的报纸版面	1. 了解报纸版面的基本结构	3～4 岁	• 欣赏正规报纸及同伴作品 • 对报纸版面有初步认识
		4～5 岁	• 了解报纸首页的内容结构 • 了解报纸的报头、报眼等基本结构的分布
		5～6 岁	• 知道报纸上各类新闻的版位 • 了解报头、报眼、栏目的结构及内容
	2. 根据需要设计报纸图文版面	3～4 岁	• 模仿报纸作品 • 用剪贴或图画的方式设计报纸版面
		4～5 岁	• 能分清报头、报眼、版位、栏目等的位置 • 能设计报纸并与图画匹配完成版面
		5～6 岁	• 能根据自己的需要设计报纸版面及专栏 • 能书写熟悉的字词并临摹所需句子与图画完成版面
运用播报方式表达	1. 能模仿作品、改编语言	3～4 岁	• 学习播音主持的标准坐姿 • 能模仿同伴的语言表达
		4～5 岁	• 掌握专业的播报新闻的开始和结尾 • 能模仿新闻作品中的句式进行简单叙事
		5～6 岁	• 能模仿新闻作品中的句式完整叙事 • 能分清播报新闻的重点

续表

核心经验	行为特征		行为表现
运用播报方式表达	2. 会运用句式表达主题内容	3～4岁	• 能模仿同伴语言表达主题内容 • 掌握播报新闻的时间、天气,并进行介绍
		4～5岁	• 有意识地模仿新闻的语言风格 • 能简单组织语言表达主题
		5～6岁	• 能自如模仿新闻风格,组织语言表现主题内容 • 能用合作的方式表达主题内容
	3. 能播报作品	3～4岁	• 模仿播报主持人的语音、语调 • 能对自己感兴趣的话题进行随意表达
		4～5岁	• 有意识地用新闻播报主持人的坐姿及语音语调播报自己的作品 • 掌握播报时的眼神位置
		5～6岁	• 有目的地练习用新闻播报主持人的坐姿及语音语调播报自己的作品 • 现场采访被采访者,并记录播报

5. 活动掠影

根据自己的需要设计报刊内容并呈现清晰的版块、刊头和版块标题,在制作完成后练习播报作品

> 典型案例

配音活动"三只小猪过新年"

活动对象:政霖(5岁半) 忻凌(5岁半)
记 录 者:卢晓霞老师

2016年2月29日,孩子们都在讨论"新年"的话题,有的说过新年是很喜庆的,有的说过新年要穿新的、漂亮的衣服,有的说过新年要挂灯笼、放鞭炮、见面要说吉利的话……政霖和忻凌有说有笑,满怀期待地去语言表达中心的配音区工作。一路上他们都兴奋地聊着过年的趣事,"我们去亲朋好友的家里拜年了。""我们一家人去看烟花了。""我收到很多的压岁钱。""我们把这些有趣的事情编成一个故事吧。"……

来到了配音区,他们先是在老师的帮助下熟悉了配音软件的功能,并学习简单地操作,接着就开始筛选要配音的影片。忻凌说:"我们选《白雪公主》的影片吧。"政霖说:"我觉得《三只小猪》的影片会比较适合,影片里的三只小猪很努力、很快乐,像过年。"忻凌同意了,他们开始熟悉影片内容。

> 幼儿能有序、连贯地讲述自己的所见所闻和经历的事情。
> 幼儿能自主灵活地计划活动任务,主动发起活动。
> 幼儿能在多个素材中选择适宜的材料进行自主学习。
> 幼儿在选材过程中出现意见不一致时,能认真倾听同伴的想法,接纳同伴的建议。

老师看到他们在重复欣赏影片,就问:"影片讲了什么呢?"忻凌开始简单地复述《三只小猪》的内容,政霖也会帮忙补充。于是老师又问:"那你们发现了什么呢?"政霖说:"我发现故事里每个角色的声音要有所不同才能区分出来。"忻凌马上就模仿故事里小猪的声音和动作。"除了角色的声音,还有其他的声音,比如敲门的'砰砰砰砰'声,走路的'咚咚咚、蹬蹬蹬'声。""我还发

政霖和忻凌在软件上筛选影片,熟悉影片内容

现,他们的动作、表情还有说话的声音会不同。""我们还要记住旁白和对话才能编故事。"

> 幼儿能清晰复述故事情节,重复故事中出现的句式或词语,能模仿动作与表情,喜欢模仿影片中出现的动词、形容词及简单句式。

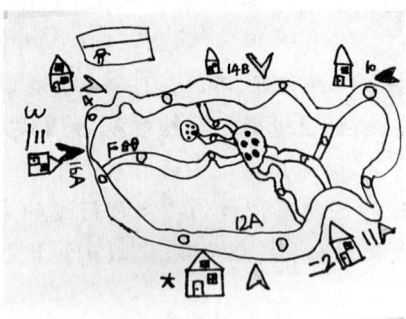

政霖画的故事情景线索图

3月1日,政霖和忻凌通过听和看,对《三只小猪》的故事内容、情节和角色有了基本的认识和了解。他们开始创编故事的剧本。商量之后,他们把故事分为"三只小猪去拜年"和"三只小猪放鞭炮"两个部分,并分工完成。最后发现剧本和影片内容无法对应,于是老师问:"怎样才能使剧本情景和影片情景对应呢?"政霖想了想说:"我们应该一边看影片一边编剧本。"忻凌翻看剧本好像发现了什么,大声说:"我知道了,我们应该根据影片分成一步一步,这样我们就不会错。"于是,忻凌和政霖开始在纸上画,老师说:"你们是在画情景线索图吗?"忻凌说:"是的,有了这个线索图,我们就知道怎么创编剧本啦!"他们改变策略,根据影片与创编内容,将三只小猪出现的不同时间、地点、发生的事件与影片结合制作剧本。

老大的稻草房子　　　　　　　　老二的木头房子

这时,他们的讨论又开始了。"《三只小猪》的故事中猪老大、猪老二、猪老三都遇见了不同的人,找到不同的材料盖了房子。""那我们可以改为三只小猪看见不同的人拜年吗?""好呀!拜年了,别人就送给小猪盖房子的礼物,这个礼物就是盖房子的材料。"老师问:"它们找来了什么材料盖房子呢?"政霖指着图说:"这是用稻草盖的房子。"老师回应:"嗯,很简陋的稻草房子。""这是用木头盖的房子。""是的,很结实的木头房子。""这是用石头建的房子,很结实。""是的,石头房子很结实,也很坚固。"

忻凌说:"盖好房子就可以请人来做客啦!""可是,可恶的大灰狼总是来捣乱,假扮小猪的客人。每一次大灰狼去小猪家假装拜年的时候,就拿来红包、礼物,还总是穿不一样的新衣服。""最后,三只小猪就想到一个吓走大灰狼的办法,在家门口挂上灯笼,贴上对联,放鞭炮,放烟花,把大灰狼吓跑。"

老三的石头房子

大灰狼找小猪的故事画面

大灰狼与小猪对话的故事画面

> 幼儿能根据故事的部分情节或影片的线索创编故事情节。
> 幼儿能运用丰富的图形或符号表达想法。
> 幼儿能合理分工,发现问题后能积极解决问题。

3月2日,剧本完成后,孩子们开始尝试给影片配音。他们有彩排和练习的经验,知道要练习熟练了再尝试录制。录制完后他们试听,对效果并不满意,于是开始找问题。政霖说:"三只小猪的声音要不一样。我是老大,我的身体胖胖的,声音应该粗粗的;你是老二和老三,你的声音可以尖尖的、小小的、很温柔的。"老师试听后,建议他们根据角色的动作、表情及情绪调整说话的语气和语调,这样会让故事更生动有趣。政霖拍着手大声

小猪吓跑大灰狼的故事画面

说:"对呀!大灰狼的声音要很大很粗,轮到它出场,你要做出很害怕的样子,声音要发抖。"忻凌说:"是这样吗?我好怕呀!是大灰狼来了,他好像拿了鞭炮来,他不会扔进来吧。"(双手抱住,身体和声音在发抖)"对,就是这样,但是要等小猪嘴巴动的时候说,小猪嘴巴没动的时候说的话只能是自己在想的。"

> 幼儿能比较准确地在同一作品中模仿多个角色的语音语调,用自己的语言创编情节,通过多次练习能与原作品中人物的口型相对应。

他们经过反复的练习和多次的录制,最后把影片保存好并播放给同伴们欣赏。大家对他们的配音作品表示赞赏。

教师指导策略:

1. 活动中,在孩子们创编的故事内容与影片内容对应不上出现停滞以及配音过程中语言与口型对应不上时,教师帮助幼儿查找和分析原因,引导幼儿改变策略,使活动顺畅地进行。

2. 活动中,教师通过增加幼儿的会话信息,丰富幼儿的词汇量,提高幼儿的语言、语调及动作表情的表达。例如,"这是石头,这是很坚固的石头"。

3. 教师通过录音的方式帮助幼儿理解书面语与口语之间的转换,将图画文字转换成口语。

第六节 民间游戏中心

民间游戏中心是一个感受传统文化、展现民间艺术、充满民间韵味的场所,它为幼儿提供了丰富的民间游戏操作材料和感知民间不同工艺的艺术空间,幼儿在实际的操作中,感受中国的民间文化,促进幼儿手的动作灵活协调,掌握适宜幼儿的民间工艺技巧。低结构地民间游戏材料,具有很大的可变性和创造性,可以充分发挥幼儿的想象力,激发幼儿在游戏中进行创造力,满足幼儿的创作欲望。

一、民间游戏中心核心经验与区域之间的关系

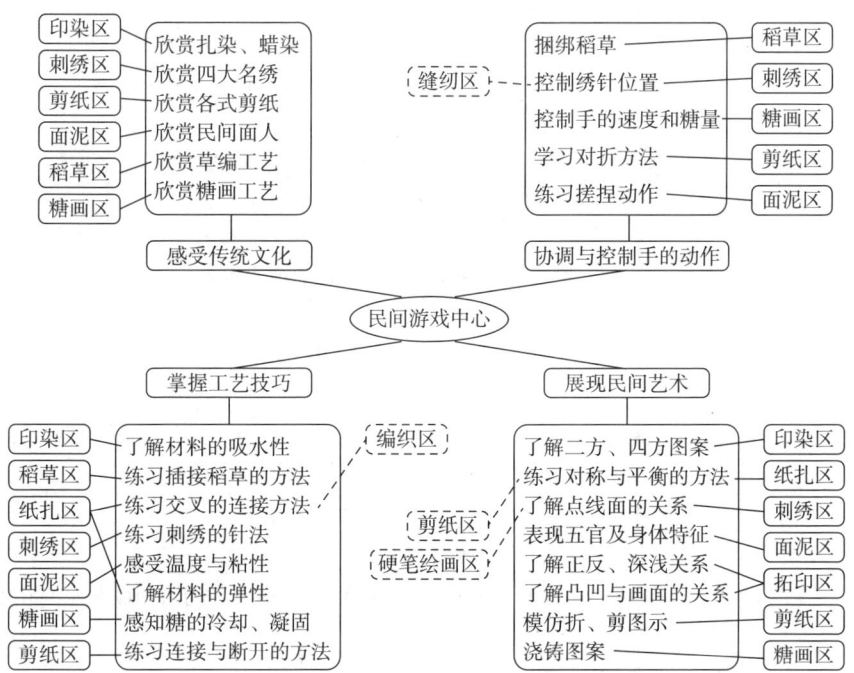

二、创设有效的活动区

（一）印染区

1. 区域核心经验

（1）欣赏扎染、蜡染。

（2）了解材料的吸水性。

（3）了解二方、四方图案。

2. 区域布局策略

适合的人数为 1~4 人。区域尽量选择靠近窗户和边角的位置，以通风晾干染好的作品，也方便悬挂作品。

3. 区域材料提供

小染缸、玻璃瓶、24 彩色水笔、墨水、白色吸水棉布、大张餐巾纸、不锈钢板报夹、晾晒作品的架子、幼儿防水手套、防水带袖围裙、竹垫、报纸、托盘等。

4. 印染区行为特征及行为表现

核心经验	行为特征		行为表现
欣赏扎染、蜡染	1. 欣赏布艺服饰	3~4岁	• 感受颜色和图案,能说出自己看到了什么 • 能说出自己喜欢的颜色和图案
		4~5岁	• 能找出图案中的规律,说出颜色或图案的变化 • 能区分单色或多色的作品
		5~6岁	• 能对欣赏的作品做出情感表达 • 能说出图案或颜色的渐变效果 • 能分辨扎染、蜡染的作品
	2. 欣赏示范作品	3~4岁	• 会观察颜色的运用与扩散 • 能说出作品使用的材料
		4~5岁	• 根据所需找出指定的欣赏作品 • 会分析图案是用什么方法形成的
		5~6岁	• 欣赏作品的构图、设计及创意 • 能说出所欣赏作品的染制方法
了解材料的吸水性	1. 使用餐巾纸	3~4岁	• 用较大的方形餐巾,尝试将不同量的颜色水滴在纸上面 • 能观察颜色的渗透扩散
		4~5岁	• 能对折餐巾纸,有目的地滴出简单的图像图案 • 能观察滴染后对折餐巾纸的对称效果
		5~6岁	• 能根据厚薄不同的餐巾纸,控制水量和速度 • 知道纸的厚度与吸水性的关系,会正反两面浸染
	2. 使用宣纸	3~4岁	• 通过反复尝试,发现宣纸吸水性强 • 了解使用宣纸的方法,减少摩擦力
		4~5岁	• 能根据宣纸的厚薄控制水量 • 会小心使用宣纸,了解颜色之间的相互渗透
		5~6岁	• 知道宣纸的特点,能较好地运用颜色与水的润色性 • 知道不同颜色在一起会形成间色和复色
	3. 使用棉布	4~5岁	• 尝试用棉布染画,体验颜色在棉布渗透的感觉 • 用较薄的吸水性强的棉布创作简单的图案
		5~6岁	• 能比较和尝试各种不同厚度或质地的布料,比较它们的吸水性,并进行创作 • 能挑选适宜的棉布,尝试扎染和蜡染

续表

核心经验	行为特征		行为表现
了解二方、四方图案	1. 制作二方图案	3～4岁	• 了解二方连续图案的基本特点 • 学会一次对折,用滴染和沾染的方式,创作简单的对称图案
		4～5岁	• 知道二方连续图案是由一个单独纹样向上下或左右两个方向反复连续而形成的纹样 • 学会对折并设计图案的形状,创作较复杂的对称图案
		5～6岁	• 学会对折并设计图案的形状,创作垂直式、散点式、波纹式的对称图案 • 创作各种图像变化的二方连续图案
	2. 制作四方图案	3～4岁	• 了解四方连续图案的基本特点 • 学习二次对折,印染简单的四方图案
		4～5岁	• 知道四方连续图案是由一个单独纹样向上下左右四个方向反复连续循环排列所产生的纹样 • 熟练运用对折方法,设计并制作有规律的四方图案
		5～6岁	• 知道四方连续图案的常见排法,平行式和梯行式 • 能运用扎染和蜡染的方法,做精细的四方图案

5. 活动掠影

学习用滴染和棉布创作二维图案——彩虹,发现棉布的特性,即吸收染料水的速度快而且染料水会散开

学习扎染的方法,即先用铁丝线缠绕棉布,放进染缸再拆开,同时感知有规律的图案

(二)稻草区

1. 区域核心经验

(1) 欣赏草编工艺。

(2) 捆绑稻草。

(3) 练习插接稻草的方法。

2. 区域布局策略

适合的人数为2~4人。区域宜选择靠墙、相对独立的空间,便于布置一面草墙,也可以展示幼儿作品。另外,应靠近工具架和面泥区,以便幼儿取放需要的材料。

3. 区域材料提供

稻草、棕叶、纸板、麻绳、细铁线、透明胶、牙签、剪刀、稻草帘子、斗笠、草鞋、草帽及稻草、藤编制的艺术品等。

4. 稻草区行为特征及行为表现

核心经验	行为特征		行为表现
欣赏草编工艺	1. 欣赏草鞋、草帽等生活用品	3~4岁	• 感受稻草在生活中的常见性 • 能指认生活中的稻草制品
		4~5岁	• 了解稻草在生活中的用途 • 感受草编用品的实用性和美观性
		5~6岁	• 知道干稻草的特点:保温、防护、遮阴 • 会观察草编用品的编织方法
	2. 欣赏草编艺术品和图片	3~4岁	• 知道稻草可以编织许多生活用品 • 能说出常见草编制品的名称
		4~5岁	• 了解稻草可以塑造各种具有欣赏性的摆设类艺术品 • 感受草编艺术品的艺术美
		5~6岁	• 知道草编产品是我国民间广泛流传的一种手工艺术品 • 感受稻草的特性及创作方式

续表

核心经验	行为特征	行为表现	
捆绑稻草	1. 用透明胶捆绑	3～4岁	• 会用透明胶把稻草固定在纸板上 • 会用透明胶连接稻草
		4～5岁	• 会用透明胶缠绕的方式捆绑稻草 • 会用透明胶固定稻草的柱状造型
		5～6岁	• 会用透明胶连接造型的各部位 • 会用透明胶固定稻草的多种造型
	2. 用细铁线捆绑	3～4岁	• 会用细铁丝把几根稻草缠绕捆扎在一起 • 会用细铁线以螺旋式缠绕捆绑稻草并固定两端
		4～5岁	• 会用细铁丝将几根稻草绕几圈，然后把头尾连接起来 • 会将一扎稻草捆绑成所需要的形状并固定
		5～6岁	• 会用细铁线以十字交叉的方式连接固定 • 会用细铁线捆绑，使连接的位置可以改变方向
	3. 用麻绳捆绑	4～5岁	• 能用麻绳缠绕稻草，再用透明胶固定 • 用麻绳捆绑，请老师帮忙打结
		5～6岁	• 能用麻绳捆绑并打结 • 能连接两捆稻草并打结
	4. 用稻草捆绑	4～5岁	• 能选择适宜稻草缠绕捆紧物体 • 能将捆绑的稻草头尾并合拧成一股后塞入缝处
		5～6岁	• 会将各种粗细的稻草以螺旋式缠绕捆绑 • 学习用稻草打单或蝴蝶结
练习插接稻草的方法	1. 用牙签插接	3～4岁	• 会将牙签插在捆绑好的稻草上，再插在泡沫板上 • 能把捆绑好的稻草用透明胶固定在牙签或竹棍上
		4～5岁	• 能用竹签把两段稻草纵向连接延长或横向连接交叉 • 能用竹棍或牙签将制作稻草的两个形状插接在一起
		5～6岁	• 能用牙签或竹棍把多种形状穿插连接起来 • 能用牙签将稻草作品的各部件从不同方位插接组装成品

续表

核心经验	行为特征		行为表现
2. 用嵌入式方法插接	4~5岁		• 会将单根稻草插入在捆绑的稻草中形成造型 • 能将一捆柱状稻草嵌入到另一捆稻草中并固定
	5~6岁		• 能将两扎稻草嵌入对插,然后固定形状 • 能将不同形状的稻草直接嵌入插接并固定好

5. 活动掠影

用胶布捆住稻草,用木棍支撑,制作立体作品——牛棚

用橡皮筋捆扎稻草并粘贴在纸板上,制作平面作品——太阳花

(三) 糖画区

1. 区域核心经验

(1) 欣赏糖画工艺。

(2) 控制手的速度和糖量。

(3) 浇铸图案。

(4) 感知糖的冷却、凝固。

2. 区域布局策略

适合的人数为1~2人。为安全起见,区域位置应在教师的视线范围内并靠近电源,以便高温熔化。

3. 区域材料提供

电炖盅、麦芽糖、白糖、铲子、勺子、瓷砖操作台、手套、竹签、竹签底座、木质小转盘、民间工艺品(十二生肖糖画、各种糖画制品等)。

4. 糖画区行为特征及行为表现

核心经验	行为特征		行为表现
欣赏糖画工艺	1. 欣赏十二生肖糖画	3~4岁	• 认识十二生肖动物名称,感受生动的糖画形象 • 知道不同动物的简单特征
		4~5岁	• 认识十二生肖动物并能找出每种生肖糖画表现的主要特征 • 能区别不同动物的主要特征
		5~6岁	• 欣赏镂空糖画的精美图案和复杂的线条变化 • 感受线条与场面的画面平衡关系
	2. 欣赏糖画的制作流程	3~4岁	• 知道将白糖没有加热不颗粒状的 • 知道白糖只有加热熬成糖浆才能制作糖画
		4~5岁	• 知道糖浆要熬成适宜的黏稠度,并在制作糖画前先设计构图 • 知道只有合适的温度才能熬成能制作成糖画的糖浆
		5~6岁	• 知道熬糖、试糖、浇糖、铲糖等主要制作流程 • 知道每一个步骤缺一不可,只有熬成浆状而且没有烧煳的糖才能制成糖画
控制手的速度和糖量	1. 移动手的速度	3~4岁	• 手的移动较迟缓,不灵活 • 手的协调性不够,很难做出线条状的图案,大部分只能做成块状图案
		4~5岁	• 手能小范围较快移动,相对小班灵活一些 • 能做出较简单的线条和图案,并能多次填补不成型的图案,形成简单的图案
		5~6岁	• 手能较大范围快速移动,能较流畅地形成复杂的线条图案 • 创作的图案具有一定的变化,表现在线条的搭配和块面的处理
	2. 控制糖量	3~4岁	• 能将勺子里的糖全部倒在一个点上,然后用勺子压成形状 • 形成的块面比较粗大,不精细

续表

核心经验	行为特征		行为表现
浇铸图案	2. 控制糖量	4～5岁	• 会将勺子里的糖慢慢倒在图案的线条上，逐渐形成连续的图案 • 线条比较单一，没有太多变化
		5～6岁	• 能根据线条粗细的需要控制浇糖的流量 • 能制作出不同效果、变化丰富的图案
	浇铸一笔成形的糖画	3～4岁	• 能用简单的一笔画成形图案来制作糖画 • 画面简单，图形单一
		4～5岁	• 会设计简单的一笔成形图案 • 有一定的构图，形象突出
		5～6岁	• 会设计一笔成形的外形图案及流畅的装饰线条 • 构图丰富，画面具有一定的美感
感知糖的冷却、凝固	制作能直立的糖画	3～4岁	• 完成糖画后，知道要等待冷却，观察大班孩子铲糖 • 有铲糖画的愿望，但经常会铲碎
		4～5岁	• 能通过触摸感受糖的冷却凝固、变硬 • 会主动尝试铲糖，大部分要在大孩子帮助下完成
		5～6岁	• 能估测糖的冷却、凝固 • 会小心地铲糖，铲糖时会考虑到不损坏糖画

5. 活动掠影

学习浇注一笔成形并呈现较粗且均匀的糖丝线　　　糖画作品《花与动物》，呈现少数细糖丝线和部分重复浇注的动作

（四）纸扎区

1. 区域核心经验

（1）练习交叉连接的方法。

（2）练习对称与平衡的方法。

（3）了解材料的弹性。

2. 区域布局策略

适合的人数为2～4人。这一区域主要利用竹片、棍子、藤条、铁丝创作作品。一般应选择较宽敞而且便于幼儿来回走动的场地，因为创作时拿取要使用的材料、工具的次数较为频繁，取拿的材料长短不一。

3. 区域材料提供

粗细不同的竹条、藤条、宣纸、皱纹纸、报纸、水彩笔、毛绒线、绳子、铁丝、风筝线、剪刀、胶水、固体胶、双面胶及底座、透明胶、纸扎方面的书籍等。

4. 纸扎区行为特征及行为表现

核心经验	行为特征		行为表现
练习交叉连接的方法	1. 练习十字交叉连接	3～4岁	• 将两根圆形竹签交叉，用细铁线从两个方向缠绕固定 • 固定时会找同伴合作帮助固定，但固定不牢固
		4～5岁	• 将两条扁的竹片交叉，用细铁线从两个方向绕紧固定 • 能独立进行固定，固定较结实
		5～6岁	• 将两根以上竹签或竹片进行多个位置的交叉捆绑 • 固定方向有序，固定结实稳固
	2. 练习立体连接	3～4岁	• 用三根或四根竹签做一个平面连接 • 连接的平面不平衡
		4～5岁	• 会用多根竹签做成两个平面并通过合作将两个平面连接成立体形状 • 连接的形状基本成型，并且有一定的造型
		5～6岁	• 会制作各种立体形状且进行连接，并用纸覆盖表面 • 连接的造型相对较复杂，连接得也很牢固稳固

续表

核心经验	行为特征		行为表现
练习对称与平衡的方法	1. 找中心点定位	3～4岁	• 帮助大孩子按住尺子或绳子的一头,再将绳子对折找出中心点 • 中心点一般会有偏差
		4～5岁	• 用目测的方式找到竹签的中间位置,并做记号 • 中心点选取的位置较小班孩子误差小一些
		5～6岁	• 用尺子测量长度再用计算器计算,量出中心点的位置 • 选取的位置比较精确,误差很小
	2. 平衡作品形状	3～4岁	• 将大孩子画好的形状纸面剪下 • 能找到相同大小的形状,并进行粘贴
		4～5岁	• 知道将相同形状的纸面粘在对称的位置 • 当遇到没有办法固定时,会寻求孩子的帮助
		5～6岁	• 设计并复制对称形状纸面并使纸面大于竹签面,可以吻合粘贴 • 当出现不能吻合的地方,会主动调整纸张大小
	3. 平衡作品重心	3～4岁	• 知道作品是有重心的 • 会感受作品的重心,当出现重心不稳定时会不平衡
		4～5岁	• 尝试找到物体的重心位置 • 知道用一些简单的方法调整重心
		5～6岁	• 会调节纸扎作品上绳子的长短和位置,调整重心使作品平衡
了解材料的弹性	1. 控制竹篾成弧形	3～4岁	• 尝试将竹篾弯成弧形,感受其弹性 • 知道不同位置的竹篾的弹性会有所不同
		4～5岁	• 通过合作将弧形的竹篾固定在硬的竹条上 • 知道竹篾的弧度会比较大,很难弯成弧度较小的弧形
		5～6岁	• 能根据不同竹条的弹性制作弧度基本对称的图形 • 弧度相对中、小班幼儿做得小一些
	2. 控制竹篾成圆形	3～4岁	• 能用薄的竹片弯成圆形 • 知道首尾要连接在一起,固定好,但经常固定得不太结实

续表

核心经验	行为特征		行为表现
了解材料的弹性	2. 控制竹篾成圆形	4～5岁	• 通过合作能用薄的竹片弯成各种大小圆形并捆绑固定 • 固定的过程中会出现松散的现象,但会很快又固定好
		5～6岁	• 会用竹片制作各种圆形,相对中、小班幼儿做得更圆一些 • 利用做好的圆形组合成球体形状

5. 活动掠影

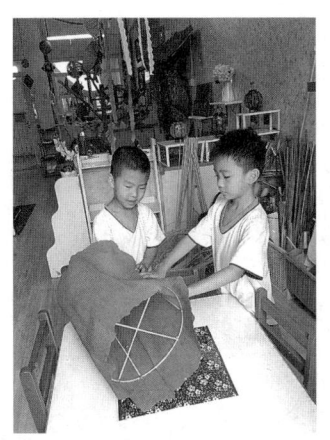

用十字连接的方法将竹篾制作成圆,会用软铁线固定中心点和对称点

寻找并用胶布缠绕固定各个对称点,制作风筝

（五）剪纸区

1. 区域核心经验

（1）欣赏各式剪纸。

（2）学习对折方法。

（3）练习连接与断开的方法。

（4）模仿剪、折图示。

2. 区域布局策略

适合的人数为2～4人。此区域位置设置有如下要求：一是设在进门就能看见的地方，可以利用小朋友剪出的窗花布景，呈现剪纸区的特色；二是接近工具架、材料架，方便取放胶水、白乳胶等工具和材料；三是在老师视线范围内，方便安全管理，因为本区域活动需要用剪刀操作。

3. 区域材料提供

A4彩色纸、彩色铅笔、剪刀、双面胶、透明胶、白乳胶、胶水、订书机、剪纸工艺品、折纸小书、剪纸书籍。

4. 剪纸区行为特征及行为表现

核心经验	行为特征		行为表现
欣赏各式剪纸	1. 欣赏精美窗花	3～4岁	• 感受窗花喜庆的色彩，会说出颜色的名称 • 能从剪纸图案中寻找认识的图案
		4～5岁	• 能从剪纸中找出对称的图案，及其图案的特点 • 观察各种窗花所表现的不同主题或内容
		5～6岁	• 欣赏剪纸作品的透光 • 感受剪纸作品的刀法、剪法等技法特点
	2. 欣赏示范作品	3～4岁	• 了解各种颜色、图案的剪纸作品 • 感受对称和不对称的图案
		4～5岁	• 感受剪纸中的镂空部分的形状 • 了解如何剪出镂空的部分
		5～6岁	• 分析作品镂空图案的多样性变化 • 大块面的镂空和小块面的镂空有机结合，形成不同特色的剪纸艺术
学习对折方法	1. 练习剪纸前的折纸	3～4岁	• 会用方形纸将两边相对折叠成两个方形 • 会用正方形的纸将两对角相对折叠成两个直角三角形 • 会按照画出图形剪出简单的直线实心图案
		4～5岁	• 能将方形的纸进行2～3次连续对边折，直接剪出方形或三角形的图案 • 能将方形的纸进行2～3次连续对角折，直接剪出方形或三角形的图案 • 剪出简单的镂空图案

第四部分 适宜、有效的学习中心环境

续表

核心经验	行为特征		行为表现
学习对折方法	1. 练习剪纸前的折纸	5～6岁	• 能将方形纸进行3～4次连续对边或对角折,剪出弧线的镂空图案 • 剪出各种较复杂的实心或镂空图案
	2. 练习折纸的方法	3～4岁	• 对边或对角折:会将方形纸简单的边角压折 • 集中一边折:在方形纸的中线上将两边相对折叠
		4～5岁	• 集中一角折:在正方形的对角线上,将相邻的两边相对折叠 • 会进行两次集中一角折 • 会进行简单的边角翻折
		5～6岁	• 四角向中心折,将正方形折出两条对角线,找出中心点,四个角向中心折叠 • 会运用折纸的基本方法折出成品
练习连接与断开的方法	1. 连接虚实图案	3～4岁	• 在对折的纸上,准确找出可保留实图的一边,剪出可连接的图案 • 能剪掉少量部分,形成虚少实多的连接图案
		4～5岁	• 在折纸的中线或中心部位,剪掉一小部分,剩下的成为可连接的图案 • 能尽量剪掉一些形状,形成虚实间隔较大的连接图案
		5～6岁	• 随意在对折纸的任何边上剪出一部分,剩下的成为可连接的图案 • 能剪掉较多的细小部分,形成细密均衡的连接图案
	2. 断开线条和形状	3～4岁	• 能画出线条的模型,剪出线条的形状 • 会剪出线条的间隔,在老师的引导下,再将线条中间的某些部分剪掉
		4～5岁	• 在折纸的中线或中心部位,剪出小部分虚的可连接的图案 • 能尽量剪掉一些形状,形成虚实间隔较大的连接图案
		5～6岁	• 随意在对折纸的任何边上剪出虚的部分并可连接的图案 • 能剪掉较多的细小部分,形成细密均衡的连接图案

续表

核心经验	行为特征		行为表现
模仿剪、折图示	1. 看图折纸	3~4岁	• 能根据折纸上的折痕线的指示进行折纸 • 会看老师或同伴的示范模仿折纸
		4~5岁	• 会看书中简单的图示折纸 • 会看实物图解步骤的指示进行折纸
		5~6岁	• 能看较复杂的图示图解的步骤指示进行折纸 • 能独立折出学折过的成品
	2. 制作图示小书	4~5岁	• 能将2~3个步骤的折纸成品,做出连续的实物范例粘贴在小书上 • 画出2~3个步骤的折纸示意图
		5~6岁	• 能将3个以上步骤的折纸成品,做出连续的实物范例粘贴在小书上 • 能将3个以上的折纸步骤分解画成若干图示,制成小书

5. 活动掠影

参照图示学习简单折纸

先对折再画线,然后沿线进行剪纸,发现连接和断开的窗花特点

(六) 拓印区

1. 区域核心经验

(1) 了解凹凸与画面的关系。

(2) 了解正反、深浅关系。

第四部分 适宜、有效的学习中心环境

2. 区域布局策略

适合的人数为1～4人。区域位置尽量选择方便走动的地方,便于幼儿把作品晾晒到室外阳台上,以风干油墨拓印好的作品。

3. 区域材料提供

12色丙烯颜料、12色版画油墨、滚轴、木质刮画棒、KT板、A3纸、儿童毛线手套、防水带袖围裙、不锈钢板报夹、压纸板、旧报纸、成人用手套。

4. 拓印区行为特征及行为表现

核心经验	行为特征		行为表现
了解凹凸与画面的关系	1. 制作模板	3～4岁	• 能用木刻笔将KT板上的自制图案扎成紧密的小孔 • 能用木刻笔的刀面将扎好的小孔连穿,变成凹槽
		4～5岁	• 会用木刻笔扎一些小孔,再用刀面在KT板上刻画出图案的凹槽 • 会根据图案的内容,控制刻画的力度
		5～6岁	• 可以直接用刀面刻画出图案 • 能使用木刻笔或刀面刻画出深浅、宽窄不同的凹槽及凹面
	2. 滚油墨	3～4岁	• 能将滚筒来回、自由地在模板上滚动 • 模板油墨不均匀,深浅不一
		4～5岁	• 会用向下的力量大力地来回滚动 • 能在图案的指定区域滚动滚筒
		5～6岁	• 能均匀、完整地把模板滚满颜色 • 能自如更换不同颜色的滚筒在模板上滚色 • 用滚筒滚压时,能一边观察画面效果,一边调整滚动的地方和力度
	3. 制作拓印	3～4岁	• 将画纸放在模板上,用手轻拍使画纸粘紧 • 选择与模板边框对齐不上的纸张印画 • 印出的图案深浅不均
		4～5岁	• 会将画纸放在模板上粘紧,用干净的滚筒用力滚压 • 能选择与模板相匹配的纸张拓印
		5～6岁	• 能将画纸平整地放在模板上,双手用力抹平使画纸均匀粘紧模板 • 会使用多色搭配或混色的方法拓印

续表

核心经验	行为特征		行为表现
了解正反、深浅关系	1. 对比模板与作品	3～4岁	• 通过对比，发现模板的颜色深，作品的颜色浅 • 通过对比观察，发现画中的物体在不同的位置上
		4～5岁	• 通过对比，发现模板的图案没有作品的图案清晰 • 通过对比观察，发现画面与模板的左右物体是相反的
		5～6岁	• 通过比较分析，发现凹槽的深浅、油墨的均匀、滚筒的力量与画面颜色深浅有关 • 通过对比，发现图案相反能看清而文字相反看不清楚
	2. 拓印彩色画面	3～4岁	• 用一种颜色涂在一个作品上 • 用两种颜色分别涂在作品两个部分
		4～5岁	• 用不同深浅的颜色涂在作品的不同部分 • 用多种颜色搭配涂在作品上
		5～6岁	• 将两种以上颜色混合在一起并涂在作品的不同部分 • 将不同的颜色混合形成渐变与对比的效果

5. 活动掠影

学习拓印步骤，即制版、滚油、拓印

拓印作品《摩天轮》，呈现部分均匀的油墨、清晰的图案轮廓和彩色画面

(七) 刺绣区

1. 区域核心经验

(1) 欣赏四大名绣。
(2) 练习刺绣的针法。
(3) 锻炼手眼协调的能力。
(4) 了解点线面的关系。

2. 区域布局策略

适宜人数为 1~3 人。此区域活动需要用到针,应选择隐蔽角落、较少人行走的位置。

3. 区域材料提供

纯色无纺布、大孔粗针、粗细不同的毛线、可调节绣圈、木质绣花架、剪刀、彩色笔、各色彩带、珠子、亮片、布垫针座、大夹子、玻璃储物罐、相关书籍等。

4. 刺绣区行为特征及行为表现

核心经验	行为特征		行为表现
欣赏四大名绣	1. 欣赏苏绣	3~4 岁	• 感受花鸟虫草栩栩如生的形态
		4~5 岁	• 发现山水图案中能看到远近的趣味
		5~6 岁	• 欣赏苏绣中仿画绣、写真秀的逼真效果
	2. 欣赏粤绣	3~4 岁	• 感受粤绣金碧辉煌的特点
		4~5 岁	• 认识粤绣中凤凰、牡丹、松鹤等有代表性的图案
		5~6 岁	• 欣赏粤绣中繁密的构图及绚丽夺目的色彩
	3. 欣赏湘绣	3~4 岁	• 感受丝绒线的光滑与细腻
		4~5 岁	• 欣赏形态逼真、风格豪放的国画湘绣
		5~6 岁	• 欣赏色彩艳丽、图案装饰性较强的湘绣作品
	4. 欣赏蜀绣	3~4 岁	• 感受蜀绣的喜庆色彩
		4~5 岁	• 欣赏蜀绣日用品中的民间吉语和传统纹饰
		5~6 岁	• 欣赏蜀绣针法工整、光亮,纹路整齐清晰的风格

续表

核心经验	行为特征		行为表现
练习刺绣的针法	1. 练习长短针绣	3~4岁	• 在画布上画出简单图案,用长短针进行刺绣,绣出的线条会出现在图案的外侧 • 用不规则的长短针沿线绣出简单的形状
		4~5岁	• 基本沿线用长短针绣出图案 • 用较有规律的长针、短针绣出图案的形状
		5~6岁	• 交错使用长针和短针,绣出块状图案 • 能根据图案需要灵活运用长短针
	2. 练习十字绣	4~5岁	• 了解和尝试十字绣的针法 • 能在画布上绣出大而简单的十字绣
		5~6岁	• 能用十字绣的针法表现眼睛、嘴巴等细小部位 • 能用十字绣的针法填充图案的色块
	3. 练习锯齿绣	4~5岁	• 能用锯齿形状的针法表现波浪、草地等线条 • 锯齿形不太形象,会出现断开或者不完整的现象
		5~6岁	• 能用锯齿针法表现图案的纹路 • 齿距基本相同,针法相对小、中班时娴熟一些
锻炼手眼协调的能力	1. 练习穿针	3~4岁	• 用较粗硬的线尝试穿最大型号的针 • 手眼不协调,很难穿进去
		4~5岁	• 能用较粗的线穿针眼较大的针 • 能用较细的线穿针眼较大的针
		5~6岁	• 能用较细的线穿较小型号的针 • 能用较粗的线穿较大型号的针
	2. 练习走线	3~4岁	• 用可转动的绣架从上往下穿针 • 能翻转架子的另一面,拔出针线,继续从上往下走线
		4~5岁	• 用圆形的绣盘从上往下穿针 • 能翻过圆盘另一面,拔出针线,继续从上往下走线
		5~6岁	• 能用各种大小的圆形绣盘 • 从上往下穿针,不翻动绣盘,用手能从下面摸到针走线再从下往上穿针走线

续表

核心经验	行为特征		行为表现
了解点线面的关系	1. 绣出点状图案	3～4岁	• 能用1～2针简单表示点状 • 表现出来的基本都是大点
		4～5岁	• 能用多个小的针脚形成点状 • 点状的物体相对较小一些，布局会有一些艺术感
		5～6岁	• 用叠加重复的方式形成不同形状的点 • 点的形态会有一些变化，大小、颜色会丰富一些
	2. 绣出线条	3～4岁	• 能大概预测线条上针眼的位置，与图案、线条不吻合 • 线条会出现长短不均匀的现象
		4～5岁	• 能基本预测线条上针眼的位置，与图案大致吻合 • 线条的节奏感相对强一些，而且会出现不同的线条搭配
		5～6岁	• 能精确找到线条上的针眼位置，与图案完全吻合 • 线条的表现相对丰富，而且布局合理、绣法丰富
	3. 绣出块面图案	4～5岁	• 能用线条填充图案中局部块面，针法疏密不均 • 经常会出现块面不完整的现象
		5～6岁	• 能用线条填充所有形状图案，针法较均匀工整 • 块面较完整，画面布局合理

5. 活动掠影

使用粗针粗线刺绣呈现点线面的关系、部分均匀的针脚和少数锯齿绣

混合使用细线细针和粗针粗线呈现部分均匀的块面图案并学习十字交叉打结

(八) 面泥区

1. 区域核心经验

(1) 欣赏民间面人。

(2) 感受温度与黏性。

(3) 练习搓、捏的动作。

(4) 表现五官及身体特征。

2. 区域布局策略

适合的人数为2～4人。区域位置尽量选择教室的中间位置或比较干燥的地方,这样能很好地保持面泥的软性,也方便作品持久保存。

3. 区域材料提供

各色面泥、胶纸底板、竹签、牙签、木质底座、模具、切刀、面泥工艺品、有关面泥书籍等。

4. 面泥区行为特征及行为表现

核心经验	行为特征		行为表现
欣赏民间面人	1. 欣赏面人图片	3～4岁	• 感受各种有趣的面人造型 • 观察各种面人的表情特点
		4～5岁	• 欣赏各地不同种类的面人 • 了解各种颜色、图案的面人
		5～6岁	• 能在图片中寻找认识的面人造型 • 了解面人、面塑艺术的文化背景
	2. 欣赏面人实物	3～4岁	• 感受面人色彩鲜艳、造型夸张的特点 • 观察面人的立体效果
		4～5岁	• 观赏面人爬、卧、抱、啃等各种姿态 • 观察面人的色彩搭配及泥块的连接
		5～6岁	• 欣赏面塑艺术的捏、搓、揉、刻、画等技法 • 分析作品的凹凸纹理及图案的变化
	1. 准备面泥材料	3～4岁	• 用比较长的时间搓面泥 • 能感受到面泥搓热变软

续表

核心经验	行为特征		行为表现
感受温度与黏性	1. 准备面泥材料	4～5岁	• 能灵活、协调地揉搓面泥 • 通过揉搓感受面泥越热越柔软,越有黏性
		5～6岁	• 能快速将面泥搓软、搓热,达到作品想要的效果 • 能使用多种方法搓面泥
	2. 使用面泥	3～4岁	• 使用较多或较大的面泥 • 在老师的帮助下挑出大小合适的泥块
		4～5岁	• 能选择自己需要的颜色和大小的泥块 • 两种颜色泥块连接时能控制力度
		5～6岁	• 能根据塑性的需要判断合适的泥块并进行搭配 • 挑选两种或两种以上颜色进行混色造型
练习搓、捏的动作	1. 制作实物	3～4岁	• 用搓的方式制作面条、棍子等单一的实物 • 用搓、团、印的方式制作汤圆、水果、球简单的实物
		4～5岁	• 用揉、捏等方式制作房子、汽车等形状的实物 • 用捏的方式捏出实物的纹理
		5～6岁	• 用刻和捏的方式制作带有凹凸纹理的实物 • 用刻、嵌、切等方式制作有门窗、花纹等细节特征的实物形象
	2. 制作景观	3～4岁	• 能在纸板上制作平面简单的图景 • 能在纸板上制作大小、高低不一的图景
		4～5岁	• 能在纸板上制作简单的立体图景 • 能在纸板上合理分布立体图景的位置
		5～6岁	• 能制作情节或情景较复杂的场景或景观 • 能制作出色彩丰富的场景或景观
表现五官及身体特征	1. 制作动物	3～4岁	• 能做鱼、毛毛虫、蚕、蛇等造型简单的动物形状 • 能用泥块分出动物的头和身体等部位
		4～5岁	• 能做小兔、小熊、狗、猪等有四肢特点的动物形状 • 能在动物的脸上粘上眼睛和嘴巴
		5～6岁	• 能做各种动物的身体形态,并呈现耳朵、眼睛的不同特点 • 能做出蚂蚁、蜘蛛、螃蟹等细小、多脚的小动物

续表

核心经验	行为特征		行为表现
表现五官及身体特征	2. 制作人物	3~4 岁	• 能做有头、身体、四肢等部位的简单小人 • 能在人物的脸上粘眼睛、鼻子、嘴巴
		4~5 岁	• 能做有性别、有五官、有简单动作的人物 • 能区分头、上半身、下半身的比例
		5~6 岁	• 能做有年龄、服饰、表情特点的动态的人物形象 • 能做出不同动作和表情的人物 • 会用切、刻、画的方式表现人物的细节特征

5. 活动掠影

用工具切面泥块,用手掌搓、用手指按压小泥团制作立体人物

用两指捏泥制作立体动物的组成部分

典型案例

美丽的小花

活动对象:静姝(5 岁半)
记　录　者:葛清老师

2014 年 12 月 12 日,小米班的孩子们正在进行"花"的主题谈话。他们七嘴八舌地说:"我奶奶在我家楼顶上种了很多花,红色的,可漂亮了!这种花

很坚强,不用浇太多水,自己可以长大。""我奶奶也会种花,她种的是红花,颜色像口红一样。""我妈妈在阳台上帮我种了一种花,但是我还不知道它叫什么花呢。"静姝说:"我也看过好多美丽的花,我好喜欢花呀,我一会儿去刺绣区,我要绣一个花的作品给爸爸妈妈看。"静姝确定了今天的工作计划,来到刺绣区准备完成她的工作。

> 幼儿能自主灵活地计划活动任务,主动发起活动。
> 幼儿能独立选择所需要完成作品的区域。

静姝来到了刺绣区,很快就在柜子里找到了她所需要的材料——刺绣框。她看着各种各样的刺绣框,比对框的大小和边框颜色后,选了一个粉红色的中等大小的刺绣框。然后到放着布的筐子里找寻绣布,在比对了各种不同质地的布之后,选了一块密度较密的蓝色绸布作为绣布。她把绣布夹在刺绣框里,又去找画底稿的笔。然后在刺绣框上进行小花绘图。

静姝在绘制小花时,将花瓣尽量放大,说是这样方便刺绣。花很完整,有两片叶子。她在花茎上来回画了好几次,她说花茎是比较粗的,这样花就没那么容易被风雨折断。接着精细地装饰底图。

> 幼儿能独立选择所需材料(工具)并进行自主学习。

初步勾勒成形的图案

静姝在每一片花瓣上都画了心形线条,在花蕊中间加了小蜜蜂,并说蜜蜂最喜欢采蜜,它最好的朋友蝴蝶站在花瓣上看它采蜜,大花妈妈旁边是它的小花宝宝。终于底稿画好了。

> 幼儿能根据需要,用线条表现绘画内容的特点,在画好大致轮廓后进行细节勾勒,丰富画面效果。
> 幼儿能用线条的粗细表现整体与局部,有规律地呈现点线面复杂的层次。

将图案进行细致补充

静姝在针包里发现有大中小三个型号的针,她说:"每一种针我都需要,因为我要用到粗细不一样的线。"于是她把整个针包都拿到了桌子上。她选择了黄色(用做花蕊的颜色)的毛线,拿起粗针把黄色线穿了进去。

老师根据静姝的刺绣经验,给她提出了建议。老师说:"你之前能够均匀地绣出线条,今天你的花很适合绣出块状图案,要不要试试?"静姝说:"可以呀,怎么绣?"于是老师给她示范了绣出块状图案的方法,静姝对照老师的示范,开始了刺绣。在刺绣过程中,静姝能够很好地掌握针头的方向,一上一下,而且特别注意沿着黑色水彩笔勾勒图案边沿,压住黑线。

> 幼儿根据作品需要,能用较粗的线穿针。
> 幼儿能够从上往下穿针,不翻动绣盘,用手能从下面摸到针走线再从下往上穿针走线。

在走针时,静姝将针垂直立着,精确找到合适地方。在图案的直线地方,针脚扎得比较疏;到圆形、弧形地方,针脚就比较密集。这样就可以避免多余的毛线突出来。但是,静姝在走线的时候偶尔会把线缠绕在一起,经过老师的两次提醒和帮助后,她终于学会了如何走线。

> 幼儿能精确找到线条上针眼位置,与图案完全吻合。
> 幼儿能用线条填充所有形状图案,针法较均匀工整。

压黑线走针

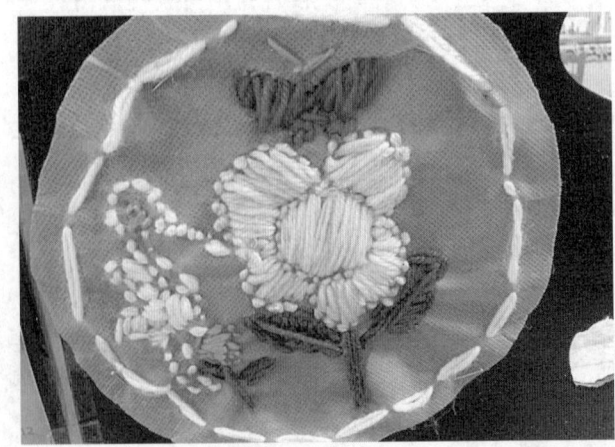

完成后的作品

静妹在底稿上又丰富了作品的内容，在小花旁边增加了米黄色的像麦粒一样的东西，她说："这些像麦粒一样的东西其实是大花妈妈对小花宝宝说的话。"

一幅有各种针法的作品完成了：黄色的花蕊，粉色的花瓣，绿色的叶子，紫色的蝴蝶，西瓜红颜色的小花宝宝，还有米黄色的麦粒装饰。静妹对自己能完成这样的作品感到很高兴！

> 幼儿经过反复尝试，学会了一上一下地走线。
> 幼儿的作品呈现颜色、层次的不同，饱满美观。

教师指导策略：

1. 教师在谈话中为幼儿铺垫，让幼儿思考今天的工作目标，即"今天我想去做什么，怎么做"。

2. 教师在区域中为幼儿提供足够丰富的不同质地、不同大小的材料，引导幼儿学会挑选适合的材料。

3. 当幼儿遇到毛线缠绕，没有办法解决时，教师及时地支架幼儿的学习，让幼儿的学习能够顺利进行。

第七节　科学探索中心

科学探索中心是幼儿进行科学活动较为集中的场所，它为幼儿提供适合其发展水平的各种各样的工具和物质材料，以及充足的操作空间、想象空间和创造空间，可以说科学探索中心是科学区角活动的一种扩展，能够不断地生成科学课程资源。科学发现活动就是要源于幼儿的兴趣，充分尊重幼儿的天性，让幼儿自主发现、探索和操作，在真实情景中亲身体验、感知和解决问题，逐渐发展抽象的科学概念，理解和运用科学现象，在此基础上促进幼儿思维发展。

一、科学探索中心核心经验与区域之间的关系

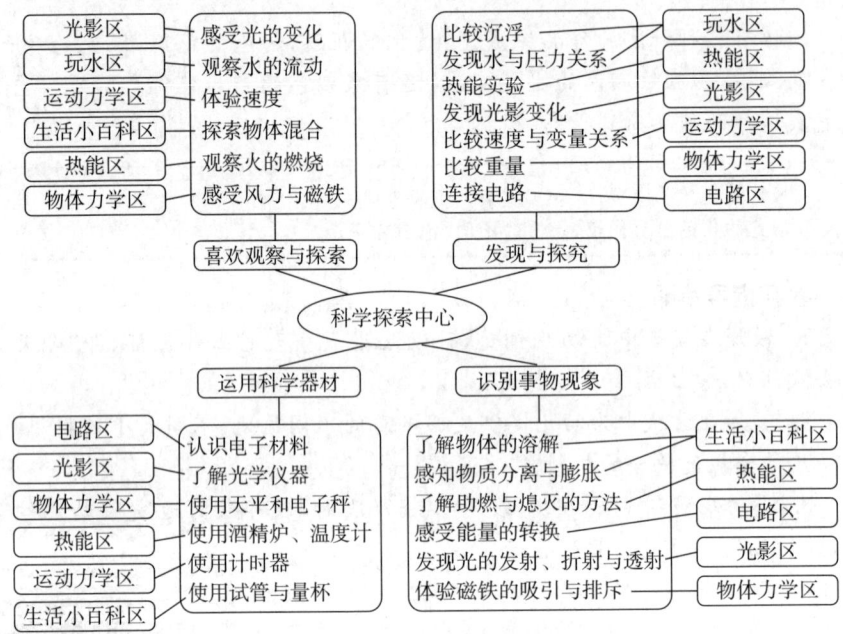

二、创设有效的活动区

为了满足不同阶段幼儿的探索需要,我园合理划分了不同功能科学发现活动操作实验区,构建每个区域重点核心经验,并把不同功能区域空间合理散开,分类并整齐摆放材料及工具,便于幼儿自主开展探究活动。科学探索中心主要分为以下几个活动区。

(一) 电路区

1. 区域核心经验

(1) 连接电路。

(2) 认识电子材料。

(3) 感知能量转换。

2. 区域布局策略

适合的人数为 2~3 人。幼儿能合作组装大型的电子积木线路和拼装一些简单的科学制作电子模型。

3. 区域材料提供

电子积木套装,多色的二极管、小灯泡、按钮开关、拉闸开关、U 形和 Y 形两头导电线、粗细不同的普通电线、马达、电池座、电池、电池探测器、小排扇、LED 测试盒、电胶布、电测笔。

4. 电路区行为特征及行为表现

核心经验	行为特征		行为表现
连接电路	1. 能安装电池盒	3~4 岁	• 能将电池装在电池盒里,触碰小灯泡,尝试使灯泡发亮 • 能在一节或两节电池盒内装上对应的电池,触碰小灯泡,灯泡发亮
		4~5 岁	• 能使用两节电池盒装上电池,连接灯座或者二极管使其发亮 • 能使用开关电池盒,连接到灯座,能控制灯的运作
		5~6 岁	• 会使用三节或四节电池盒,连接 2~3 个以上的二极管或者开关、马达、灯座等,使其通电 • 能使用简单的电线、灯座、电池盒、开关、马达等进行组装,连接通电
	2. 能拼接电子积木	3~4 岁	• 随意拼接电子积木块,尝试电子线路运作 • 能在底板上插上电池、导管,尝试连接一个二极管、小风扇或者喇叭,使其通电运行
		4~5 岁	• 能对照简单的电路图,模仿拼接电路,使电路成功运作 • 能对照简单的电路图,在拼装中增加电子导管,使电路成功运作
		5~6 岁	• 能看懂复杂电路图,掌握电路连接的方法,制作各种声控、磁控、光控等电路游戏 • 掌握复杂的电路图和电路连接方法,制作各种声控、磁控、光控等电路游戏,会参考电路图进行调整
认识电子材料	1. 能制作风扇	3~4 岁	• 在老师指导下能使用电池、连接线、马达、风扇等电子材料制作简易的转动风扇 • 能使用电池、连接线、马达、风扇等电子材料制作简易的转动风扇

续表

核心经验	行为特征		行为表现
认识电子材料	1. 能制作风扇	4~5岁	• 能参照吊扇制作图示,使用电池、连接线、马达和塑料扇叶制作可悬挂的吊扇 • 能使用电池、连接线、马达和自制风扇制作可悬挂的吊扇
		5~6岁	• 能使用多个电池盒和马达等电子材料,制作可以摇头的风扇 • 能使用多个电池盒和马达等电子材料,添加喷雾瓶制作可摇头的喷雾制冷小风扇
	2. 会制作电动汽车	3~4岁	• 直接在电动汽车的电池盒内安装电池,使其运作 • 学习安装电动汽车的轮子和电池盒,使其运作
		4~5岁	• 能使用马达驱动器连接车轮、电池,做成简易的电动汽车 • 能使用马达齿轮驱动器,连接车轮、车身、电池,做成简易的电动汽车
		5~6岁	• 会使用多个驱动器和各种电子材料,做成较复杂的各类汽车
感知能量转换	1. 会使用手摇发电器	3~4岁	• 会随意安装手摇发电器,用手转动 • 会用手摇发电器连接,用手转动使灯发亮
		4~5岁	• 会使用手摇发电器,用串联方式连接两个以上风扇灯,快速旋转使其发亮
		5~6岁	• 会用手摇发电器,连接多个电子材料,快速转动使其发电
	2. 会使用太阳能发电	3~4岁	• 能将太阳能汽车放置在太阳光下,观察汽车在阳光下走动、阴暗处停止运行的现象
		4~5岁	• 能组装太阳能汽车并尝试使其运作,知道太阳能能转换成电能
		5~6岁	• 能用太阳能板连接各种材料,制作各种太阳能发电产品

5. 活动掠影

在成人指导下使用电池盒、电池以及二极管连接电路并使二极管发亮

使用两节电池盒、电池和马达连接电路并发现马达的特点,即转动的速度很快而且会有声音

(二) 热能区

1. 区域核心经验

(1) 观察火的燃烧。
(2) 热能实验。
(3) 了解助燃与熄灭的方法。

2. 区域布局策略

适合的人数为 2～3 人。为安全起见,区域尽量选择靠窗户和边角位置,一方面通风,适合开

展一些温度较高的科学小实验;另一方面人数可以受限。区域内不放置椅子。

3. 区域材料提供

电磁炉、平底锅、不锈钢煮锅、小铁锅、勺子、蒸汽机、打火机、镊子、酒精灯、温度计、不同刻度的量杯、手套、护眼罩、不同形状的蜡烛、铁质烛托、花瓣、石头、大小不同的玻璃杯及玻璃碗、不锈钢托盘、各种易燃物品、钻木取火模具。

4. 热能区行为特征及行为表现

核心经验	行为特征		行为表现
观察火的燃烧	1. 会寻找易燃物	3～4岁	• 在老师指导下会使用夹子夹住火柴、点燃纸片 • 在老师指导下会尝试比较哪些材料易燃
		4～5岁	• 在老师指导下会比较哪些材料易燃 • 选择不同材料并分出易燃和非易燃类别
		5～6岁	• 能寻找和预测不易燃材料并进行实验 • 能够混合多种材料并辨识哪种材质易燃
	2. 能使用酒精炉	3～4岁	• 在教师指导下能观察火焰的特点 • 在教师指导下观察火焰的特点并说出其现象
		4～5岁	• 在教师指导下能用酒精炉烧水并观察其变化 • 能用酒精炉烧水,观察并说出其变化的现象
		5～6岁	• 能使用酒精炉烧水并用手在器皿的上端感受其热度 • 能使用酒精炉烧水并测量记录温度变化
热能实验	1. 操作蜡的实验	3～4岁	• 在教师引导下能将固体蜡块放入酒精炉加热并进行观察 • 会把大小蜡块放入锅里用酒精炉加热并观察,发现大蜡块熔化的蜡水多,反之则少
		4～5岁	• 会把蜡块加热熔化成的蜡水倒入模具,冷却成型 • 会把蜡块加热熔化成的蜡水倒入模具,并把模具放入水中冷却成型
		5～6岁	• 能把塑料袋四角撑开,蜡烛置于底座中间,使整个塑料袋充气做成孔明灯
	2. 水蒸气实验	3～4岁	• 在教师指导下能加热水并观察水泡和烟雾现象 • 能加热水并观察锅盖上的水珠
		4～5岁	• 能把锅盖置于锅口,观察水雾形成水蒸气的过程 • 能在隔网放棉花并盖盖子,棉花经变湿滴水,知道雨水如何形成
		5～6岁	• 会用空杯收集水蒸气并倒入量杯中,感受水的三态循环变化 • 会用空杯收集水蒸气并倒入量杯中,根据时间长短观察三态的循环变化

续表

核心经验	行为特征		行为表现
了解助燃与熄灭的方法	1. 学习摩擦起火	3～4岁	• 在教师指导下学习火柴的使用方法,感受摩擦生火现象 • 会用两个鹅卵石相互敲打,感受摩擦生热,以及产生的火星及味道
		4～5岁	• 会戴上手套、眼罩,将两块石头摩擦,感受其产生的热度 • 会戴上手套、眼罩,将两块打火石摩擦产生火星,并点燃纸片
		5～6岁	• 能选一个好的棍子,在干燥的木棍上凿一个小槽,然后在槽中不停地转动摩擦,直至冒烟并放入稻草
	2. 感知风力与油的助燃	3～4岁	• 用嘴巴吹火苗,观察火苗摆动现象 • 观察火苗方向,当一个方向有风时,火苗会往另一个方向飘,增加风力使火燃烧得更旺
		4～5岁	• 会往小火炉里不断添加纸片,发现火势加大现象 • 会往小火炉里添加少量无烟竹炭,用扇子扇火
		5～6岁	• 在教师指导下添加数滴食用油,发现火势增大的现象 • 会分别用橘子皮、洋葱、柠檬挤出汁喷于蜡烛上产生火花
	3. 灭火实验	3～4岁	• 会直接用嘴巴吹或将水倒入火苗中,发现火焰熄灭 • 能将玻璃杯倒扣在燃烧的蜡烛上,观察火逐渐熄灭
		4～5岁	• 会用铁罐倒盖在火苗上并不停地用喷壶喷水,发现火苗迅速熄灭 • 会用铁盘将里面的易燃物点燃并用沙土撒向火,将火熄灭
		5～6岁	• 能在烧杯里放入苏打粉和醋产生泡泡和气体,然后将点燃的火柴置于杯口,火立即熄灭

5. 活动掠影

尝试用不同的材料生火,探索助燃材料

观察水沸腾现象和水温与燃烧的变化关系,并使用温度计测量温度

(三) 物体力学区

1. 区域核心经验

(1) 感受风力与磁力。

(2) 体验磁铁的吸引与排斥。

(3) 比较重量。

2. 区域布局策略

适合的人数为2~4人。区域位置尽量靠近面积比较大的活动空间,因为幼儿有时会根据活动特点开展相关力的运动,需要较大的活动场地。

3. 区域材料提供

圆形磁铁、条形磁铁、U形磁铁、超强力磁铁、黑白磁悬浮模型、铁质小珠子、磁铁粉、磁悬浮飞碟、菱形小磁针、离心轨道、能量守恒摆珠、天平、砝码、电子秤、弹簧秤、迷你秤、较大功率吹风机、风扇、吹风筒、羽毛、乒乓球。

4. 物体力学区行为特征及行为表现

核心经验	行为特征		行为表现
	1. 风的实验	3~4岁	• 能打开吹风筒体验风力的大小 • 能在吹风筒上放一个乒乓球,体验乒乓球的滚动

第四部分 适宜、有效的学习中心环境

续表

核心经验	行为特征		行为表现
感受风力与磁力	1. 风的实验	4~5岁	• 会打开小风扇,将小纸条放在风扇前面,观察风力大小 • 会打开小风扇,将纸放在风扇前后,观察风的吹力和吸力
		5~6岁	• 会用鼓风机对准塑料袋口吹,使塑料袋膨胀形成气囊 • 会用鼓风机对准不同质地的气球口吹,使气球膨胀成气囊并能掌握充气量
	2. 磁力的实验	3~4岁	• 会用一块磁铁尝试与各种物体接触,观察哪些东西可以被吸住 • 会用不同的磁铁吸住各种物体,体验磁力的大小
		4~5岁	• 在塑料盒中装入磁粉,将磁铁放在盒子的底部或顶部形成磁粉变化 • 会用大小不同的磁铁吸住磁粉,观察磁力与磁粉变化的关系
		5~6岁	• 会使用磁铁隔着距离或纸张吸引各种铁制物品移动 • 会使用磁铁隔着距离吸引铁质小车,使小车移动,观察磁性的强弱
体验磁铁的吸引与排斥	1. 探索长形磁铁的玩法	3~4岁	• 认识长形磁铁的两种颜色,知道两头分别有磁性 • 会使用长形磁铁尝试吸引不同物体,发现具有磁性的物体
		4~5岁	• 能将两条长形磁铁连接,发现不同颜色的相吸、相同颜色的相斥 • 会使用长形磁铁吸引少数几辆铁质小车,发现离磁铁距离越远的磁性就越弱
		5~6岁	• 能分别用一条磁铁与两条相连的磁铁悬挂铁钉,比较磁铁的吸力 • 能将多种长形磁铁组合在一起吸引铁钉,比较磁性的强弱与磁力大小的关系

续表

核心经验	行为特征		行为表现
体验磁铁的吸引与排斥	2. 探索U形磁铁的玩法	3~4岁	• 会用一个U形磁铁分别在两端悬挂小磁力棒,比较吸引力 • 会用一个U形磁铁分别在两端悬挂钢珠,比较吸引力
		4~5岁	• 会用一个U形磁铁吸引物体,观察磁铁两端的磁性 • 会将多个U形磁铁连接,知道颜色相反的一端对接
		5~6岁	• 会将多个U形和长形磁铁连接形成磁场 • 会将多个U形磁块连接形成磁场,并利用铁片发现磁场的强弱现象
	3. 探索圆形磁铁的玩法	3~4岁	• 在教师指导下滚动圆形磁铁吸引周围物体 • 会用多个圆形磁铁套入中心轴,观察不同磁力现象
		4~5岁	• 能将不同大小的圆形磁铁重叠在一起,发现磁性聚集在一起难以分开 • 能将每个圆形磁铁连成一串吊环,并发现相吸的现象
		5~6岁	• 会用纸盒和塑料棍分别将圆形磁铁插在纸盒上,另一部分挂在棍子上制作简单的磁浮模型
比较重量	1. 会使用弹簧秤	3~4岁	• 会用弹簧秤钩住不同物体,比较轻重 • 会用弹簧秤钩住砝码,感受重量
		4~5岁	• 会用弹簧秤钩住物体,调整弹簧秤的平衡 • 会用弹簧秤钩住砝码,知道重量的读数
		5~6岁	• 会用弹簧秤称各种物品,并能读出秤上的重量刻度 • 会在弹簧秤上放上物体,并找出相同重量的砝码
	2. 会使用天平	3~4岁	• 会在天平上不断取放东西,感受重量 • 会在天平上放各种砝码并感受重量
		4~5岁	• 会在天平两边各放少量物体,比较物体轻重 • 会在天平上放各种砝码,会看砝码重量并能通过增减砝码使两边保持平衡

续表

核心经验	行为特征		行为表现
比较重量	2. 会使用天平	5～6岁	• 会在天平的一边放物体，另一边放砝码，使其重量平衡 • 会在天平的一边放物体，另一边放砝码，称出物体的重量并计算出物体的重量
	3. 会使用电子秤	3～4岁	• 会直接站在体重秤上并观察其显示的数字 • 会在体重秤上称自己的体重并记录下来
		4～5岁	• 会轮流站在体重秤上并观察其显示的数字，比较轻重 • 会在体重秤上称自己和同伴的体重，记录下来并比较重量
		5～6岁	• 会用便携式电子秤称各种物品的重量并记录读数 • 根据重量使用便携式电子秤，称出相应重量的物体并统计所称的重量

5. 活动掠影

感知磁性，体验磁力的相吸和相斥

探索风力的强弱与球飘浮的高低关系

（四）生活小百科区

1. 区域核心经验

（1）探索物体混合。

（2）了解物体的溶解。

（3）感知物质分离与膨胀。

2. 区域布局策略

适合的人数为2~4人。这一区域主要进行一些科学小实验,实验时,取放材料、工具、器皿的次数较为频繁。区域宜选择空间较大而且便于幼儿来回走动的场地,区域内不放置椅子,幼儿站在操作台旁进行操作。

3. 区域材料提供

常用调料、清洁用品、食品(包括白糖、冰糖、黑芝麻、咖啡粉、蜂蜜、果汁、面粉等)、不同品种的干花、各色颜料及色素、碘酒、酒精、苏打粉、发酵粉、试纸、过滤纸、棉花、吸管、搅拌棒、量勺、镊子、大小不同的捣盅、各种花瓶、操作台、有关科学小实验的书籍。

4. 生活小百科区行为特征及行为表现

核心经验	行为特征		行为表现
探索物体混合	1. 能观察颜色混合	3~4岁	• 能将喜欢的颜色混合在一起,观察颜色变化 • 能将多种颜色混合在一起,搅拌并观察颜色变化
		4~5岁	• 能将两种颜色进行混合,发现变成另外的一种颜色 • 能将简单的几种颜色进行两两混合,发现变成另外一种颜色,并记录下来
		5~6岁	• 会有目的地选择颜色并进行混合,产生想要的颜色,并能配制和记录颜色的变化 • 会有目的地选择颜色进行单层注入,使颜色水分层并产生渐变的现象
	2. 能观察物质混合反应	3~4岁	• 会把硅胶粒放入清水中,发现硅胶粒分裂并发出声音 • 会把不同量的硅胶粒放入不同量的清水中,发现硅胶粒分裂速度的快慢和声音的变化现象
		4~5岁	• 能将可乐倒在方糖上,发现可乐发出"嘶"的声音和方糖染色现象 • 能将鸡蛋壳放入透明的玻璃杯中,再将可乐倒入杯中,漫过鸡蛋壳,待可乐气泡消失,发现蛋壳周边产生了气泡

续表

核心经验	行为特征		行为表现
探索物体混合	2. 能观察物质混合反应	5～6岁	• 能将苏打粉放入沙洞并倒入白醋,发现白醋瞬间喷发的现象 • 能将苏打粉放入瓶中再放入白醋,产生气体,在瓶口系上气球,气球就会膨胀
了解物体的溶解	1. 会观察饱和与溶解	3～4岁	• 能将各种材料放入清水中,搅拌并观察是否溶解 • 能将不同种类的物体倒入水中,观察物体是否变化
		4～5岁	• 会把糖或粉状物放入清水中,发现糖或粉状物会消失 • 会选择能溶解的材料并放进清水中,观察溶解速度
		5～6岁	• 能控制水量与溶解物的量,形成完全溶解和不溶解
	2. 会观察温度与溶解	3～4岁	• 能将物体放入冷水中,观察其是否溶解 • 会用温水溶解物体,感受溶解的速度
		4～5岁	• 能比较同一个材料在温水与冷水中溶解的速度 • 能根据材料溶解速度的快慢,添加热水使其加速溶解
		5～6岁	• 能将冰糖或冰块放入加热的水中,发现温度的变化与溶解现象 • 能使用计时器计算冰糖或冰块在热水或冷水中溶解的时间,发现温度的变化与溶解时间长短的关系
感知物质分离与膨胀	1. 能分离液体与液体	3～4岁	• 能直接将油倒入水中并搅拌,观察其现象 • 能将油滴入装水的瓶中,搅动后静置,发现油与水逐渐分离
		4～5岁	• 能将油倒入水中,用纸巾置于水面吸走油 • 能先将油倒入水中,待水油分离后,将酱油滴到油上,观察酱油慢慢穿过油层溶入水中
		5～6岁	• 能直接沿着瓶壁倒入颜色水和油,发现颜色水和油分层 • 能逐层倒入水、蜂蜜、油,用蜂蜜和油沿着瓶壁慢慢倒入的方法,将不同颜色的水分若干层
	2. 能分离液体与固体	3～4岁	• 能在装有水的碗中倒入芝麻搅拌,观察芝麻慢慢沉淀 • 能将果汁搅拌均匀,待静止后观察果汁沉淀

核心经验	行为特征		行为表现
感知物质分离与膨胀	2. 能分离液体与固体	4～5岁	• 能将沙土倒入水中并搅拌,使水变混浊,然后静置,观察沙土慢慢沉淀,水变清
		5～6岁	• 能将污水重复倒入过滤纸,发现污水颜色逐渐变浅但过滤纸变黑的现象 • 能将污水过滤沉淀,再循环利用
	3. 会用液体使固体膨胀	3～4岁	• 观察泡过水的豆子与未泡过水的豆子的变化 • 观察豆子泡于水中,豆子变软、变大而水变少的现象
		4～5岁	• 能将兰香子放入温水中,观察其迅速膨胀变大 • 能将兰香子放入冷水中,观察其变化,并根据变化的速度调整水温使其加快膨胀
		5～6岁	• 会寻找各种能膨胀的物体,进行膨胀实验

5. 活动掠影

混合颜色深浅与水的比例之间的关系

混合液体与固体,探索气味变化现象以及物质溶解

(五)玩水区

1. 区域核心经验

(1)观察水的流动。

(2)比较沉浮。

(3)发现水与压力的关系。

2. 区域布局策略

适合的人数为 2~4 人。区域位置选择靠近水源的地方,方便幼儿打水和清理地上水渍等。在这个区域,幼儿可以在水上建房子;可以探究哪些物体是沉下去,哪些物体是浮起来的;也可以制作喷泉。

3. 玩水区行为特征及行为表现

核心经验	行为特征		行为表现
观察水的流动	1. 会在水盆中自由玩水	3~4 岁	• 会用勺子、器皿等容器反复倒水舀水,感受水的流动性 • 会将水从管子上端倒入,观察水的流动性
		4~5 岁	• 会用漏斗、水车、塑料管等物品做成不同水量的水流 • 会将水倒入另一个打孔的塑料瓶,发现水会从洞口流出
		5~6 岁	• 会用手或者物品搅动水,产生水流 • 会用棍子在水箱里不停搅拌,观察水的流动方向
	2. 会搭建水管	3~4 岁	• 会用勺子、烧杯往水管里注水,观察水从上往下流出 • 会连接具有一个弯头的水管并注水,观察弯口改变水的方向
		4~5 岁	• 会用透明软管搭出弯曲的水路,并注水观察水流 • 会用小软管连接输液管,并注水观察水流的速度
		5~6 岁	• 会用硬塑料管及弯头形成方向管道,并形成从上往下的不同管道线路,能预见水从哪里流出 • 会连接各种弯头方向的管道,从最高处注水,发现上端水流较急,下端水流逐渐缓慢和流失的现象
	3. 能做沙水工程	3~4 岁	• 能垒出沙堆,向其倒水,发现水被沙吸掉,沙子变湿的现象 • 能挖出沙坑,向沙坑内倒水,体验灌满和流走
		4~5 岁	• 能挖水槽并连接水源和水槽,体验水从高向低流动 • 能挖水槽并连接水源和水槽,发现水不停地流动和水坑积水

续表

核心经验	行为特征		行为表现
观察水的流动	3. 能做沙水工程	5~6岁	• 能从水源处搭建并连接水路,改变方向,把水流引入到需要的地方形成水利工程 • 能从水源处搭建并连接水路,改变方向和调整水管的高低,把水流引入到需要的地方形成水利工程
比较沉浮	1. 比较不同物体的沉浮	3~4岁	• 能将各种感兴趣的物体丢入水中,观察哪些物体能沉/浮起来 • 能根据轻重将物体放入水中,观察物体的沉浮
		4~5岁	• 将干海绵放入水中,发现海绵吸水加重并逐渐沉入水底 • 会比较物体的重量,然后观察它们的沉浮
		5~6岁	• 能预测物体的沉浮,并通过调节水的容量,改变沉浮现象 • 能根据物体的沉浮现象调整物体本身的重量,改变沉浮现象
	2. 空气体积与沉浮	3~4岁	• 能将气球、乒乓球放入水中,感受球体浮力 • 能将注满水的气球放入水中,观察球体的沉浮现象
		4~5岁	• 会将空瓶和装入水的瓶子放入水中,观察和比较沉浮现象 • 会将分别装满热水和冷水的塑料瓶放入水中,观察和比较沉浮现象
		5~6岁	• 会将相同大小的透明塑料瓶注入不同体积的水,观察沉浮现象
	3. 各种船与沉浮	3~4岁	• 能将木板放入水中,发现木板漂在上面 • 尝试将各种船模放入水中,感受浮力
		4~5岁	• 会比较不同材质的船在水中的沉浮现象 • 会比较不同材质的船在水中的沉浮现象,并通过增加或减少不同材质的物体数量改变其沉浮现象
		5~6岁	• 能通过增加或者减少船的重量,体验船的承载力 • 能够增加或减少船的承载力,改变其沉浮现象

续表

核心经验	行为特征		行为表现
发现水与压力的关系	1. 会玩吹泡泡游戏	3~4 岁	• 会用小杯子装水,用吸管吹泡泡 • 会用小杯子装水和数滴洗洁精,用吸管吹泡泡,发现泡泡逐渐变多
		4~5 岁	• 会使用粗的水管,观察用不同力气吹出的水泡 • 会使用粗细不同的水管,用不同的力气吹,发现水泡大小的变化
		5~6 岁	• 会用水管分别在水上方、水中、水底等不同位置吹出效果 • 会用水管在水泡里吹出第二个泡泡,发现泡泡不断重叠的现象
	2. 会制作喷泉	3~4 岁	• 会用水枪挤压水产生水柱 • 会在塑料瓶瓶盖上的水孔插入吸管,双手用力挤压瓶身,产生间断的水柱
		4~5 岁	• 会用打气筒在水里挤压使水喷出,产生喷泉现象 • 会用两根吸管分别插到塑料瓶下方和稍上方,然后用嘴吹一根吸管,另一根吸管就喷出来水柱
		5~6 岁	• 会将各种有重量的物体投掷于水盆中,观察水被溅起的现象 • 会用水盆及若干塑料瓶制作喷泉造型,四周安装插孔管,利用打气泵打气产生喷泉的效果

5. 活动掠影

观察水的流动,发现水流的方向和速度变化的关系

感知水压,并发现水压能推动物体的现象

(六) 运动力学区

1. 区域核心经验

(1) 体验速度。

(2) 比较速度与变量的关系。

2. 区域布局策略

适合的人数为 2~3 人。为安全起见,区域位置选择在教师的视线内并靠近电源角落,方便开展高温科学实验活动。

3. 区域材料提供

斜坡(100 cm×20 cm×30 cm、100 cm×20 cm×50 cm)、计时器、木块、不同种类的玩具车、铁弹簧、橡胶弹簧、橡胶皮筋、不同材质的布(荧光布、针织布、羊毛布、羽绒布)、棒球、乒乓球、按摩球、羽毛球、木质转弯轨道。

4. 运动力学区行为特征与行为表现

核心经验	行为特征		行为表现
体验速度	1. 尝试用物体在平面滚动	3~4 岁	• 能用各种能滚动的物体在平面上尝试滚动 • 能用不同大小的圆形物体在平面上尝试滚动
		4~5 岁	• 能与同伴选择各种物体在平面上滚动,两两比较速度的快慢 • 能用圆球和车在平面上滚动,两两比较速度的快慢
		5~6 岁	• 能目测和比较相同或不相同的小圆球在垂直平面上滚动的速度 • 能用计时器比较相同和不同的小圆球在垂直平面上滚动的速度
	2. 尝试用物体在坡面滚动	3~4 岁	• 会用汽车玩具在坡面上反复滚动,体验滚动速度 • 会用汽车玩具在坡面上、下反复滚动,体验滚动速度
		4~5 岁	• 会在相同的坡面上比较大、小汽车滚动的速度快慢 • 会在高低坡度上比较大、小汽车滚动的速度快慢
		5~6 岁	• 能在不同坡度的坡面上用秒表记录车的到达时间

续表

核心经验	行为特征		行为表现
比较速度与变量的关系	1. 与推动力的关系	3～4岁	• 能分别用大力、小力在平面上推动汽车,比较它们的行驶距离,探究速度 • 能分别用大力、小力在坡面上推动汽车,比较它们的行驶距离,探究速度
		4～5岁	• 能大力推动汽车,使它跑得又远又快 • 能大力推动汽车,使它跑到指定的终点
		5～6岁	• 能与同伴比赛,通过测量,看谁的汽车跑得快 • 能增加跑道的不同坡度,通过测量看谁的汽车跑得快
	2. 与摩擦力的关系	3～4岁	• 会在粗糙的布面上推动小车,感受摩擦力 • 会在坡面上铺上纸布,感受车的不同速度
		4～5岁	• 会在光滑与纸布坡面上同时推动小车,比较车的速度 • 会选择纹理不同的轮胎在光滑与粗糙的坡面上行进,进行速度的比较
		5～6岁	• 知道各种车轮的摩擦力不同,并在凹凸不平的坡面上做速度实验 • 知道各种车轮的摩擦力不同,并在凹凸不平的坡面上增加障碍物做速度实验,知道障碍物能降低速度

5. 活动掠影

探索摩擦力改变速度的现象,并比较两种具有摩擦力的坡度的速度

选择大小不同的车,同时在两种坡度上比较车速

(七) 光影区

1. 区域核心经验

(1) 感受光的变化。

(2) 发现光影变化。

(3) 感知光的折射、反射与透射。

2. 区域布局策略

适合的人数为 2~3 人。区域宜设置于隐蔽、光线比较暗的位置或教室里的小房间，以方便进行光影科学实验。

3. 区域材料提供

功率不同的手电筒、静电辉光球、凹镜、凸镜、三棱镜、放大镜、平面镜、万花筒、星空彩灯、激光灯、大台灯、光纤灯、手指灯、白色幕布、三仪器、光盘、不同形状的积木、彩色色板膜、手电筒架、有关光影的指导丛书。

4. 光影区行为特征及行为表现

核心经验	行为特征		行为表现
感受光的变化	1. 能感受太阳光	3~4 岁	• 感受光线，知道白天与夜晚、明亮与黑暗 • 站在太阳光下，感受太阳光产生的热度
		4~5 岁	• 感受光的强弱，清楚天亮与天黑时光的变化，晴天与阴天的不同 • 感受光的强弱，知道遮挡物能改变光的强弱
		5~6 岁	• 感受光的四季变化，知道太阳光与地球的关系
	2. 能感受人造光	3~4 岁	• 感受光的乐趣，用手电筒、手指灯进行光的游戏 • 感受光的乐趣，开关台灯进行光的游戏
		4~5 岁	• 能找出光源，尝试不同距离手电筒光的大小变化 • 能摆动光源，发现光的色彩
		5~6 岁	• 通过转动台灯的方向，感受光的方向变化并能感知光的温度

续表

核心经验	行为特征		行为表现
发现光影变化	1. 手影的游戏	3～4岁	• 会在太阳光下摆动手指,发现手影 • 会用手电筒照亮同伴的身体,发现影子
		4～5岁	• 能用手电筒直接照在墙壁前后移动,发现光线的远近与影子的变化 • 能用手电筒照各种物体,发现光线的远近与影子的变化
		5～6岁	• 能做手影游戏,发现影子与实物的对应关系
	2. 影子的实验	3～4岁	• 会在周围环境中寻找影子 • 会在周围环境中寻找影子并发现影子的深浅与光线的关系
		4～5岁	• 能在太阳光下发现影子大小的变化 • 能在太阳光下发现影子的方向与位置
		5～6岁	• 会尝试利用光束使影子在不同的角度下呈现大小长短等形状变化
感知光的折射、反射与透射	1. 折射游戏	3～4岁	• 在黑暗的角落移动镜子,发现光的路线变化 • 会在杯里装水,放入物体感受物体倾斜现象
		4～5岁	• 会用双面镜照射墙壁,发现光点折射在墙壁上 • 会用双面镜观察物体变化
		5～6岁	• 直接站在哈哈镜前面,会发现身体的变化 • 会用凹凸镜观察光线变化
	2. 反射游戏	3～4岁	• 能用单面镜照自己和物体,知道镜子里的自己是镜子反射到眼睛中的影像
		4～5岁	• 会用镜子照手电筒,形成光点
		5～6岁	• 会用水在水中做倒影成像,知道反射 • 能将两面镜子用胶布粘连在一起,在镜片中间放置物体,发现镜子相互反射,物体会变成许多个
	3. 透射游戏	3～4岁	• 能直接用眼看三棱镜,从一端看到彩色光 • 会用各种透明物体,从一端能看到另一面物体

续表

核心经验	行为特征		行为表现
感知光的反射与折射	3. 透射游戏	4~5岁	• 会用各种颜色的透明膜观看物体,光的颜色随物体变化 • 会用多个手电筒照射彩色透明膜,墙面出现很多强烈的光
		5~6岁	• 会用三棱镜观察太阳,看见彩虹现象,知道光是由很多颜色组成的

5. 活动掠影

感知光和影的变化

探索光影与距离的关系

典型案例

火 箭 车

活动对象:小游(5岁)　小潘(5岁)　笑笑(4岁)

记　录　者:叶玉云老师

2014年9月18日,小游、小潘和笑笑三位小朋友想要制作一辆奇特的汽车。老师问:"你们想要制作一辆怎样奇特的汽车呢?"小游说:"我想这种奇特的车要像火箭一样,速度很快。"笑笑说:"我想让这个车可以在空中飞行。"小潘说:"我觉得这个车也可以在马路上走,要有轮子。"老师问:"那你们打算怎样做呢?"小游说:"我要把汽车的身体做成像火箭一样的外形,这样就可以快速地前进。"小潘说:"我要把轮子连上马达,通上电,就可以行走了。"笑笑说:"我要在它的身体上装上一个螺旋桨,让它飞起来。"小游说:"我们就把这个车叫作火箭车吧。"老师说:"你们设想的火箭车想想都很厉害呀!老师非常期待!那你们按照设想设计出制作图纸吧。"于是小游和小潘执笔,笑笑在旁边提建议,设计了下面两份制作图纸。

> 幼儿能准确而全面地将相关信息讲述出来。
> 大班幼儿能根据自己的设想设计制作图纸。

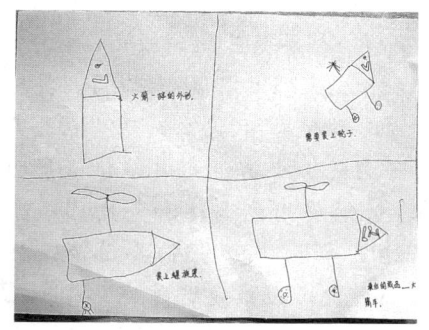

小潘设计的制作图纸

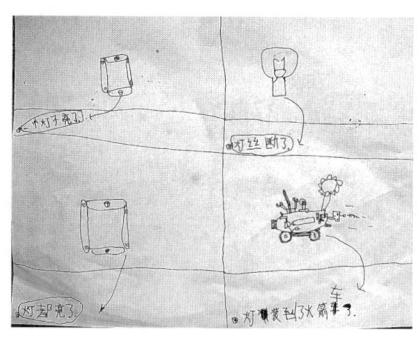

小游设计的制作图纸

图纸设计好了,他们一起到立体造型区制作火箭车模型。一开始,他们有点茫然,不知道如何下手。老师就问:"你们设计的火箭车的身体是什么形状的?"小游说:"就像火箭一样,前面是尖尖的。"老师说:"那你们找找看这里有什么东西的样子像你们所设计的火箭车呢?"小游在材料筐里找到了一个可乐瓶,认为这个瓶子符合要求,大家一致通过用这个瓶子做火箭车的身体。

孩子们对照着图纸看了看。小杰说:"我们的设计有翅膀,那就要在它的身体两边装上翅膀,这样就好像能飞起来了。"小潘说:"那我们用纸皮剪出翅膀的样子贴上去吧。"于是笑笑找来了一个纸盒子。小潘把纸盒子剪开,画上了翅膀的样子,再剪下来。小游拿来了双面胶贴在瓶身的两侧。小潘又找到了一些小瓷片,贴在瓶子的前面作为车头的装饰。笑笑帮忙剪双面胶给他们用,几个人共同完成了这个任务。

完成后,小游看了看,说:"我觉得需要装上像火箭一样的推动器。"于是他找来了两条一样长的PUC管粘在两边,并说:"两根需要一样长。"老师问:"为什么要用一样长的PUC管呢?"小游说:"因为长度一样,贴在两边一样的位置,就对称了,那身体就平衡了。"老师说:"哦,这样的对称就能达到平衡,这方法听起来不错,你们试试看,看是不是这样的。"于是小游使用热胶枪,把PUC管接到了瓶身的两侧,大家都发现两边对称可以使火箭车的身体两边一样重,确实可以达到平衡的效果。接着,老师问:"接下来你们有什么打算呢?"小游说:"我们需要到科学探索中心的电路区去。"小潘说:"是的,我们要给它装上可以动的车轮。"笑笑说:"还要装螺旋桨呢。"

> 大班幼儿能选择适合的材料,做出细节丰富的造型,表现出事物的特征。
> 大班幼儿能用热胶枪进行粘贴式连接。
> 大班幼儿能辨别问题,并想办法验证自己的猜测。
> 幼儿能比较清晰地表述自己的问题,能和他人进行几个回合的讨论。

孩子们在尝试轮子是否能动

孩子们来到电路区,老师问:"要想让火箭车动起来,该怎么做呢?"他们又开始了讨论。小游说:"要想让轮子动起来,必须要用到马达和电池。"小潘说:"这里有很多的马达,要用哪一种呢?"小游说:"应该是这种。"小游在几种马达中选择了一个有齿轮的马达,小潘和笑笑表示赞同。他们把车轮装进了马达里,又找来电池盒,并把电池装进去,然后再把马达上的电线和电池盒的线连接起来。这时,老师发现他们不会使用电胶布,于是就拿了一个电胶布过来,说:"这是电胶布,像这种有铜线露出来的电线是会漏电的,我们用这种电胶布把它包起来,就不会电到我们了。"笑笑找来了剪刀,剪了一段电胶布交给了小游。小游把露出来的一端电线连接口包住了,笑笑看到了小游的包扎方法,也跟着把露出来的另外一端的铜线包了起来。全都包好后,小游打开电池盒的开关,四个轮子都动起来了,他们露出了开心的笑容!

> 幼儿能辨别问题,并想办法验证自己的猜测。
> 幼儿能使用多个驱动器和各种电子材料,做成较复杂的可以驱动的汽车。

孩子们把连接好的轮子和车身粘连在一起,打开开关后发现轮子不会动。他们都露出了疑惑的表情。他们趴下来看,小潘用手轻轻地抬了一下,抬高一点汽车身体的时候,轮子就快速地转动起来,当小潘把手放下,轮子又不动了。小游把整个火箭车都转了过来,发现翻过来的时候轮子也能快速地旋转起来,他把火箭车再放在桌上,就又不动了。小游很确定地说:"火箭车后面的身体卡在轮子上,所以动不了了。"小潘说:"我们要把火箭车的身体往前固定一下,离开轮子才行。"笑笑说:"那就用电胶布吧。"于是笑笑又剪了一些电胶布递给小游,小游和小潘一起合作把身体和轮子的距离拉大,并用电胶布固定住。

> 幼儿能辨别问题,并想办法验证自己的猜测。
> 幼儿在遇到挫折时会积极地反复尝试直到问题得到解决。

固定后,火箭车终于可以向前行走了,他们开心极了!老师说:"你们设计的火箭车还要飞起来,怎么实现呢?"小游说:"可以在汽车的上面加装一个螺旋桨,当开动螺旋桨的时候,就可以飞起来了。"于是孩子们找了一个风扇叶插在马达的顶部,又找了电池盒并把电池盒的电线和马达进行连接。电池盒外露的铜

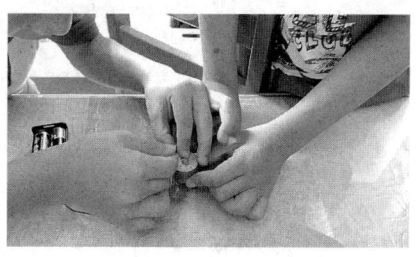

孩子们连接马达与电池盒

线有点分叉,小游和小潘把铜线穿进去,可是铜线又分开来,他们又把铜线拿出来搓紧,再次尝试着穿,每根线都穿了好几遍,才成功。笑笑在旁边给他们剪下电胶布,小游和小潘一起把裸露在外的铜线缠上电胶布。完成后,小游打开电池盒的开关,螺旋桨马上转动起来了,孩子们又变得兴奋起来了。

他们把螺旋桨固定在了汽车的上面,可是开动了以后,发现螺旋桨能转动,火箭车却飞不起来。他们又进行了讨论。小游说:"我觉得这个马达太小了,不能承受这么重的重量。"小潘说:"我觉得这个螺旋桨也太小了,不能驮起那么重的东西。"笑笑说:"是呀,那电池盒也太重了。"小游说:"我觉得飞起来是不可能的啦,我们不如把这个螺旋桨放在车身的后面,这样可能会让它的速度更快呢。"大家一致同意,他们一起把这个螺旋桨装在了身体的后面,发现火箭车的速度确实快了一些。

孩子们经过努力,终于做成了一个可以行驶得比较快的火箭车。他们在边玩边看的过程中,又开始了讨论。小游说:"我觉得这个火箭车还要装上灯,要不晚上怎么行驶呢?"小潘说:"那装在车头吧,就像汽车一样。"老师说:"你们的想法很好,那明天你们再来实现吧。"

19日,小游、小潘和笑笑拿着前一天做的火箭车,来到电路区继续他们的设想。老师问:"你们昨天说要在火箭车上装灯,打算怎么做呢?"小游说:"我们要选择灯和电池。"小潘说:"还要装一个连接的电路。"于是小游找来了

电池和电池盒,小潘找来了连接灯的导线,笑笑找来了剪刀和电胶布等,开始了连接。

孩子们兴奋地欣赏作品

孩子们发现其中的一个灯不亮了

连接了一个灯后,小潘打开了开关,灯亮了。讨论又开始了。小游说:"我觉得汽车有两个灯才行,一个太少了。"小潘说:"那我们就再接一个吧。"老师说:"为了节省电池和控制重量,你们可以让两个灯泡使用一组电池吗?"小游说:"可以,只要把两个灯泡连接在一起就可以啦。"老师说:"那你们看看,结果是不是你们所想象的?"于是他们就开始把另一个灯泡也连接在一起。连接好了,可是后面连接的灯泡并不亮。

老师问:"你们觉得这个灯泡不亮是什么原因造成的呢?"小游说:"我觉得可能是电路没连接好。"小潘说:"我觉得可能是灯泡有问题了。"老师说:"那我们一起来看看是什么原因造成的。"于是孩子们在老师的帮助下一一排除设想的原因,最后笑笑发现那个灯泡里的灯丝跟亮的那个不一样,兴奋地说:"可能就是这个灯泡的灯丝断了!"大家仔细地观察,果然那个灯泡里的灯丝有一段没有连接上。小游马上去拿了另外一个灯泡换上,果然两个灯都亮了。

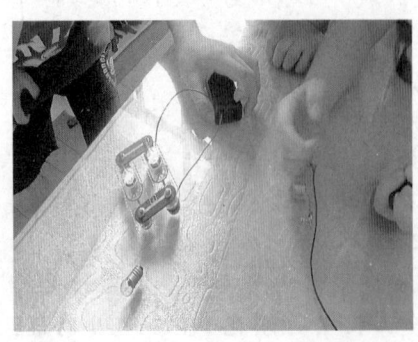
通过推理和验证,灯终于亮了

> 中班幼儿能发现事物不同,并主动提出问题。
> 幼儿能使用电池盒,连接两个灯座,使其通电。

孩子们经过各种比对,最后小游和小潘一致决定把灯装在车顶上。他们说这样的话上、左、右、前、后这几个方向都可以照到。

孩子们制作的可以快速行走而且

带有灯的火箭车终于完成了！还引来了别的小朋友的围观。他们开心地在走廊上玩了起来,那种兴奋和自豪感油然而生！

> 大班幼儿能够组织与协调同伴完成任务,有领导力。
> 中班幼儿能够与同伴协商共同完成任务。
> 大班幼儿能完整地用图画符号表达整个工作过程的步骤、遇到的问题、解决的方法以及发现的结果。

最后,小游和小潘对制作火箭车的过程做了反思性的记录。

小游的记录

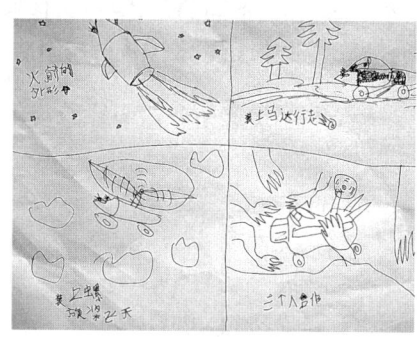

小潘的记录

教师指导策略：

1. 在这个活动中,幼儿在讨论制作火箭车的时候,教师给予他们最大的肯定,认可他们的想法,让幼儿充满信心地按照自己的设想去创作。

2. 在活动中幼儿连接了裸露的铜线后不会用电胶布包裹,教师让幼儿了解使用电胶布的必要性,并示范正确的使用方法,帮助幼儿了解防触电的常识。

3. 在活动中,当幼儿发现其中一个灯泡不亮的时候,教师通过提问让儿童思考,并和幼儿一起运用推理法寻找原因,使幼儿从中找到解决问题的方法。

4. 活动结束后,教师鼓励幼儿反思、记录学习的过程,归纳活动中发现的问题与解决问题的方法,培养幼儿反思的习惯。

第八节 戏剧扮演中心

表演是孩子的一种综合性的表达,表演过程中需要运用多种感官,调动多方面的经验。戏剧扮演中心是表演区角活动的一种扩展,是幼儿表达自我感受、认识和想法较为集中的场所。它为幼儿创设了欣赏、模仿、装扮、再现、创造的表演空间。在表演活动中,幼儿能把自己的经验与周围的人、事物等联系起来,感受不同的角色特点,体验不同的情绪情感。在此过程中,幼儿的语言表达、动作表现、交往能力、创造力也会得到发展。

一、戏剧扮演中心核心经验与区域之间的关系

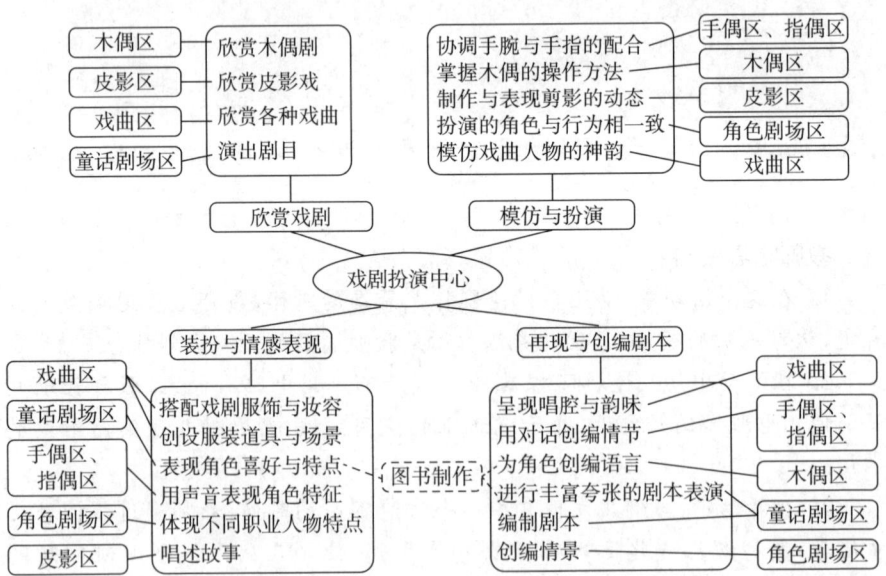

二、创设有效的活动区

为了便于幼儿呈现出不同形式的表演,满足不同阶段幼儿的表演需要,我园合理划分了不同功能的表演活动区,戏剧扮演中心主要分为以下几个活动区。

（一）童话剧场区

1. 区域核心经验

（1）创设服装道具与场景。

（2）表现角色喜好与角色特点。

（3）编制剧本。

（4）进行丰富与夸张的戏剧表演。

（5）演出剧目。

2. 区域布局策略

适合的人数为4~6人。幼儿能合作表演他们较为熟悉的童话故事或根据谈话的内容即兴创编童话故事。因为是合作表演，区域宜选择面积比较大的活动空间。

3. 区域材料提供

各种角色的服装、帽子、头饰、各种动物面具、道具、镜子、化妆品、电视、衣架等。

4. 童话剧场区行为特征及行为表现

核心经验	行为特征		行为表现
创设服装道具与场景	1.能根据扮演的角色选择服饰	3~4岁	• 能听从大孩子的建议选择服装 • 能按照自己的喜好选择服装
		4~5岁	• 会跟随同伴选择服装和头饰 • 能选择和所扮演角色相匹配的服装和头饰
		5~6岁	• 能注重角色服饰细节的选择，如耳饰、挂饰、手饰等 • 能帮助年龄小的孩子选择角色服装
	2.能根据剧目的需要选择或制作道具	3~4岁	• 会无意识地把玩道具 • 能选择自己喜欢的道具
		4~5岁	• 能根据表演需要选择相应的道具
		5~6岁	• 能用其他物品替代没有的道具 • 能根据表演需要制作道具
	3.能根据剧目创设场景	3~4岁	• 能按照自己的喜好随意摆放道具 • 能在大孩子的建议下一起布置场景
		4~5岁	• 能根据自己的生活经验组合道具、创设生活场景 • 能选择表演需要的布景、道具创设场景，但布局相对零散

续表

核心经验	行为特征		行为表现
	3. 能根据剧目创设场景	5～6岁	• 能创设丰富、适宜的场景,场景中所有布景的布局合理,会借用其他物品材料搭建场景 • 会设计整场表演所需场景,安排协调剧组人员
表现角色喜好与角色特点	1. 会选择自己喜欢的角色演绎	3～4岁	• 喜欢扮演小动物、植物等 • 喜欢扮演被人照顾的角色
		4～5岁	• 对扮演的角色有性别倾向,如女孩喜欢扮演公主,男孩喜欢扮演战士 • 喜欢扮演正面角色
		5～6岁	• 会在表演过程中一人饰演两到三个角色 • 会在表演过程中和同伴交换角色
	2. 会选择反面角色	3～4岁	• 对反面角色产生惧怕,不愿意饰演反面角色
		4～5岁	• 会自愿选择反面角色 • 在老师的协调下,会选择反面角色
		5～6岁	• 会选择石头剪刀布的方法,输的一方扮演反面角色 • 轮流扮演反面角色
	3. 能演绎角色特点	3～4岁	• 能在大孩子的提醒下,模仿动物角色 • 能模仿自己熟悉的角色
		4～5岁	• 能通过肢体动作演绎角色 • 能根据自己的生活经验在演绎过程中加入简单的角色语言、声音
		5～6岁	• 能通过肢体动作、面部表情来演绎角色特点 • 能够根据演绎需要加入角色语言
编制剧本	1. 能边演绎边创编	3～4岁	• 能模仿自己熟悉的生活情节 • 能模仿大孩子的表演
		4～5岁	• 能在大孩子的提醒下表演故事情节 • 能演绎和主题内容相关的情节
		5～6岁	• 会在演绎的过程中增加故事情节 • 会在演绎的过程中出现故事情节重复的现象

续表

核心经验	行为特征	行为表现	
编制剧本	2. 会用绘画的形式创编	4～5岁	• 能和同伴合作商量创编故事角色及简单的故事情节 • 会向老师概述简单的剧本情节
		5～6岁	• 能和同伴合作商量创编有故事内容、角色及简单对话的剧本 • 会向老师概述完整的剧本情节 • 会协调分配剧组人员创作剧本
进行丰富与夸张的戏剧表演	1. 能用形态、表情表现角色情感	3～4岁	• 能够用肢体语言、简单面部表情表现角色的情绪（开心、害怕、生气、难过）
		4～5岁	• 能够用肢体语言、面部表情表现角色的情绪（喜悦、恐惧、愤怒、悲伤）
		5～6岁	• 能够用丰富的肢体语言、面部表情表现角色的情绪（怜悯、哀怨、惊慌、畏惧）
	2. 能用夸张的语调表现角色情感	3～4岁	• 会站在一旁观看大孩子表演 • 能根据自己当下的感受表现角色
		4～5岁	• 能在老师的引导下模仿角色语调 • 能够模仿大孩子演绎角色语调
		5～6岁	• 能在老师的引导下表现角色情感 • 能运用停顿、重音、升降的语调表现角色情感
演出剧目	1. 会表演完整的剧目	3～4岁	• 能根据自己的想法自由表演 • 会在大孩子的提醒下有意识地融入角色进行表演
		4～5岁	• 会更加愿意表现自己，如向别人介绍自己演绎的角色 • 表演时更加清楚自己和同伴分别扮演的角色
		5～6岁	• 表演时故事情节更加流畅，对话更加丰富 • 表演时肢体动作和表情更加夸张，表现更加自信
	2. 会倾听同伴的建议	3～4岁	• 喜欢被老师表扬肯定 • 能接受老师的建议
		4～5岁	• 喜欢接受正面评价 • 能接受同伴和老师的建议
		5～6岁	• 能接受同伴的建议并做出调整 • 会结合同伴的建议，反思、总结自己的表演

5. 活动掠影

 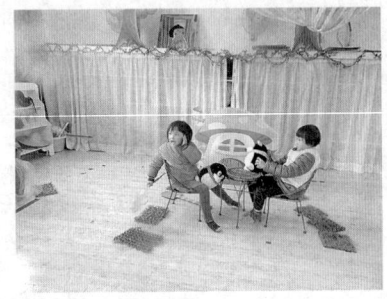

根据剧目需要选择道具和服装,并能创编、演绎剧情

(二) 戏曲区

1. 区域核心经验

(1) 欣赏各种戏曲。

(2) 搭配戏曲服饰与妆容。

(3) 模仿戏曲人物的神韵。

(4) 呈现唱腔与韵味。

2. 区域布局策略

适合的人数为1~2人。在此区域,幼儿常常要通过视频进行模仿表演,所以宜选择靠墙的、有电源的角落,便于幼儿观看视频。

3. 区域材料提供

各色戏服(如才子服、武松服、花旦服)、旗袍、脸谱、头饰(如小红娘、黄梅戏七仙女、越剧女驸马等)、镜子、化妆品、道具(如扇子三把、手帕、打虎棒等)、电视、衣架等。

4. 戏曲区行为特征及行为表现

核心经验	行为特征		行为表现
欣赏各种戏曲	1. 欣赏不同剧种的曲目	3~4岁	• 欣赏《对花》、《贵妃醉酒》
		4~5岁	• 欣赏《花木兰》、《红灯记》
		5~6岁	• 欣赏《说唱脸谱》、《女驸马》

续表

核心经验	行为特征	行为表现	
欣赏各种戏曲	2. 感受戏曲的特点	3～4岁	• 感受戏曲曲风与儿童歌曲、舞蹈的不同
		4～5岁	• 观察戏曲中不同性别的服饰与妆容
		5～6岁	• 感受唱腔的韵律,模仿不同种类戏曲的特点 • 突出戏曲唱、念、打、坐的体系和风格
	3. 了解戏曲人物角色特征	3～4岁	• 能区分不同性别的角色
		4～5岁	• 了解花旦、武生的人物角色特征
		5～6岁	• 了解青衣、老生、花脸、武丑的人物角色特征
搭配戏曲服饰与妆容	1. 会选择戏曲服饰	3～4岁	• 能选择自己喜欢的服饰 • 在大孩子的帮助下进行装扮
		4～5岁	• 会根据自己所选角色进行装扮 • 会选择鲜艳、华美的服饰
		5～6岁	• 会根据角色特点挑选固定人物的服饰 • 会根据固定人物的服饰搭配合适的帽子
	2. 会根据表演的人物角色进行化妆	3～4岁	• 能自己尝试化妆 • 能在大孩子或成人的协助下化妆
		4～5岁	• 会挑选自己喜欢的颜色化妆 • 会画简单的眉毛、嘴唇、腮红、眼影,画出简单的妆容
		5～6岁	• 会根据人物角色选择化妆品 • 会熟练地进行化妆,注重妆容的完美
模仿戏曲人物的神韵	1. 会跟着视频学习戏曲动作	3～4岁	• 喜欢欣赏戏曲 • 能跟着照片模仿单一的动作
		4～5岁	• 会跟着视频模仿片段动作 • 会模仿大孩子的动作
		5～6岁	• 会跟着视频模仿完整的戏曲动作 • 会创编戏曲动作
	2. 会演绎人物表情	4～5岁	• 在模仿戏曲人物表情时(大笑、发怒),会加入动作
		5～6岁	• 会随着戏曲情节的发展变化表情

续表

核心经验	行为特征		行为表现
	3. 能模仿眼神动作	3~4岁	• 只是欣赏不做动作 • 做动作时,眼神能看着前方
		4~5岁	• 做动作时会瞪眼、定眼
		5~6岁	• 能够使用眼神呈现戏曲人物的精神状态"亮相" • 眼神能跟随动作
呈现唱腔与韵味	1. 能模仿戏曲里的唱腔	3~4岁	• 能随着戏曲哼唱 • 能模仿个别精彩句段
		4~5岁	• 能唱出戏曲片段 • 会模仿戏曲的戏剧性与节奏性
		5~6岁	• 能跟着视频较完整地唱出戏曲 • 会唱出《对花》、《女驸马》、《贵妃醉酒》、《说唱脸谱》精彩句段
	2. 会演绎人物的动作、眼神	4~5岁	• 能模仿戏曲人物的动作、唱腔
		5~6岁	• 能演绎戏曲人物的动作、眼神、唱腔

5. 活动掠影

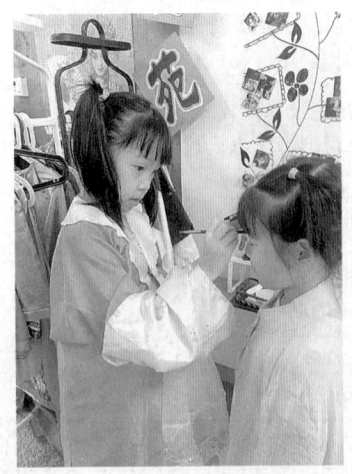

根据人物角色进行装扮

模仿豫剧《花木兰》的人物表情、动作和唱腔,学唱《花木兰》

（三）手、指偶区

1. 区域核心经验

(1) 用声音表现角色特征。
(2) 协调手指与手腕的配合。
(3) 用对话创编情节。

2. 区域布局策略

适合的人数为3～4人。幼儿会根据活动制作不同的手、指偶。

3. 区域材料提供

场景表演盒、手模，动物及人物指偶、布袋偶、各种玩具公仔、栅栏、石头、木头、篮子、乒乓球、绳子、手套、袜子、亮片、绒线、彩色纸、彩色笔、双面胶、白乳胶、小音箱、相关书籍。

4. 手、指偶区行为特征及行为表现

核心经验	行为特征		行为表现
用声音表现角色特征	1. 能模仿不同动物的声音特点	3～4岁	• 表演时不出声 • 能模仿动物的叫声
		4～5岁	• 能根据所扮演的动物模仿相应的叫声 • 能根据所扮演的动物模仿相应的语气、语调
		5～6岁	• 能根据表演的角色演绎声音、语气、语调 • 能同时演绎多个角色并灵活转换
	2. 能模仿不同人物的声音特点	3～4岁	• 能模仿熟悉人物的声音
		4～5岁	• 能够模仿典型人物的声音，如声音高低、粗细、音调
		5～6岁	• 会使用不同的音调、语气变化人物角色 • 会使用不同的音调、语气模仿各种职业角色
协调手指与手腕的配合	1. 手指间能相互交替	3～4岁	• 会使用手指直立上下、左右移动或两个食指弯曲表演
		4～5岁	• 能使用两个食指、中指弯曲表演
		5～6岁	• 多个手指能灵活交替表演
	2. 能控制手腕	3～4岁	• 能使用手臂左右、上下移动进行表演
		4～5岁	• 能运用手腕的转动控制手偶进行表演
		5～6岁	• 配合使用手指和手腕进行表演

续表

核心经验	行为特征		行为表现
用对话创编情节	1. 能根据主题内容选择角色	3～4 岁	• 能根据自己的喜好选择手偶 • 能在大孩子的建议下选择手偶
		4～5 岁	• 能结合主题内容选择相匹配的手偶 • 能根据故事内容选择多个角色手偶
		5～6 岁	• 当没有相匹配的手偶时,会选择其他手偶替代 • 当没有相匹配的手偶时,会自己制作手偶
	2. 能创编故事情节	3～4 岁	• 能演绎自己熟悉的情节
		4～5 岁	• 会重复演绎自己喜欢或熟悉的情节 • 会在大孩子的带领下创编故事
		5～6 岁	• 能根据主题内容创编完整故事 • 会不断丰富故事情节
	3. 能用角色间的对话呈现故事情节	3～4 岁	• 能够使用短句介绍角色,简单呼应
		4～5 岁	• 能用比较连贯的语句相互呼应
		5～6 岁	• 能使用较为复杂的句式进行对话,并能使用形容词、同义词等,语言比较生动

5. 活动掠影

根据主题创编《三只小猪》和《超市里的买卖》的故事,有五个以上的角色对话并能模仿动物的声音

（四）木偶区

1. 区域核心经验

（1）欣赏木偶剧。

（2）掌握木偶的操作方法。

（3）为角色创编语言。

（4）表现木偶角色的情绪。

2. 区域布局策略

适合的人数为 3～4 人。在此区域，幼儿主要用杖头木偶、提线木偶、布袋偶等进行表演。区域内放置地毯不放置椅子，幼儿站或坐在木偶表演台进行表演。

3. 区域材料提供

木偶表演台、布帘、幕布、多种角色杖头木偶（包括老爷爷、老奶奶、小姑娘、小哥哥、白雪公主、小矮人、杨贵妃、新疆小姑娘、小狐狸、小熊猫、小猫、小老鼠、小兔子等角色），不同角色的提线木偶（包括狮子、美人鱼、黑猫警长等角色）、小音箱等。

4. 木偶区行为特征及行为表现

核心经验	行为特征		行为表现
欣赏木偶剧	1. 欣赏提线、杖头、布袋木偶剧	3～4 岁	• 欣赏木偶剧《拔萝卜》、《小布丁系列》
		4～5 岁	• 欣赏木偶剧《哪吒》、《聪明的猴子》、《懒猫的教训》、《武松打虎》
		5～6 岁	• 欣赏木偶剧《水漫金山》、《金童戏双狮》、《火焰山》、《劈山救母》、《玉莲花》、《蛀虫流浪记》
	2. 感受木偶剧的表演形式	3～4 岁	• 知道木偶剧是用木偶进行表演的 • 知道木偶表演时有声音和动作
		4～5 岁	• 知道表演木偶剧时要让木偶面向观众，操作者可露面或不露面 • 知道表演时操控者要模仿动物、人物的声音和动作
		5～6 岁	• 知道不同风格的木偶表演的形式也不尽相同 • 表演时会根据不同的表演需要更换不同的背景

续表

核心经验	行为特征		行为表现
掌握木偶的操作方法	1. 知道杖头木偶的操作方法	3～4岁	• 会操纵固定木偶的操纵杆进行表演 • 会用两只手一起握住操纵杆表演
		4～5岁	• 会用左手握支撑杆,右手操控木偶表演 • 会两人面对面用身体部位控制木偶,左右手操纵操纵杆进行表演
		5～6岁	• 会使用两根操纵杆进行表演,左手握支撑杆,右手操控木偶手部操纵杆 • 能根据表演需要,操纵操纵杆时有时握一根操纵杆,有时握两根操纵杆 • 操纵木偶时更加灵活,让木偶形象生动有趣
	2. 知道提线木偶的操作方法	3～4岁	• 能上下移动握线板,操控木偶整个身体
		4～5岁	• 能上下左右移动握线板,操控木偶四肢
		5～6岁	• 会运用握线板的操作方法,变化木偶动作
为角色创编语言	1. 会选择木偶	3～4岁	• 能根据自己的喜好选择木偶 • 在大孩子的建议下选择表演相关的木偶
		4～5岁	• 会选择和主题角色相关的木偶 • 会选择多个木偶角色
		5～6岁	• 能灵活使用其他木偶替代主题角色 • 会制作和主题相关的木偶
	2. 能创编与主题内容相关的语言	3～4岁	• 会模仿与自己生活经验相关的声音
		4～5岁	• 会创编与自己生活经验相关的情景对话 • 能在老师的引导下创编主题角色对话
		5～6岁	• 能在特定的主题情节下边表演边创编角色对话 • 能创编和主题相关的较完整的故事情节
表现木偶角色的情绪	1. 会使用语调、语音表现情绪	4～5岁	• 能在老师的引导下关注角色的语音、语调并模仿 • 能在大孩子的提醒下模仿角色语音
		5～6岁	• 能使用和角色相一致的语调、语音表现角色情绪 • 能使用两种或两种以上不同角色的语调、语音表现角色情绪
		3～4岁	• 能双手握支撑杆和操作杆以左右移动的方式表现木偶开心的情绪

续表

核心经验	行为特征		行为表现
表现木偶角色的情绪	2. 会用杖头木偶肢体动作表现情绪	4～5岁	• 能用一手握支撑杆和一根操作杆、一手左右移动操作杆的方式表现木偶开心拍手的情绪 • 能用一手握支撑杆和一根操作杆、一手上下移动操作杆的方式表现木偶伤心的情绪
		5～6岁	• 能用转动支撑杆、上下快速移动操作杆的方式表现木偶角色开心的情绪 • 能用一只手至头部上下移动操作杆的方式表现木偶角色积极思考的情绪
	3. 会用提线木偶肢体动作表现情绪	3～4岁	• 能通过操控线板抖动支撑线，表现木偶开心的情绪
		4～5岁	• 能通过操控线板左右移动支撑线，表现木偶不开心的情绪，上下移动支撑线表现木偶开心的情绪
		5～6岁	• 能通过双手操控线板上下移动支撑线，使木偶左右摇摆，表现木偶开心的情绪

5. 活动掠影

围绕主题选择提线木偶角色并创编情景对话，表现木偶角色的情感

和成人一起感受提线木偶的表演乐趣，模仿角色对白

（五）皮影区

1. 区域核心经验

（1）欣赏皮影戏。

（2）制作与表现剪影的动态。

（3）唱述故事。

2. 区域布局策略

适合的人数为3～4人。

3. 区域材料提供

皮影操作台、遮光帘、电脑、透明过胶纸、剪刀、打孔器、双脚钉、竹签、多色油性笔、手铃、串铃、剪影工艺品(如西游记)、皮影故事书。

4. 皮影区行为特征及行为表现

核心经验	行为特征		行为表现
欣赏皮影戏	1. 欣赏不同种类的剧目	3～4岁	• 欣赏皮影剧《龟兔赛跑》、《乌鸦与狐狸》、《老鼠偷油》
		4～5岁	• 欣赏皮影剧《东郭先生》、《龟与鹤》、《两朋友》
		5～6岁	• 欣赏皮影剧《西游记》、《白蛇传》
	2. 感受剪影和唱腔	3～4岁	• 感受皮影戏的表演场景
		4～5岁	• 感受在光影中剪影的变化和皮影的动态表现 • 感知皮影戏里的韵律节奏
		5～6岁	• 感受剪影的灵活性和唱腔的曲风
	3. 感知操作方法	3～4岁	• 了解皮影是在后台操控表演的
		4～5岁	• 观看皮影后台操作视频,了解皮影动态操作方法
		5～6岁	• 观看皮影后台操作视频,了解皮影动态操作是由两人或三人共同协助操控的
制作与表现剪影的动态	1. 会制作角色动态剪影	3～4岁	• 观看大孩子制作皮影 • 帮助大孩子给绘画的皮影上色
		4～5岁	• 能绘画、着色、制作和主题内容相关的剪影 • 能制作和主题内容相关的局部动态剪影
		5～6岁	• 能按绘稿、着色、裁剪、链接的步骤等制作和主题内容相关的动态剪影 • 制作动态剪影时会使用双脚钉、打孔器、固定粘连操纵杆
	2. 能制作场景与道具	4～5岁	• 能做出和主题的内容相关的较为简单的道具
		5～6岁	• 能制作和主题内容相关的场景和道具

续表

核心经验	行为特征		行为表现
制作与表现剪影的动态	3. 能用剪影表演故事	3～4岁	• 能自己表演熟悉的情节 • 能在大孩子的帮助下表演简单的角色情节
		4～5岁	• 能和同伴合作表演故事情节 • 能创编简单的故事情节
		5～6岁	• 能和同伴合作表演完整的皮影故事 • 能创编完整的故事情节,并分配好同伴的角色,协调整场表演
唱述故事	1. 能运用儿歌韵律节奏唱述故事	3～4岁	• 在表演时,能只操纵皮影不出声 • 在表演时,能无意识地唱述自己熟悉的儿歌
		4～5岁	• 能运用自己熟悉的儿歌韵律节奏表演皮影故事
		5～6岁	• 能唱述片段故事内容
	2. 能跟随皮影剧目音乐表演故事	4～5岁	• 能配合自己熟悉的剧目音乐进行表演
		5～6岁	• 能跟随自己熟悉的剧目音乐,完整、流畅地表演

5. 活动掠影

制作角色皮影并创编旁白和情景对话,表现剪影的动态

(六) 角色剧场区

1. 区域核心经验

(1) 展现不同职业人物的特点。

(2) 情景创编。

(3) 扮演的角色与行为相一致。

2. 区域布局策略

适合的人数为5～6人。幼儿会根据谈话活动内容创编情节或自主创编游戏情节进行角色扮演；游戏时，会根据情节发展的需要，把道具搬到一旁的小花园里进行游戏。

3. 区域材料提供

沙发、桌子、椅子、穿衣镜、多种角色服装及帽子（如警察、消防员、医生、厨师等）、多种道具（如超市收银机、购物车、水果模型、蔬菜模型、小花篮、小动物玩偶、厨具模型、布娃娃等）。

4. 角色剧场区行为特征及行为表现

核心经验	行为特征		行为表现
展现不同职业人物的特点	1. 根据人物特点进行装扮	3～4岁	• 能选择自己熟悉的职业人物道具 • 能选择自己喜欢的职业人物着装
		4～5岁	• 选择跟职业人物相关的典型道具进行装扮 • 选择跟职业人物相关的服装进行装扮
		5～6岁	• 根据自己深入了解的职业人物特点，选择相关的细小的道具进行装扮 • 能在扮演过程中知道道具的用途
	2. 创设职业人物的工作场景	3～4岁	• 跟随并协助大孩子一起创设工作场景
		4～5岁	• 创设典型性职业的工作场景
		5～6岁	• 创设丰富具体的职业工作场景 • 能创设多个职业工作场景，并根据需要转换
情景创编	1. 根据已有经验创编	3～4岁	• 能根据生活经验表演 • 能根据常见的情景表演
		4～5岁	• 能根据自己看到的动画片或图书内容表演，根据自己获取的已有经验丰富故事内容
		5～6岁	• 会加入自己想象的情节丰富故事内容
	2. 运用角色之间的联系进行创编	4～5岁	• 能跟随大孩子的想法，并加入自己的意见
		5～6岁	• 能把多种情景融入在一起，使角色之间相联系，丰富故事内容

续表

核心经验	行为特征	行为表现	
扮演的角色与行为相一致	1. 从语言、行为、道具呈现所扮演的角色	3～4岁	• 使用自己熟悉的职业道具扮演
		4～5岁	• 使用和职业相关的行为、道具进行扮演 • 在扮演过程中和同伴进行简单的配合
		5～6岁	• 使用和职业相关的语言以及和职业相一致的行为、道具来扮演 • 在扮演过程中与同伴合作默契
	2. 持续扮演角色	3～4岁	• 会持续性地扮演角色但不会有扮演角色的行为 • 会比较喜欢扮演被呵护或被服务的角色
		4～5岁	• 在表演过程中一段时间表演一种角色或和同伴互换角色 • 会出现性别偏向,如女孩喜欢扮演妈妈、护士,男孩喜欢扮演警察、消防员
		5～6岁	• 能持续性地扮演一种角色或同时扮演两种角色 • 会出现较多人同时选择扮演主导角色,如:喜欢扮演医生、护士,不喜欢扮演病人;喜欢扮演警察,不喜欢扮演坏人

5. 活动掠影

扮演的角色和行为一致,同时创编角色和丰富的情景对话

使用大量道具创编情景和对话,扮演的角色与呈现的行为相一致

典型案例

游轮酒店"奇遇记"

活动对象：予涵(6岁)　园园(5岁)　豆豆(4岁半)　舟舟(4岁半)
　　　　　小博(4岁半)
记　录　者：邱怡敏老师

2015年12月18日，孩子们对游轮酒店这种在海上行走的移动酒店颇感兴趣。大海、轮船、酒店等元素相互融合，激发起他们的奇思妙想。

"在游轮酒店上可以看见蓝蓝的大海！"园园趴到豆豆耳边悄悄地说。"对，还可以看到岸上有很多很多的房子！"豆豆开心地回应。小博听后也加入进来："到了晚上，岸边的房子会亮灯，我们在船上可以看到闪闪发光的房子！""晚上可能会遇上海盗哦！"予涵两眼泛着亮光兴奋地说。"没关系！会有警察来帮忙！"舟舟赶紧接话，语气中流露出满满的正义感。晨谈后，几个孩子相约到童话剧场区，想来一场游轮酒店上的奇遇。

一到童话剧场区，孩子们就兴奋地冲上小舞台穿表演服装。老师问："你们要演什么？怎么演？"他们瞬间打开话匣子，你一句我一句说着自己的想法。听到小伙伴们七嘴八舌，有表演经验的大哥哥予涵出来主持大局："我们先说好谁演什么，再用一张纸画出我们要演的故事。我想当大海盗！"大家纷纷响应。舟舟说："我要当海上警察！""我要和园园一起。"豆豆紧紧牵着园园的手。"好，那我们一起当在游轮酒店上吃饭的客人吧。"园园说。予涵点了点头，表示对目前的分工很满意，他面向小博说："小博呢，你要演什么？""我……"看小博还在犹豫，予涵马上给出建议："你也当海盗吧，我需要一个小帮手。"对于反面角色，中班的小博似乎还不太接受，予涵鼓励地说："没关系的，海盗很酷的！"说完还做了一个很酷的姿势！小博被哥哥的盛情邀请感染，笑着说："好啊，我们一起演海盗！"

> 大班幼儿在与同伴交流中能关注他人的情绪和需要，并能给予一定的帮助。
> 大班幼儿在角色分配时勇于承担反面角色，而中班幼儿更愿意选择正面角色，但能在同伴的协调下，根据主题表演的需要来担任角色。

角色确定后，孩子们找来纸张和笔，准备创编剧本，为角色创编对话。予涵拿起笔说："大家一起想故事，我来画，我画得比较快！"大家迅速聚到一起，开始创编《游轮酒店"奇遇记"》。

> 大班幼儿在合作性学习中能够组织与协调同伴完成任务,有领导力,而低龄幼儿能跟随高龄幼儿,协助完成任务。
> 幼儿能和同伴合作创编有简单的故事内容及角色的剧本。

第一幕:圣诞节即将来临,园园和豆豆作为游客去参加游轮酒店里举办的圣诞Party。她们正在酒店的豪华餐厅用餐。

第二幕:海盗予涵和小博开着自己的海盗船,撞上园园和豆豆所在的游轮酒店,挟持游轮上的游客。

第三幕:豆豆赶紧给海警舟舟打电话求救。舟舟开着军舰来营救。

第四幕:经过一番搏斗,海盗被海警制服。

孩子们自创的四幕剧本

剧本出炉后,孩子们开始化妆、选择服装和道具。园园和豆豆两个爱美的小女生一听到可以开始了,就立刻跑到化妆的地方,对着镜子涂抹起来。予涵和小博则去寻找海盗的服装和道具。予涵很快找到了一顶海盗的帽子,用纱巾自制披风,还选了一把帅气的剑作为武器。小博跟着哥哥也拿了一顶黑色的帽子和一把大刀把自己武装起来。舟舟找了很久,最后决定选用《海贼王》里Lufy的帽子作为

男孩儿们在挑选服装和武器

头饰,因为他说Lufy在动画片中是一个正义的角色。女孩们化完妆后也迅速换上服装,拿上道具。

> 中班幼儿能选择表演需要的道具,并能用其他物品替代没有的道具。
> 大班幼儿能根据表演需要创意制作道具。

个人的装束准备就绪后,看到孩子们等着开演,老师提议说:"这是一个发生在游轮酒店餐厅的故事,我们先一起布置一下餐厅的环境,让场景看起来真实一点。"孩子们听后,二话不说,迅速忙活起来。在老师的指导下,孩子

们有的搬桌子,有的抬椅子,有的铺草坪,有的盖小房间,很快就把场景布置好了。

孩子们正在布置环境

海警舟舟与海盗们对抗

表演一开始,孩子们很快进入角色。饰演游客的豆豆和园园手挽着手出场。"好漂亮的餐厅!好漂亮的夜景啊!"语言表达能力较好的园园脱口而出。短短的两句话,立刻营造出一个露天夜景的景象。"我们快去吃饭吧!"豆豆目标明确,知道自己要扮演一个吃饭的人。就在她们坐下来有说有笑的时候,作为旁白的老师提醒第二幕的孩子上场:"圣诞Party进行到一半,游客们突然听到一阵巨响,游轮剧烈晃动。原来,海盗来了!"话音落地,予涵带着小博挥着武器跑了出来,径直冲到豆豆和园园的面前。"我们是大海盗!快把你们的食物拿出来给我们!"予涵挥舞着剑,模仿着《加勒比海盗》中反派角色的语调大声说。"快把你们的食物拿出来!"小博学着哥哥的语气说话。说完后他们俩都觉得不好意思,就"咯咯"大笑起来,其他孩子也忍不住笑场。为了在不破坏孩子们表演氛围的前提下提醒他们继续下去,老师以另外一名游客的身份介入游戏,把目光对着豆豆和园园:"怎么办?海盗要来抢我们的食物了!"豆豆重新入戏:"那我们赶紧打电话给警察吧!"说完把手靠在耳边,假装打电话:"喂?警察叔叔,我们遇到海盗了,快来救我们!""我们在蛇口码头附近的胜利号游轮上!"老师在一旁补充。舟舟一看豆豆打电话,也做出听电话的样子:"好的,我马上就来!"说完飞奔出来,与两海盗进行搏斗!经过几番练习和重演,孩子们的情景剧最终以海警将海盗制服的画面完结。

第四部分 适宜、有效的学习中心环境

> 中班幼儿会通过简单的语言和肢体动作模仿演绎生活中熟悉角色的经典动作。
> 大班幼儿能够用更加丰富的语言、肢体动作和面部表情来表演角色的特点,使故事情节更流畅,表演更生动。

教师指导策略:

1. 教师鼓励幼儿与同伴讨论角色和剧本,并创作剧本。

2. 在豆豆和园园因为同伴的笑场而中断表演时,教师以角色身份参与到活动中,帮助他们重新入戏,使游戏继续进行。

3. 教师提供充足的表演道具和时间,让幼儿扮演角色,满足了幼儿的表演需求。

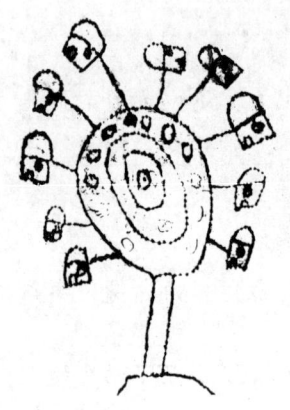

第五部分
自发、自主的课程实施路径

第一节 混龄编班

一、混龄编班的内涵

混龄教育,是指在幼儿园里把3～6岁不同年龄的幼儿组织在一起游戏、生活和学习。我园的混龄编班是将3～6岁幼儿混合编排在一起,平均25人为一个班级,各年龄段分别约占班级总人数的三分之一。在混龄班级里,幼儿与不同年龄的同伴交往,教师更加关注幼儿的个体发展需求,所有的活动都很难以传统的"集体教学"来呈现,"小组学习""合作学习"成为常态。

二、混龄班级的管理

在幼儿园的三年,幼儿在班级里的角色是动态的,可以把老大、老二、老三的角色都扮演一遍,老大是领导者,老二是参与者,老三是追随者。这种角色转换使幼儿既有向上的依靠,又有向下的责任,同时也不缺同龄间的公正。不同年龄的幼儿在一起就如同一个大家庭,教师既要创设充满关爱、尊重和信任的班级环境,又要抓住每个生活细节,为每个年龄段的幼儿提供参与和表现的机会,让每个幼儿都能够在"主动参与、乐于探究、勤于动手"的学习和生活中担当责任、学会分享、懂得互助。

1. 设立岗位,让大孩子成为班级管理的核心成员

混龄班级中,年龄大的孩子自然地担当了"哥哥和姐姐"的角色,年龄小的孩子也就自然而然地成了"弟弟和妹妹"。年龄作为角色身份的标识,决定了年龄大的孩子在班级中更加成熟,能力更强,他们既喜欢帮助比自己弱的孩子,也喜欢指挥比自己小的孩子,就像一个小小领导者。年龄大的孩子已经有了初步的自我管理能力,能独立完成生活中力所能及的事情,也有较强的权力欲望,希望在班级树立自己的威信。在班级管理中,教师也需要培养一些得力的助手为班级服务,因此,混龄班级中的大孩子就是班级管理团队的核心成员,教师应该怎样组建班级管理的核心团队呢?

(1) 设置班级管理岗位。幼儿园班级管理岗位的设置参照中小学班级管理,包括班长、学习委员、生活委员和劳动委员等岗位,每个岗位有明确的岗位职责。班长的岗位职责是:指挥小朋友站队集合,清点并登记每天的班级人数,观察并记录当天的天气,做教师的小帮手等。学习委员的职责是:帮助小朋友做好学习计划,带领晨读,收集记录本。生活委员的职责是:分配当天的值日生,有序开展分餐工作,午睡前检查小朋友是否铺好被子和脱好衣袜,起床后检查被子是否叠整齐放好,户外活动前后督促每个小朋友喝水,放学前整理书包柜。劳动委员的职责是:提醒小朋友为植物浇水、记录,帮助值日生戴好口罩,指导值日生擦桌子、扫地,安排小朋友整理材料柜和书柜。

(2) 组织班干部竞选。每一位年龄大的孩子都有机会参与竞选,他们根据岗位要求和自己的意愿进行自我推荐,并在全班小朋友和教师面前进行竞选演讲,大胆地表达自己希望竞选的岗位以及愿意付出的努力。在竞选的过程中我们尊重每个孩子的投票权利,行使"每人一票"的投票权,确保公平、公正、公开。年龄小的孩子通过大孩子的自荐和平时的表现,把自己手中的一票投给自己认同的哥哥姐姐。竞选结果则是每个岗位票数最多的孩子当选。通过班干部竞选活动,让幼儿树立主人翁意识,知道每个人都是班级的一员,都有参与竞选和参与投票的权利。竞选的过程也是学习的过程,儿童的语言表达能力、人际交往能力、计算统计能力、自我认识和决策能力都能得到不同程度的锻炼。

(3) 学期换届选举。为了让每个年龄大的孩子都有机会参与班级管理,班干部一学期或者半学期将换届选举,没有当选过的孩子必须在下一届参加竞选,确保每个一年内即将上小学的大孩子都有机会担任班干部。

2. 混龄编班,让混龄结对成为一种常态和责任

混龄结对就是将大孩子和小孩子组合在一起,就像哥哥姐姐带领弟弟妹妹一样。幼儿园的一日生活中,我们采用指定结对或自由结对的方式,让年龄小的幼儿感受年龄大的幼儿对他们的照顾与关爱,从哥哥姐姐身上获得有益的成长经验;年龄大的幼儿在帮助和照顾年龄小的幼儿的过程中,则能体验到助人的愉悦情感,增强责任心。通过小学大、大帮小的方式,让"教"与"学"在混龄间自然而然地产生。随着年龄的增长,混龄班级中的幼儿可以体验到从被关爱到施予关爱的全过程,从而弥补当今社会独生子女缺少手足情的情感遗憾,混龄教育的价值由此也更加凸显。

(1) 新生入园的结对。新入园的孩子多数会有分离焦虑。他们由家庭的中心成员变成集体中的普通一员,角色的变化、环境的变化都会让他们不适应。在混龄班级里,教师会在开学前让大孩子和小孩子结对,大孩子带着小孩子熟悉班级环境、幼儿园环境。幼儿可以选择居住得比较近的同伴结对,约好一起上幼儿园。如果不能一起上幼儿园,就约好在幼儿园门口一起入园。通过结对,年龄小的幼儿对哥哥姐姐建立了依恋感,减轻了与父母分离的焦虑感,能够很快地适应幼儿园的生活。

(2) 学习中心活动的结对。幼儿在学习中心活动时,需要做计划和走班,这就需要混龄结对。在做计划时,每个幼儿要清楚自己选择哪个中心的哪个区域进行活动,然后在班级的计划表里写上自己的计划。年龄大的孩子能较快较准确地在计划表里找到自己想去的区域,并写上自己的名字;而年龄小的孩子可能需要年龄大的孩子教他们认识计划表里的区域,帮助他们找到自己想去的区域,以及写上学号。经过年龄大的孩子的帮助,年龄小的孩子慢慢就知道如何选择区域和填写计划表了。在做好计划后,走班的过程更需要大小结对,因为走班要认识十二个学习中心教室的位置,并且在上下楼梯时要安全有序。同一混龄班选择相同区域的大孩子和小孩子可以结伴走班,年龄大的孩子有责任带领与他同一组的弟弟妹妹顺利到达所选的学习中心区域,并在区域活动时帮助弟弟妹妹了解区域规则和材料的使用。在结束学习中心活动后,年龄大的孩子带领弟弟妹妹收拾好工作包和作品回到教室。

第五部分 自发、自主的课程实施路径

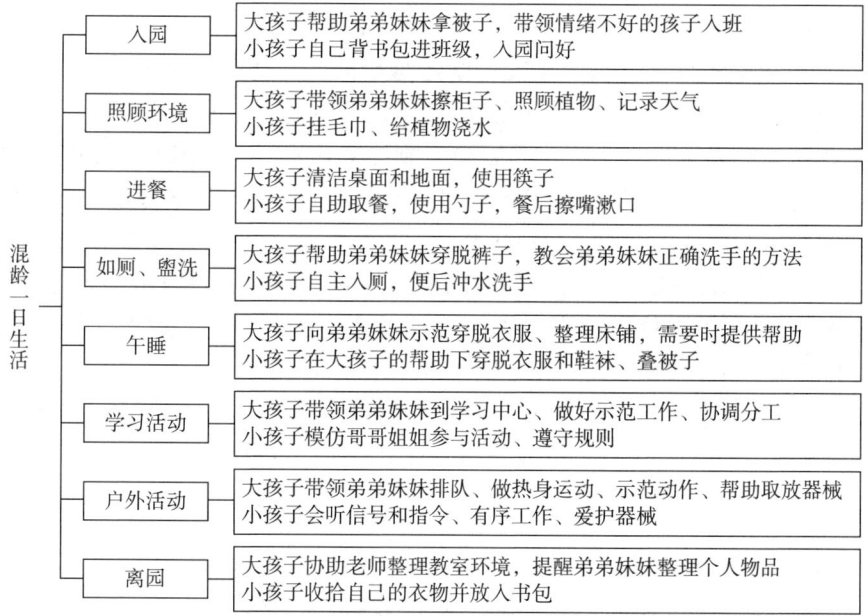

3. 自我服务，让混龄互动体现在每个生活细节

一日生活中要把握每个环节的教育契机，尊重和满足幼儿不断增长的独立要求，鼓励幼儿做力所能及的事情，逐步培养幼儿的生活自理能力。在混龄班级里，各年龄段幼儿的发展水平各异，我们要最大限度地支持和满足幼儿通过直接感知、实际操作、亲身体验来获取经验的需求。通过长时间的混龄互动，年龄大的孩子给年龄小的孩子做出积极的、正面的行为示范，年龄小的孩子则从年龄大的孩子的工作中获得榜样的力量和灵感。

大孩子擦拭材料较多的柜子

小孩子照顾植物

4. 关注全体，为不同年龄的幼儿提供环境支持

（1）巧妙的学号编排。幼儿的学号每年都会变化。小班年龄段的幼儿学号在 1 至 9 号之间的数字，中班年龄段幼儿的学号一般在 10 至 19 号之间，大班年龄段幼儿的学号一般在 20 号到二十几号。这样的编号方式，方便年龄小的幼儿认识和记住自己的学号，同时也方便他们将学号填写到计划表里。

（2）区域材料摆放要考虑幼儿的年龄差异。年龄小的幼儿经常使用的材料要放在较低的位置，如安排被子柜、书包柜、毛巾架等生活设施时要考虑低龄幼儿是否方便使用。

（3）餐具的提供。自助餐时，每个班级都会提供小夹子、汤勺、筷子、调羹等餐具，方便不同年龄的幼儿使用。每个幼儿也可以根据自己的能力和喜好选择餐具。

三、混龄幼儿互动

社会性是人类的一大重要特征，这一特征使得幼儿自然地倾向于和同伴一起学习、游戏、生活。在混龄班级中，幼儿不仅要面对同龄伙伴，也要面对年龄比自己大或小的同伴。在与不同年龄对象互动过程中，幼儿会表现出不同的互动方式，主要包括同龄互动和异龄互动。

同龄互动是指在一段时间内，幼儿与其他同龄幼儿之间相互接触的互动行为。由于同龄幼儿在认知水平、身体动作、思维等各方面发展水平都大致处于同一层次上，他们的角色较为单一，相互之间的竞争意识较强，在社会性发展方面存在着不足。在混龄背景下，由于同龄幼儿的人数只占班级的三分之一，同龄互动产生的效应也被大大弱化了，同龄幼儿在互动中更倾向于对事物共性的关注，同时在与其他年龄段幼儿互动而形成的亲社会行为，在一定程度上也影响了同龄互动的效果。

异龄互动是指在一段时间内，一个或多个幼儿与其他异龄幼儿之间相互接触的互动行为。在混龄班级里，高龄幼儿往往是低龄幼儿学习的榜样、模仿的对象，他们的行为对低龄幼儿有着示范作用。互动时，他们有责任帮助低龄幼儿。与此同时，低龄幼儿也作为学习者、被帮助者在观察、模仿和被辅导的过程中学习相应的知识和技能。每个幼儿在异龄互动中都能够相互挑战、相互调整，这既能反映出自身的原有水平，也能适度超越，反映出能力的最高水平，完成年龄差距之间的社会建构，使幼儿都能在自己的最近发展区

内获得经验提升和能力发展。

那么,"学习中心"里的同组成员,到底是怎样的工作状态呢?年龄较大或能力较强的孩子会主导协商和分工,明确每个成员的职责,并在协商中决定合作的任务,最重要的是教小的孩子使用材料;年龄稍小或能力稍弱的孩子会作为配合者,听从大孩子的指挥,完成被分配的任务;年龄小或能力弱的孩子会在大孩子的"教育"下,在观察模仿的基础上进行简单的学习,不过也有可能不受外在因素的影响而独自活动。有研究表明,工作时,幼儿的合作程度会受幼儿之间年龄跨度的影响。当年龄跨度在1年左右时,如小中组合、中大组合或同龄组合,幼儿之间的合作更为密切;当年龄跨度在2年左右时,这里主要是指小大组合,他们之间的合作水平会明显低于其他组合。总之,幼儿园从同龄到混龄编班的转变,需要从环境、教学策略、班级管理等各方面加以考虑。尽管混龄教育并不是一种能全方位解决现有教育问题的最佳途径,但它的确有益于幼儿身体、认知、社会、情感与个性品质的发展,也是现阶段最适合返本课程体系构建与实施的方式。

第二节 学习中心走班

学习中心活动充分体现幼儿的自主性学习,自主性学习本质上就是学习主体自我探索、自我选择、自我建构、自我创造知识的过程。自我探索往往是学习主体基于好奇心所引发的,对事物、环境、事件等的自我求知、索知的过程。因此,自主性学习既有积极主动学习的意思,还有独立思考,不依赖别人,遇事有主见,能对自己的行为负责,能自我建构、独立解决问题的意思。因此,学习中心活动强调的自主性比主动性更进一步,在强调积极主动学习的基础上,更强调突出幼儿的独立思考和自主建构。学习中心走班是对现有教育方式的一种颠覆,真正让儿童的学决定教师的教,是一个力图全方位把学习还给儿童、还原儿童学习本质的课程模式。

一、走班学习

在学习中心,幼儿的学习是通过"走班"来完成的。那么,什么是走班学习呢?所谓走班学习,是指幼儿依照自己的兴趣和能力,在一定范围内可以自主选择学习中心的活动区域进行学习和游戏,幼儿可以跨越班级,"走动""流动"到所选区域,实现基于学习中心的、混龄的、跨越班级的幼儿走动式学习。走班学习包含四层含义。

第一,幼儿"流动"。虽然学习中心和教室固定,但幼儿的选择范围扩大了很多,幼儿自主选择学习中心活动区域,再佩戴工作牌(便于各个教师辨认幼儿的姓名、班级和年龄层)"走动"到自己所选区域。

第二,混龄小组工作。混龄编班加上区域材料的层次性,学习中心的区域通常没有年龄限制。每个区域根据自身的特点,会有不同的人数限定,大致为2～4人,因此,选到同一区域的幼儿就会组成合作小组,在合作、协商中共同学习、探索和游戏,同一个班级的幼儿对某一区域选择形成的合作小组是以兴趣为聚合点,并大多以混龄合作小组为主要组合形式。

第三,以兴趣为主导。幼儿根据自己的兴趣选择学习中心的活动区域,并决定选择什么材料和工作任务,教师会根据幼儿的选择采用适宜的指导策略。

第四,教师"走班"合作。伴随着幼儿的"走班学习",教师也要跟着"走班指导"。班级三位教师,除了中心负责人留在本班,为选择到该学习中心工作的幼儿提供指导和帮助以外,另外两位教师要分别指导在重点区域工作的幼儿和其他走班工作的幼儿。走班指导过程中,全园教师共同讨论、协商、合作,目的在于支持全园幼儿的走班学习,不仅如此,他们还共同参与讨论各学习中心的环境创设、教学计划、工作指导策略等,形成全园教师合作性教学。走班指导需要教师对本班幼儿工作过程进行跟踪,当幼儿的活动范围逐渐扩大时,教师的观察范围也要不断扩大,教师之间的配合与合作也要不断进行灵活、主动的调整。

二、走班三部曲

学习中心走班过程分三个步骤完成:计划环节—工作环节—分享环节。它们是密不可分的走班组成环节。

1. 计划环节

经研究发现,幼儿的自我效能感、自控力和自尊都与计划能力有关;与被动做计划的幼儿相比,主动做计划的幼儿对活动与游戏的专注时间更长,参与度更高。鉴于此,幼儿园尊重幼儿的主体性,遵循从幼儿的兴趣、能力、经验出发的原则,采取自下而上的方式制订计划,从幼儿个体的学期计划到班级学期计划再到班级周计划,最终落实在幼儿的日计划中。

第五部分 自发、自主的课程实施路径

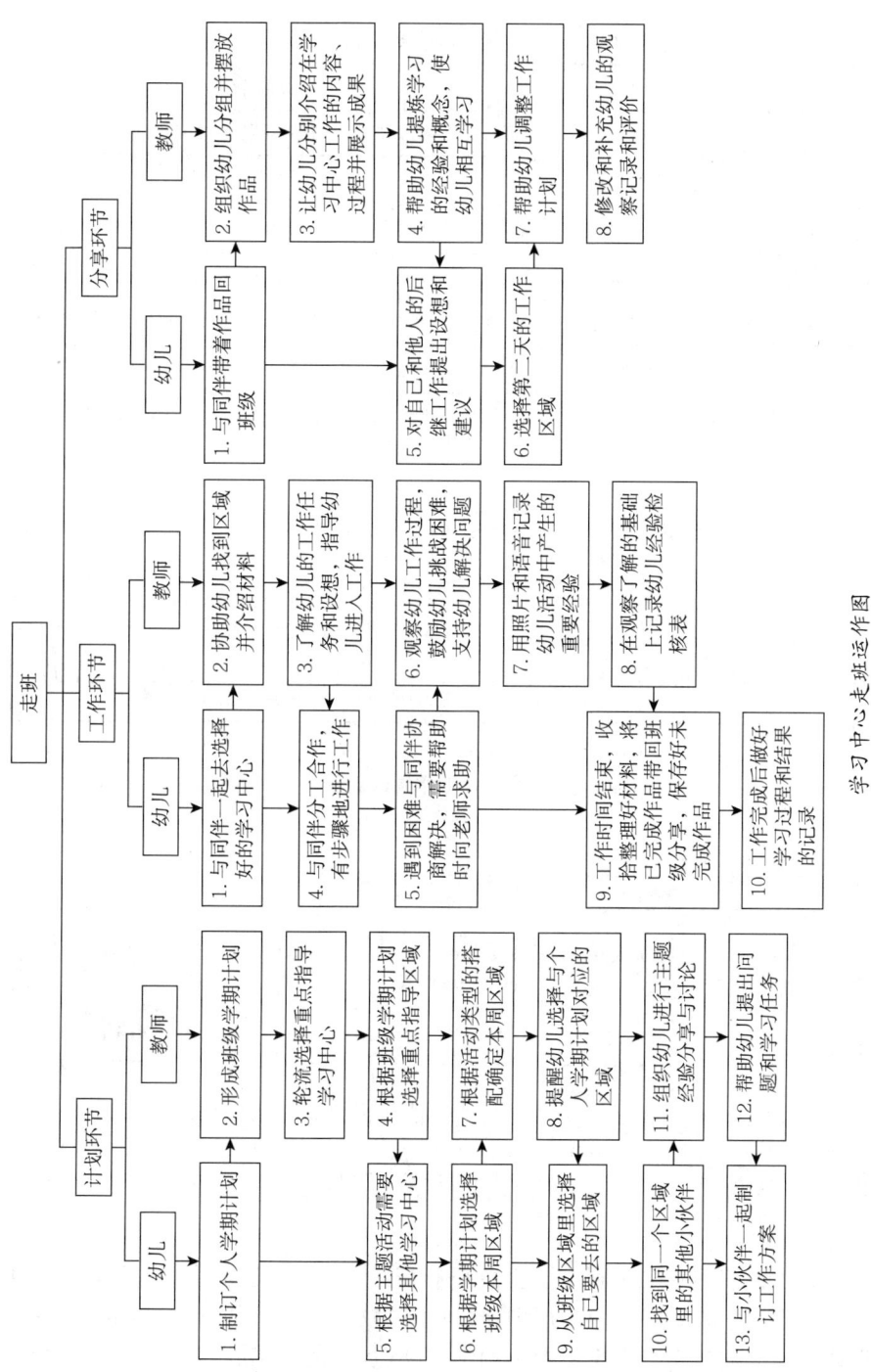

学习中心走班运作图

2015—2016年第一学期个人计划表

机械建构中心				音乐韵律中心			
万向球	木工区	沙盘区	小积木	乐器制作	节奏风暴	演唱区	视听区
生活体验中心				美劳创意中心			
插花区	研磨区	水果区	美发区	陶泥区	立体绘画	立体造型	水墨区
语言表达中心				民间游戏中心			
书法区	符号区	谜语区	小记者站	剪纸区	印染区	稻草区	糖画区
科学探索中心				戏剧扮演中心			
光影区	动力区	电力区	化学区	提线木偶	童话剧场	指偶区	手偶区
自然博物中心				社会人文中心			
昆虫区	鲜花香水区	天气观测区	宇宙区	城市与社区	中国文化	生命成长	世界文化
数学感官中心				思维益智中心			
数与量	加减乘除	分分秒秒	找规律	多米诺游戏	迷宫的秘密	棋子总动员	对战游戏

QQ班幼儿工作周计划表

为了帮助幼儿更顺利地学会做好个人计划,我们使用了几点策略:① 将全园的学习中心做好区域的规划,给每个区域命名,保证区域材料的可见性。让幼儿在学期初先熟悉学习中心的学习环境,包括区域的名称、区域的材料、同伴的选择和整个计划及工作流程,这样幼儿做计划时对所选择的中心及区域已经有了初步的了解。② 邀请家长参与到课程的实施当中,教师通过照片、文字等让家长了解幼儿园学习中心里各个区域情况,让家长协助幼儿根据年龄特点、兴趣爱好、能力发展的需要在学习中心里选出四个区域,形成个体的学期计划和班级周计划,如上表。

计划是整个学习中心活动的开始,也是关键的第一步,它不仅包括对学习中心活动区域的选择,还包括对当天工作任务的计划。教师可根据幼儿学习需要将计划时间安排在活动前一天下午或者每天早晨入园后进行。幼儿可以按自己的兴趣和想法自由选择自己喜欢的学习中心,也可以与要好的同伴相邀共同选择一个学习中心,以便更好地合作学习。教师引导不同年龄的幼儿使用不同的方式做计划,如小班幼儿使用数字,中班幼儿使用数字或名字,大班幼儿书写自己的姓名。

谈话是计划的一部分,最终是为了帮助幼儿根据谈话内容确定区域工作任务。教师和三个不同年龄段的幼儿在一起谈论有共同兴趣的话题,通过开放性的问题让大家分享和表达各自的经验和想法,鼓励每个幼儿积极表达、发散思维,生成当天的际遇活动计划内容。

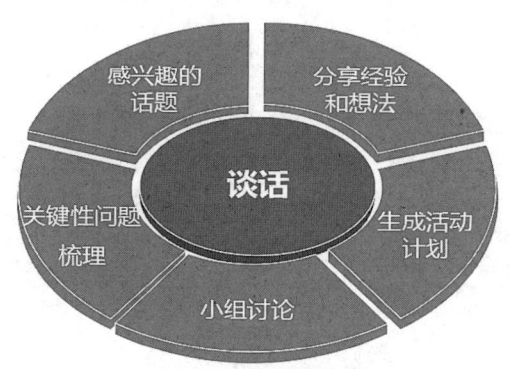

学习中心走班学习第一步

案例:2011 年 4 月底,孩子们进行的"宇宙太空"际遇活动已接近尾声,28 日上午晨谈,他们从这个话题转移到夏天的事和物。5 月 5 日上午晨谈,他们仍然就"夏天"这个话题进行讨论……

张　薇:我觉得夏天可以冲浪。

黄均楠:冲浪是在大海。

赵曼琳:冲浪板是一个塑料做的板子。

李　致：我觉得冲浪板像马的脸一样。
黄均楠：冲浪板上面有一个东西会把你的脚扣住，你就不会掉下去。
刘瑷玮：冲浪是要躲在海的里面。
刘　瞳：如果躲在下面冲浪就会把人和冲浪板冲走。
黄均楠：冲浪板会冲到海面上是因为有冲击力。
杜龙宇：其实冲击力就是你坐在船上，忽然一停，你就会往前冲。
张皓楠：你要是手一推的话，虽然会冲出去但冲击力太小。
赵曼琳：跑得越快冲击力越大。
吴诗曼：冲浪板要长长扁扁的，不能是鼓的，不然它就保持不了平衡。

谈话中，孩子们对"冲浪"产生兴趣。于是，他们即时生成冲浪的活动，并根据自己的意愿选择到不同的中心进行活动。

2. 工作环节

幼儿可以根据自己的计划选择到任意一个学习中心工作，可以根据任务的需要转换中心和区域，也可以到其他中心和区域拿取自己需要的材料，创造性利用资源。教师通过开放性的问题支架幼儿的学习，并有目的地观察记录，使幼儿能发现问题并解决问题。

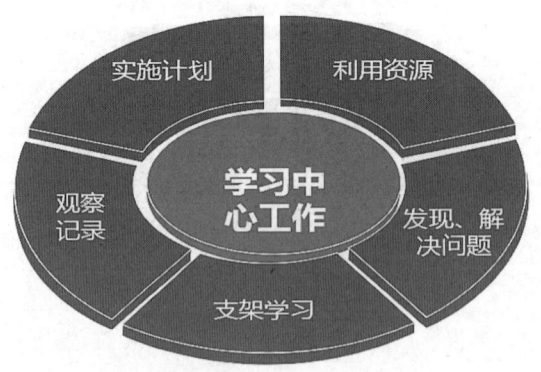

学习中心走班学习第二步

案例1：四个孩子来到美劳创意中心，选择水彩绘画"冲浪"……她们讨论用纸的问题，用尺子测量画纸的长和宽，并对测量结果进行了记录。绘画时孩子们不断讨论颜色的变化并将冲浪板画在海浪中间，完成绘画后他们又讨论了画面的故事情节。后来，他们选择到戏剧扮演中心表演创编的故事《大海里冲浪》。表演结束后把表演过程记录下来……

案例2：三个孩子来到了科学探索中心做冲击力的实验，他们分成了两组，寻找需要的材料，一组找到电池、电池盒、马达、塑料片，开始组装风扇，另一组在材料柜里发现了一个吹风筒，然后又找了纸盒和水……他们发现水多了，冲击力也会变大；用小马达做的风扇风太小，而风筒吹出来的风很大，冲击力就大。后来又尝试用气球，发现气球里的气越多，冲击力就越大。

3. 分享环节

全班幼儿可以共享经验，学习运用一定的策略整理自己的思维。分享时，可以让低龄幼儿先分享，再让高龄幼儿补充，让每个孩子都有成就感。分享后，教师帮助幼儿建构概念的理解，也鼓励同伴之间提出评价和建议。

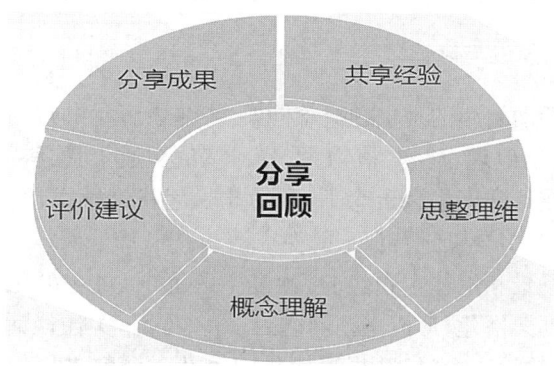

学习中心走班学习第三步

案例：工作结束回到教室，小朋友们一起分享了冲浪的舞蹈、冲浪故事剧、故事盒的故事；展示了冲浪服装、冲浪板及水粉画、沙画、雕塑；介绍了冲击力的实验情况和创编的游戏玩法。老师通过提问引导孩子讲述颜色的变化、测量的记录、数学的加减运算。

最后，所有幼儿每天都及时地将工作过程用图画、文字、数字等形式详细地记录在"工作记录本"上，回家后还需家长根据孩子的描述将工作过程、成果用文字记录在"工作记录本"中家长记录栏上。这不仅锻炼了幼儿的绘画、语言、数学与表达方面的技能，而且有利于建立良好的亲子关系。同时，这种记录方式能让家长了解到幼儿在幼儿园学习的情况，建立家庭与幼儿园之间的紧密联系。

第三节　际遇主题

一、际遇性主题活动

际遇性主题活动是指在主题概念大框架的指引下,"追随幼儿"的经验和想法,关注幼儿在实际生活中遇到的事情,关注当下幼儿的聚焦点开展的主题探究活动。际遇性主题活动强调幼儿的已有经验,重视幼儿的兴趣和想法,支持幼儿进行有意义的学习,体现了返本课程的"儿童中心"理念。

二、主题的预设与际遇

贯穿际遇活动始终的是主题概念框架,主题内容是贴近幼儿日常生活的各方面内容,包括地理、动物、植物、季节、建筑、交通工具、科技、社区、运动、民俗等。教师在这些大主题概念下,和幼儿一起找到感兴趣的关键点,顺着幼儿的兴趣方向,引导其进行深入的探究活动。也就是说,一方面,教师根据幼儿日常生活场景和以往主题经验,预设主题范围,将有可能深入的认知点做整体的概念框架搭建,形成主题网络图;另一方面,关注谈话中幼儿的兴趣点,进行有意义的深入探讨,并根据探讨内容及时调整本班的主题框架。这既体现了主题活动的预设性,也体现了生成性,在确定范围内呈现出随时会发生变化的不确定范围。

际遇性主题活动更加贴近幼儿的生活经验,支持学科知识、已有经验、感官操作之间的有效联系,平衡经验的完整性,建构完整而全面的认知体系。每一次际遇性活动可以始于谈话,也可以始于日常生活中幼儿的闲聊。通过谈话,教师可以了解幼儿的已有经验、思维方式和活动水平,继而因势利导,帮助幼儿发现感兴趣的话题,并指导幼儿清楚地表达想法,为幼儿实现自己的活动构想打下方向性基础。

第四节　微型社区

幼儿与他人相互作用的机会对幼儿社会性、情感的发展具有重要意义。为了让幼儿有更多的机会与他人更积极、更有针对性地互动,我园专门设计了各种微型社区活动让每个幼儿参与,从而促进其社会性发展。

我园的微型社区活动有特定的活动内容,并且已经形成了一个独特的、完整的运作模式。这里的微型社区跟日常生活中的社区相比,空间较小,也比较简单。由于空间较小,参与者是幼儿,因此关系、事件也相对简单。微型社区的活动有真实的,也有虚拟的,幼儿以模仿、亲身体验的方式表现成人的社区生活,同时也是在真实地享受自己独特的社区生活。

一、创设有真实情境的社区环境

幼儿是幼儿园的主人,他们有义务与权利参与幼儿园的所有活动,做他们力所能及的事情,并在过程当中受到适宜的挑战,获得发展。

1. 爱心天使

清晨,负责爱心天使工作的孩子们一大早来到幼儿园,佩戴好"爱心天使"标识后,便开始他们忙碌的工作。他们在幼儿园的门口迎接每一个来园的小朋友,跟他们打招呼。当弟弟妹妹们需要帮助时,他们会帮忙提被子或抬被子;遇到有情绪的小朋友,他们会牵着小朋友的手将其送到教室。

爱心天使帮助小班孩子拿被子

2. 照顾植物

幼儿园的环境维护工作除了由专门的工作人员负责之外,小朋友也是环境维护的一分子。负责照顾植物的孩子来到幼儿园后,他们到班级包干的区域内和家长义工一起用洗米水为植物浇水、除草、填土、剪枝、扫落叶等。在照顾植物的过程中孩子了解了植物的生长特点,学习了照顾植物的技能。

3. 帮厨

每天早上都有孩子穿上工作服和厨房的叔叔阿姨一起准备当天的食物,他们给生菜分片、摘除葱的黄叶、给西红柿除蒂、打鸡蛋等。家长义工一边工

清洗西红柿

作一边给孩子讲解各种食物的洗、切方法。孩子们亲自动手准备食物,这是对厨房叔叔阿姨们的付出最好的回馈。

4. 送报

小小送报员们到门卫处取来当天的所有报纸,分类摆好。每人拿一份报纸,带上签收登记表,将报纸送到指定办公室。老师鼓励孩子们独立完成这项工作,这是对孩子最大的挑战,因为要记清楚每位老师的办公室位置,并准确地将报纸送到每位老师的手中。

到门卫处取报纸的孩子们

在银行排队存钱

5. 儿童银行

每天早上,儿童银行的柜台前面都会排起长龙,孩子们有序地将自己通过劳动而获得的报酬存入儿童银行。银行的工作人员(一名儿童、一名家长义工)会给来存钱或取钱的幼儿做好记录。工作人员会问:你今天存多少钱?加上原来的金额总共是多少钱?减去取出的钱,你还剩下多少钱?孩子们在这样的对话中进行数学的学习,练习简单的换算;在存、取过程中学习规划资金,了解银行运作的简单流程。

6. 儿童图书馆

每个幼儿都可以到儿童图书馆借阅绘本,办理借阅手续后,便可将绘本带回家中与爸爸妈妈一起阅读。阅读完毕后,幼儿需在规定期限内到图书馆办理还书手续。孩子们在这样的借阅活动中了解图书馆借阅图书的基本流程,养成爱读书的好习惯。

7. 种植、饲养

幼儿园开发班级种植区域,所有孩子和老师一起领取责任田参与种植活动,聘请有经验的爷爷奶奶担任种植顾问,一起学习种植养殖的方法,并记录植物的生长过程。幼儿在种植养殖的过程中,了解动植物的种类及它们的生长过程,感受生命、珍惜生命;感受自己的行为与动物生长之间的关系,了解不同动物的生活习性,学习用不同的方法照顾动物;提高劳作能力、分工合作能力;培养探究、耐心、责任心等品质;体验劳动的快乐、收获的喜悦。

幼儿记录植物的生长过程

8. 大型活动

每周的晨会是幼儿园一周工作的开始,也是每个班级展示自己的舞台。在这里,所有人能了解每个班此时正在开展的主要活动是什么,幼儿园近期的动态是什么。除了晨会,每学期还有不同的大型活动,如跳蚤市场、儿童拍卖会、新年庙会、运动会、大班毕业典礼等,这是幼儿园与全园孩子及家长的大聚会。

二、创建丰富多样的微型社区

所有的微型社区活动必须有与之相匹配的环境才能正常运作。微型社区的环境创设来源于成人生活的环境,再在此基础上进行调整,成为适合儿童的环境。我园在环境创设与材料投放上考虑了以下几个方面。

1. 以儿童视角提供工具和材料

微型社区的活动每天都在进行,幼儿使用的各种工具或材料需就近摆放。例如,在一个离大部分班级包干区较近的、成人和幼儿每天都会经过的小区域内摆放照顾植物使用的洒水壶、小扫把、小剪刀、水桶等。幼儿和家长义工每天经过的时候就能观察到别的幼儿是如何取放材料及照顾植物的。在植物园里一个特定的区域内摆放各种工具,如锄头、耙子、卷尺、竹竿、记录纸和笔、洒水壶、有机肥料等,幼儿在观察植物过程中便可以随手拿到需要的工具或材料。儿童银行设置在每个儿童都会经过的大厅内,这样当幼儿看到别人排队存取钱时,便会想自己是否有钱需要存入银行。

2. 利用装束提升角色感

服装能帮助幼儿体验角色感,清楚此时此刻自己的身份,做相应的工作。比如,幼儿在帮厨的时候会戴上厨师帽、穿上围裙,会感觉自己就是一名厨师,必须认真完成当天的帮厨工作。"爱心天使"在工作时佩戴"爱心天使"的标识,立刻变成一个有帮助别人使命的人。

3. 以仿真、模仿成人生活为重点

微型社区的活动内容是模仿成人的生活,这就需要我们了解成人的生活,再从中提炼出最重要的环节,变成幼儿可操作的流程。例如,在儿童银行,我们为幼儿准备一个较为私密的"儿童银行"空间作为银行柜台,定制儿童存折、存取记录印章和儿童钱币,制定儿童银行管理条例,保障儿童银行正常运作。在流程设计上只设置存钱和取钱的功能,儿童银行工作人员为幼儿盖章做记录,并清点银行当天的金额收入,交到幼儿园财务室。在儿童图书馆,我们制订图书管理系统、电子图书借阅卡、制订借阅规则,幼儿可以独立到图书馆的工作人员处借阅或归还图书。

三、创新微型社区的组织运作

每学期初,幼儿园制定本学期全园班级微型社区活动安排表,提出每项微型社区活动的规则与要求,并发放给每个班级;班级老师根据幼儿园的学期安排表制定班级幼儿轮流计划表。每位幼儿都要参加所有的微型社区活动,在一个学期内,每个幼儿有十三次以上的机会参与各项微型社区活动。

所有的微型社区活动都是相互关联的,形成一个独特的、完整的运作模式。幼儿在每天的爱心天使、照顾植物、帮厨、送报、儿童银行等工作中获取报酬,到幼儿园财务室领取工资(儿童钱币),再将工资存入儿童银行的个人账户中。幼儿在儿童图书馆里每借一本书需要支付相应的费用,因此,他们可将自己赚取的工资预存到自己的电子借书卡中,以便借阅图书时支付费用。幼儿还可将工资取出,与父母兑换成人民币,参加幼儿园举行的庙会或跳蚤市场、儿童拍卖会,也可到超市购买自己所需的物品,如"微型社区运作图"。

幼儿园既是幼儿的社区,也是家长的"责任田"。各班家委会根据本班的微型社区活动安排表安排本班家长轮流参与微型社区家长义工的工作。家长义工协助幼儿完成当天的微型社区活动,并在活动中做好指导与记录的工作。

微型社区是幼儿真实的生活,是一种综合性的、多层次的互动。儿童在具体的情景中与他人互动,具有情景性、真实性和挑战性。在具体的情景中,儿童要有角色意识、应变能力,能在角色和规范之间建立必要的联系。

第五部分 自发、自主的课程实施路径

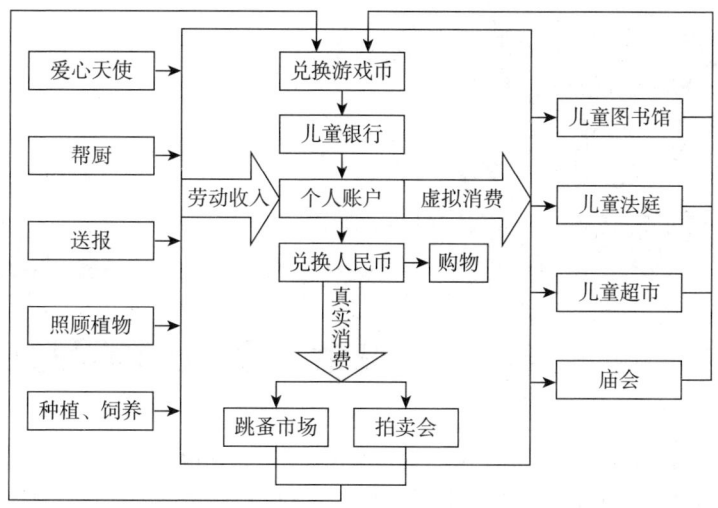

微型社区运作图

第六部分
融合、创新的学习共同体

"学习共同体"已成为学术研究的常用词。究其内涵,学习共同体是由具有共同信念、共同目标的学习者及其助学者(包括教师、专家、辅导者等)共同构成的团体。在知识共享和同伴支持的基础上,通过参与交流、协作、反思等活动,成员之间形成相互影响、相互促进、相互竞争的人际关系,最终促进个体的成长,达到有意义学习的目的。幼儿园的课程建设为幼儿、教师、家长搭建了共同学习与成长的平台,通过课程研究与开发,教师之间、师幼之间、亲子之间、教师与家长之间在交流和反思中相互影响、共同成长。他们作为学习共同体而相依相存。与此同时,幼儿、教师和家长也获得相应的发展:幼儿获得个性与潜能的全面发展,教师获得专业化的成长,家长通过参与幼儿的学习与生活获得亲子关系的升华。

第一节　课程促进幼儿学习品质的培养

《指南》在"实施原则"中提出要"重视幼儿的学习品质",这是学前教育的国家纲领性文件中首次出现"学习品质"一词,学习品质成为学前教育领域关注和研究的焦点之一。

什么是学习品质?《指南》指出,"幼儿在活动过程中表现出的积极态度和良好行为倾向是终身学习与发展所必需的宝贵品质"。学习品质不是具体的方法和技能,而是在学习过程中的默认反应或行为定势。

一、返本课程中幼儿学习品质的主要体现

1. 自主学习

自主学习主要包括：能自主做选择、能自主计划自己的活动、能自主选择材料进行活动、能决定独立工作或与人合作。在学习中心的具体表现为：能自主选择学习区域和同伴；能独立计划自己在区域中的活动任务；能独立选择自己需要的材料；能长时间地独立工作，或主动与同伴一起合作完成作品等。

2. 自我管理

自我管理主要包括：能自主走班、能管理好自己的物品、能在活动中遵守规则、能对活动空间及安全性做出判断和调整、能完成工作任务等。在学习中心的具体表现为：能独立找到走班的位置；能带齐水壶、记录本、作品等个人物品；能意识到规则的意义，并能基本遵守活动中的规则；能在活动中注意到周围的情况，能调整自己的空间位置，避开危险；敢于尝试有一定难度的活动；能完成自己的工作任务等。

3. 探究问题

探究问题主要包括：能发现和认识问题、能与他人探讨问题、能寻求资源和帮助解决问题、有探究的思维习惯等。在学习中心的具体表现为：能辨别问题，并想办法验证自己的猜测；能比较清晰地表述自己的问题，能和他人进行几个回合的讨论；遇到问题或困难会独立尝试用多种方法来解决问题，能自如地向老师寻求帮助；能有意识地运用观察、预测、比较等探究方法等。

4. 合作意识

合作意识主要包括：与同伴交往、与成人交往、合作性学习等。在学习中心的具体表现为：喜欢和同伴一起游戏，有经常一起玩的伙伴；能注意到别人的情绪，并表现出关心和体贴；愿意接受同伴的建议；能与熟悉的成人交谈，在需要时会寻求成人的帮助；能够与同伴协商，共同完成任务等。

5. 创新精神

创新精神主要包括：以新方式进行活动和探索、以艺术方式表达思想及创意、用语言表达自己独特的想法及做法等。在学习中心的具体表现为：能充分利用学习中心和区域，用丰富多样的方式表达和探索；在美术、音乐、戏剧等艺术表现中能添加新的元素表达事物、经验和想法；能运用一些专门词汇表达独特的想法和做法，表现对作品的欣赏等。

6. 专注工作

专注工作主要包括：能在活动过程中排除干扰、能应对活动中遇到的挫折、能在活动过程中有步骤地坚持完成工作等。在学习中心的具体表现为：能排除干扰，集中注意力完成任务；遇到挫折会积极地反复尝试直到问题解决、完成任务；能长时间地将注意力集中于自己的活动，能有计划、按步骤地坚持完成工作等。

7. 自我评价

自我评价主要包括：能归纳一些想法，能做一些预测，能理解他人的意图和思考，能做出评价等。在学习中心的具体表现为：能完整地表达整个工作过程的步骤、遇到的问题、解决的方法以及发现的结果，并能思考下一步可以怎么做；能理解同伴对工作过程和作品的表达，可以做出补充说明，能评价作品及工作过程等。

二、返本课程中幼儿学习品质的培养策略

1. 通过自主活动培养学习品质

幼儿的学习品质在自主活动、参与游戏、探究发现中自然展现。以学习主动性为例，幼儿每天做计划就是在有目的地选择中发展其学习主动性；3～4岁幼儿想要参与活动，知道自己想要去的学习中心；4～5岁幼儿能够根据自己的想法选择学习中心、区域与材料；5～6岁幼儿依据主题，能够有目的、有计划地选择学习中心、区域与材料等。

2. 通过混龄教育培养学习品质

在幼儿期，学习品质的发展有着明显的年龄特点，而混龄教育则有助于幼儿学习品质的培养。以幼儿合作性交往为例，3～4岁幼儿能听从分配协助活动；4～5岁幼儿能够与同伴协商共同完成任务；5～6岁幼儿能够组织与协调不同年龄的同伴完成任务。同时，幼儿在同一个班级中能明显地感受到年龄的变化和角色的变化，会模仿年龄大的孩子的行为，当大孩子毕业，自己升级时，会对自己有更高的期望。

3. 通过教育评价培养学习品质

在幼儿的自我认知、教师评价和家长评价的相互作用下，幼儿逐步建立其作为学习者的形象。在学习中心活动中的分享环节，幼儿对当天的活动进行自我评价，教师环节分享幼儿在活动中所展现的学习品质，通过幼儿自我

评价和教师评价培养幼儿的学习品质。以自我评价为例,3~4岁幼儿能简单描述自己的工作,介绍自己的作品和合作伙伴,能耐心倾听同伴的分享;4~5岁幼儿能讲述工作过程,倾听并理解同伴的分享交流;5~6岁幼儿能表述工作内容和过程、遇到的困难及解决方法,并能思考和解释工作思路。

第二节　课程促进教师的专业化成长

关于幼儿教师专业化的内涵,国内外学者有诸多种表述。本书采用北京师范大学张燕教授对幼儿教师专业素质结构的界定,即幼儿教师的专业素质包括专业精神、专业知识和专业能力。

一、教师的专业精神

2012年2月10日,教育部颁布的《幼儿园教师专业标准(试行)》对幼儿园教师专业精神做出了明确的要求。幼儿园教师的专业精神是幼儿园教师对幼儿保教事业所持有的专业理念、专业态度以及道德情操三者有机结合的系统,包括职业理解与认识、对幼儿的态度与行为、幼儿保育和教育的态度与行为、个人修养与行为。专业精神落实在返本课程中,包括:建立平等、尊重的关系,营造充满爱的氛围;文明的言行举止,体现教师的专业形象;自主管理,不断追求卓越。

在返本课程的建设中,为了加强教师的专业精神修养,我园曾多次邀请国内外知名教育专家开设多项心理培训课程,同时园内也开展五项专题培训课程,通过培训让教师从认识自我开始,从心理层面去认识儿童和家长,以专业的理念引领家长,以专业的态度对待职业。

二、教师的专业知识

专业知识是专业能力和专业精神的知识基础,获取丰富的专业知识是幼儿教师走向自我更新的基础与前提。一般而言,幼儿教师应具有教育学、心理学、生理学等方面的知识,以及教育教学的知识技能等。这些知识可以帮助教师认识和理解教育对象,运用各种教育手段和方法有效地开展教育教学活动。教师还应拥有学科专业知识和工具性学科知识等基础性知识,包括语文、数学、科学、物理、化学、自然、社会、艺术、信息技术等,这是教师胜任教学工作的基础性知识。

在返本课程中,十三个学习中心涵盖自然、科学、人文、戏剧、语言、美劳、数学等学科,这对教师的专业知识要求极高。例如:机械建构中心有木工区、机械区、积木区等,每一个区域都提供真实的工具和材料,如锯子、热胶枪、扳手、锤子等。幼儿通过动手操作了解工具的特点及作用,通过使用工具和零件进行制作、拆装、组合,利用各种材质的积木搭建作品。这就要求教师具备物理和科学的学科性知识,具备机械、建构的通识性知识,具备支持幼儿发展的教育性知识。只有教师具备扎实的专业知识,才能创设丰富的教育环境,才能给予幼儿适宜的指导,真正落实返本课程的教育理念。教师获得专业知识的途径很多,在课程建构的过程中,幼儿园以工作坊的方式开展了多项培训,同时也鼓励教师树立终身学习的观念,自主、自觉地学习专业知识。

三、教师的专业能力

教师要胜任工作、承担好教师角色,必须具备良好的教育实践智慧、观察和指导的能力、创设环境的能力、合作和反思的能力、教育管理的能力、教学科研能力,才能不断促进专业化成长。

1. 教育实践智慧

返本课程的教育理念和课程模式对教师实践智慧的要求较高。以幼儿为本,教师必须时刻站在幼儿的立场考虑问题,关注幼儿的切身利益;以生活为本,教师必须从生活中找寻教育资源,关注幼儿的生活经验;以教育为本,教师必须回归教育的本质,注重幼儿的自由成长。这一切都应体现在教师的教育行为中。经过返本课程历练的教师,能够逐步领会课程所倡导的儿童观、教育观和教师观,在与幼儿的亲密接触中,在与同事的通力合作中,能掌握将理论知识转换为实践智慧的方法,并逐渐累积教学经验,从而形成"理论知识—教育智慧—实践经验"的良性循环,最终成长为一名专业的幼儿教师。

2. 观察和指导能力

观察是实施有效指导的前提,没有细致的观察,就谈不上正确有效的教学指导。返本课程中,教师要正确指导幼儿的学习活动,就要观察了解在先,介入指导在后。通过观察发现幼儿的兴趣点,根据幼儿的行为表现,了解哪些活动区更吸引幼儿,哪些材料是不适宜的,进而及时更换、增添操作材料。对于发生在幼儿之间的一些需要教师来处理的问题,如果没有观察到事情的过程,就很难做出正确的分析,处理问题时就不会公正、客观。因此,每个细节都需要教师细致入微的观察。

3. 创设环境的能力

《幼儿园教育指导纲要（试行）》明确提出："环境是重要的教育资源，应通过环境的创设和利用，有效促进幼儿的发展。"返本课程没有结构化的教学内容，课程是在幼儿与环境的互动过程中进行的，这就要求教师必须具备创设环境的能力，包括创设物质环境的能力和创设心理环境的能力。

教师创设物质环境的能力包括：能够合理利用室内空间，设置功能明确、位置合理、空间充足的活动区，满足幼儿进行多种类型活动的需要，并使各个活动区得到充分的利用；能够根据本班幼儿的身心发展特点在活动区为幼儿提供安全卫生、数量丰富、种类多样的游戏材料，存放方式便于幼儿独立取放和选择，有适宜的标签标记；能够结合开展的主题活动或幼儿的兴趣与需要，及时增添、变化材料；能够根据幼儿的身心发展水平让幼儿不同程度地参与班级的墙面布置，展示的材料或作品内容丰富，供幼儿欣赏的成人作品数量和幼儿自己的作品数量比例恰当，墙饰与作品的高度适合幼儿的视角；能够根据幼儿身心特点、个体能力和需要以及天气变化等各方面的情况，调整活动场地和变化活动器材。

在创设心理环境方面，返本课程要求教师创设轻松、愉悦、自由的心理环境，确保师幼间能够进行广泛、适宜的互动。教师创设心理环境的能力包括：能够在一天之中和大部分幼儿有个别化的交流；能够随时随地关注幼儿的发展与需要，鼓励幼儿探索，给予幼儿适宜的支持与帮助；时常保持微笑，在一日活动的各个环节中与幼儿愉快交往；能够关注幼儿的情绪情感，欣赏并肯定幼儿的积极行为，以适当的方式处理幼儿不恰当的行为；能够在日常活动中经常有意识地创设机会，引发和鼓励幼儿之间不同形式的、有意义的互动。

4. 合作和反思能力

返本课程中，教师合作教学是教师提升合作和反思能力的重要途径。教师合作教学是指教师以教师团队为组织，为完成共同目标分工合作进行的教育、教学和科研活动（如下图）。教师合作教学的全过程，是一个由观摩到创新，由交流到探究，由感性到理性的教师反思感悟和素质提升过程。它在提升个人素质的同时，发挥了团体优势，从群体和个人两个方面为教师素质提升做出了贡献。班级的三位教师在谈话与分享、工作及学习评价的环节中形成有序的、默契的合作教学策略，形成班级合作的共同体，进而扩展到全园教师支持和指导每一位儿童的学习，形成全园教师教学的一个合作共同体。

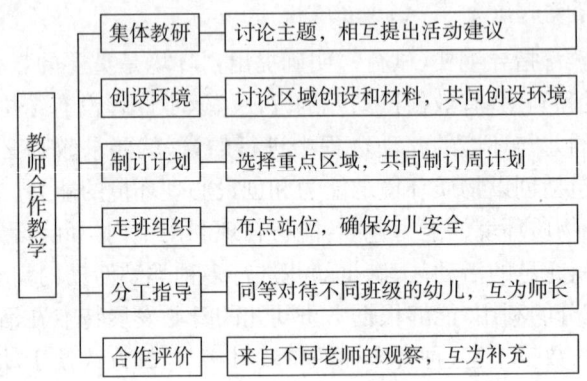

5. 教育管理能力

我园每个班级配备三位教师,即主教、中心负责人和助教,她们在班级管理中的角色和职责是不同的。具体而言,她们在课程建设中的能力要求如下:

(1) 主教:第一,统筹安排的能力。统筹安排班级的事务,让三位老师分工明确,配合默契,每样事情有人管,三位老师行动一致,班级管理活而不乱。第二,带人的能力。用自己的长处去影响新人,并能把课程中的细节和关键点指导到位。第三,解决问题的能力。班级事务较多,主教要有发现问题、分析问题和妥善解决问题的能力。

(2) 中心负责人:第一,系统思考的能力。从主要负责班级环境材料的工作转换到全面了解并熟悉班级的课程安排、家长工作、幼儿的学习等各项工作,系统思考各项工作的目标及内容,并能付诸实施。第二,责任心的建立。要成为一个中心负责人,最重要的特质是具有较强的责任心,能够独立自主地管理好一个班级。

(3) 助教:第一,观察和分析的能力。通过观察,评估幼儿的需要,拓展他们的经验,促进他们的学习。第二,指导幼儿活动的能力。教师指导幼儿活动能力的高低直接影响幼儿的学习与发展。教师的专业技能、对孩子的了解、对材料的了解、对核心经验的把握等都会影响教师指导幼儿活动的水平。

6. 教学科研能力

所谓教学科研能力,是指教师用科学的方法对教育领域中的某些理论和实践问题进行探索,揭示其普遍规律的一种能力。返本课程是源于实践的行动研究,它要求教师关注自己的教育实践和周围发生的教育现象,对日常工作保持一份职业敏感和反思的习惯,善于从中发现问题,形成理性的认识,从而提升科研能力。

四、教师获得专业成长的途径

(一)教师团队的阶梯发展途径

我园在课程建设的过程中尤其注重教师的梯队发展,充分利用各种途径为不同层次、不同岗位的教师搭建专业成长平台,促进其职业发展。

1. 关注教师的层级培养,提供课程资源,汇集教育成果

幼儿园的课程建设能够满足不同层级教师的发展需求,新教师和年轻教师的学习重点在学习中心的核心技能上,骨干教师的学习重点在观察指导幼儿的策略上,成熟教师的学习重点在课程的设计和评价上。幼儿园在课程建设的过程中开展多渠道多形式的活动,为不同层级的教师提供成长路径。

第一,开展"能者为师"的拜师结对活动。每个新教师都要主动寻找一位有经验的教师结对,开展一对一的帮扶指导,结对的老教师要帮助新教师规划个人成长的计划,并在日常工作中教、引、促,使他们快速成长。

第二,建立教师专业成长档案袋,内容包括:"我的简历"、"我的专业规划"、"我的工作"、"我的学习"、"我的成绩"等。教师每学年都要从个人行动研究、心灵成长、项目学习等方面对自己提出专业发展规划,学年结束后进行小结。

第三,设立教科研奖项,如论文奖、成果奖、发表奖、育人奖等;为教师提供各种学习机会,搭建梯级培养平台,鼓励教师们开展个人专题行动研究,承担幼儿园课题研究及成果建设工作,承担部分园本培训或对外交流工作等。

2. 发挥教师的课程领导力,按岗满足需求,搭建成长阶梯

从课程建设的需求上,我们需要有专业能力的教师;从幼儿园发展的需求上,我们需要有专业能力和领导能力的员工。我们的教师团队有主教、中心负责人和助教,每个岗位的教师都应该明确自己在团队中应该担当的角色,发挥的作用,以及努力的方向,从而成为幼儿园发展中的有用人才。

课程在开发和实施过程中要求教师分工协作,不同岗位的教师需要明晰岗位职责,以及在课程建设中承担的工作内容。主教是行动和语言的示范者,其课程领导力体现在能够独立承担园本教研和培训工作以及组织、策划大型活动方面。中心负责人是学习环境的创设者,其课程领导力主要体现在不仅能够创设孩子"能玩、爱玩"的学习中心,而且能够及时追随幼儿的兴趣

点调整和更新材料。助教是各项活动的参与者,其课程领导力体现在明晰课程内容,为课程实施提供支持,维护和保持教室整洁有序。

(二)教师在课程建设中的专业化成长途径

1. 在课程建设中构建学习型组织

幼儿园通过课程小组会议、班级教师深度会谈、教师集体备课等方式构建学习型组织。

(1)学期计划论坛。学期初,幼儿园各部门负责人和各班级主教在全园大会上分享自己的教育方向、愿景、对工作的思考并提出可行性策略,幼儿园将这些计划汇集成全园的具体工作计划。

(2)班级深度会谈。班级深度会谈是多年来我园采用的一种特有的学习培训方式。每周二中午各班级三位老师进行班级深度会谈,针对班级中出现的诸多问题,三位老师发表自己的见解,从不同的角度去剖析问题、解决问题、反思问题。

(3)教师集体教研。教师集体教研也是我园教师专业成长的重要途径。每周三中午班级三位老师根据主题讨论谈话内容、制定区域工作内容,再由中心负责人在集体备课会议上讨论确定,让各中心负责人更有针对性地去准备中心材料及提前做好各年龄段的指导工作,促进幼儿更有效地学习。

2. 在课程建设中开展多渠道培训

幼儿园曾多次邀请国内外知名专家入园开展培训,从心理学、教育学、社会学等多种学科拓展教师的思维,让教师从内心深处认同自我,并学会挖掘自身潜能,为参与课程奠定基础。同时,幼儿园持续开展了五项培训,即自我超越、改善心智模式、建立共同愿景、团队学习、系统思考,帮助教师认识自我,挖掘自身潜能,构建学习型组织。此外,幼儿园以工作坊的方式开展技能培训,提升教师的专业技能,帮助教师更有效地指导幼儿在学习中心的活动。

3. 在课程研究中发展研究型教师

幼儿园在认识幼儿、理解幼儿的过程中,更加清晰地认识到教育的本源就是满足幼儿的本质需要。只有教师实现专业化成长,才能真正落实以幼儿为本的教育理念。从这个认识出发,我们一直以实践创新和科研探索的方式进行课程建设,独立承担了广东省教育科学"十二五"规划课题、广东省教育研究院课题和深圳市教育教学规划重点课题,开展了幼儿园学习中心课程模式、学习中心组织形式、全体教师合作教学等方面的实践研究,力图以教科研引领课程发展,最终构成了完整的课程体系,并以此为核心带动幼儿园整体教育工作,于2011年成为全国首个通过专家课程论证的幼儿园。

4. 教师在课程建设中的成长感悟

幼儿园的课程建设历经十年,教师作为课程的参与者和实施者,是课程从开始到日臻成熟的亲历者和见证者,她们在观念和认识上的转变,她们在知识和技能方面的提升,她们内心深处的成长与感悟更能反映出园本课程建设的价值。以下是处于不同发展阶段的教师在课程建设中的成长感悟。

不知不觉间,在教育幼儿园工作已经一年了。回看过去的一年,从对幼儿园课程理念的懵懂无知到现在能粗浅地了解返本课程的理念,一步步的脚印让我看到自己的进步,也让我更深地体会到什么是教育。教育,是让孩子成为更好的自己,自主、自立、自强,促进他们更好地发展。

在教育幼儿园,老师们给予孩子充分的尊重,满足孩子的合理要求,听取孩子的工作意见。在这里,老师与孩子不再是"教与学"的关系,更像是工作伙伴、合作者的关系。老师不再是拿着教具,高高在上,进行灌输式教育的授业者,而是参与到幼儿工作中,一起操作,听取意见,适时介入的支持者。其实,要做好这一身份的转变,首先需要老师转变思想。我时常提醒自己,孩子不是老师的附属品,他们是有思想的个体,有自己的想法和选择,我要学会尊重,即使他们的选择或者结果不那么好,我可以引导他们进行总结,如此得来的才是他自己的。作为一个新老师,总会很着急或者不经意地帮他们做出自认为适合他们的选择和决定,这需要在未来的工作中不断学习改进。

——摘自新教师万峥嵘的成长感悟

经过一年的混龄班的带班以及对课程的了解,我自己各方面的能力也得到提升,还当上了中心负责人。中心负责人这个岗位对我来说是一种新的挑战,要在学习中心里设置不同的区域,引导幼儿通过操作、探索材料获得不同的经验和学习。混龄幼儿发展水平的不同要求我们提供难易程度不同的材料。层次性不同的材料可以让不同年龄、不同发展水平的幼儿自主选择、比较、判断和操作,进而获得不同的经验。在创设环境的过程中,我必须不断地学习和充实自己,关注孩子的需要,以提供适当的区域材料,并对区域材料进行及时调整,激发孩子的兴趣和探索欲望。在实际操作中,会观察材料是否符合孩子的实际经验,投放的材料、设置的环境还会随孩子的工作情况做出调整和改变。

每个学期初,幼儿园都会举办计划论坛。每周二中午,班级三个老师也会深度会谈,讨论和解决班级问题。各种深度会谈让我们更清楚共同的愿景,清楚自己要做的改变,同时形成一股力量,鞭策我们一心一意实现愿景。在不知不觉中,深度会谈内化了我们的行为。教育幼儿园的教师队伍是一个在行动中学习和成长的学习型组织,我很高兴自己在一个不断进步的团队里,这让我不断成长。

——摘自骨干教师张春婷的成长感悟

这是在教育幼儿园的第十一个年头。一路走来,我见证了幼儿园管理、课程发展和个人的自我成长,教育幼儿园令我在不断地学习、反思、实践中大胆创新,超越自我。多年来我一直坚持一种信念,就是建立一种自我管理品质和自我改变的能力。虽然工作很紧张,生活很忙碌,但是工作的激情令我跨越了一切障碍。

在教育幼儿园,一名经验丰富的老教师,必定是一个心智完整的人,凡事都能做到有心,善于反省。幼儿需要善于换位思考的教师,即能从幼儿的角度体验与关注他们,遵循幼儿的本性。多年的工作,让我感觉到教育幼儿园给了我不断学习、反思、成长的机会。每次看到孩子点点滴滴的进步,更加成就了我们心中的那一份荣耀!是孩子让我们理解了课程,是孩子让我们建构了这么一种独特、高品质的课程。

——摘自成熟教师史绍微的成长感悟

第三节　家长参与课程的共建

在返本课程十余年的教育实践中,家长工作一直是幼儿园课程工作的重要组成部分,这就赋予了家长工作最核心的内涵——家园共育。

一、家长参与课程的设计

我园非常重视帮助家长提高课程观念,同时也为家长提供充分参与幼儿园课程建设与管理的机会,让家长真正成为幼儿园课程建设的合作伙伴。

1. 帮助家长建立新的课程观

我们的家园共育不仅仅是要让家长为课程实施提供必要的材料,还要让家长树立起他们也是课程建设中的一员的观念,从要求的层面提升至合作层面,让家长意识到孩子的教育和未来都基于家长和幼儿园的共同努力。

为了帮助家长们形成新的课程建设观，我园每学期定期或不定期召开新生家长培训会、班级家长会等亲师活动，让家长了解幼儿园的课程，并在家长积极参与的审议中达成共识，使家长能以高昂的热情参与到幼儿园的课程建设过程中。同时，通过 QQ 群、微信群、公众号等途径帮助家长同步学习幼儿园课程，让家长深刻感受到幼儿园的课程需要他们的参与。

2. 邀请家委会参与课程的设计

我们通过家长问卷调查及对话沟通、信息沟通等渠道了解家长的文化水平、能力和兴趣，并根据这些信息组建幼儿园家委会。家委会分为四大部门：课程部、安全部、保健部、活动部。家委会成员来自各行各业的人士，家委会的成立及各小组的分工使得家长获得深入参与幼儿园课程的机会。

二、家长参与课程资源的挖掘

教育幼儿园是一个幸福的、充满爱的大家庭，这里的家长、老师和小朋友们就像一家人，共同经营着这个让大家一起成长的家，家长们和老师们一起策划，共同行动，一次又一次地贡献自己的力量来创设美好的环境。

第一，萤火虫图书馆的创建凝聚了家长的智慧。幼儿园购买了几千册国内外优秀绘本，面临着分类与贴标签的工作。家长们在接到幼儿园的招募义工的消息后，二十多位家长轮流来园，花了一个星期将所有的书籍分类、贴标签、录入图书借阅系统。萤火虫图书馆的名称也是面向全体家长、老师和孩子征集，通过投票产生。萤火虫图书馆还创立了萤火虫读书会，读书会组建了"故事妈妈"团，每周一次。故事妈妈轮流到图书馆为班级孩子分享绘本中的故事，还自发地排练童话剧，在"六一"儿童节为孩子们献礼。

第二，家长为幼儿收集学习材料，共享教育资源。如：家长们外出旅游时，会收集当地的石头、沙子、树叶等，捐赠给自然博物中心；会购买当地的民俗风情饰品、纪念品等，捐赠给社会人文中心；在日常生活中，家长们也非常注重废旧物品的收集，教师们把家长收集回来的物品设计成幼儿学习的材料，供全园幼儿共享。

第三，幼儿园充分利用家长的优势资源，为教师和家长开展培训、讲座等活动。家长中有各行各业的精英人才。我们邀请具有讲师资格的家长，在幼儿园开展多期讲座，如"形体礼仪""烘焙""正面管教""幼小衔接""陶泥"等。

三、家长参与课程的实施

幼儿园每天都会有不同的家长参与幼儿园的课程,他们从不同的角度审视课程,在课程建设中发挥自己的一技之长。

第一,微型社区的创建过程集聚了许多家长的热情和力量。如:幼儿园的"小蜜蜂农场"创设初期,经过反复实地考察,了解土壤及周边的环境情况,我们将种植园地设在了后花园处。选址工作完成后,我们便招募家长义工来幼儿园开垦荒地,一个下午的时间,33垄土全部完成。每学期播种的时候,老师、孩子、家长一起挑选种子,每组孩子和家长领取一片责任田,种子的生长照顾工作就由这些农场主承担。

第二,家长们积极参与幼儿园的大型活动、微型社区活动及班级的晨会表演。幼儿园在开展这些活动时,会邀请家长义工负责指导与协助幼儿,以及承担拍摄工作,让家长切身了解幼儿在园的生活与学习,提升其主人翁意识,成为幼儿园课程的学习共同体。

第三,每学期幼儿园都会定期开展家长观摩、体验、助教活动。新生家长通过观摩了解幼儿园的课程和幼儿的学习发展情况;中班家长通过体验活动亲身体验和感受幼儿园的课程;老师们会邀请大班家长担任家长助教参与教师工作,让家长体验教师的角色,学会在活动中观察孩子以及提升孩子的经验,从而更深层地了解幼儿园的课程。

四、家长对课程的评价与反馈

我园的教育不仅得到教育同行的高度评价,也得到家长的充分认同,她们对毕业后幼儿的成长反馈让我们感动,时光荏苒,她们回忆孩子在幼儿园的生活历历在目,对课程的内容如数家珍,对教师的感激跃然纸上。以下是家长参与幼儿园课程共建工作的感悟:

【谈教育理念】

今年有机会带王乐滢来美国,感受一下美式教育。通过她的一系列表现,我们发现幼儿园的学习经历对她的影响正在逐渐显现。第一天放学,看到她满心欢喜地从校车上蹦下来,感到之前的一切担心都是多余的。听她神采飞扬地讲美国学校的事情,仿佛是站在幼儿园的舞台上做"小记者播报":

"我们的教室跟幼儿园一样,有各种工作用的工具和材料,小朋友要分组工作,老师会给我们实验的颜料,我们自己配色,学写颜色。"

"我们桌的小朋友抢水彩笔,我笑着对他们摆摆手,想告诉他们不要这样,我们张老师曾教我们说'君子动口不动手'。"

"我听不懂老师讲的英语,可是我想起来,张老师说遇到问题不要怕,要想办法,我就观察,跟着同学们一起做,老师拍拍我,表扬我了。"

这一天的学习、午餐、活动竟然是她通过观察模仿完成的。仔细想来,滢滢有如此快的适应能力,得益于她在教育幼儿园的经历:幼儿园的学习中心、微型社区、混龄制、走班制、有计划的工作和系统的工作记录、晨会演出等多维度的学习环境,为孩子们提供了充足的资源,培养孩子们形成多种良好的行为意识、选择能力和独立思维能力,并在不知不觉中使孩子们内化为一种习惯,这些习惯将使他们终身受益。

王乐滢妈妈写于 2016 年 4 月 12 日

【谈返本课程】

教育幼儿园吸引我的是:每天早上,值日老师带领着值日"小天使"们向每个入园的小朋友微笑着弯腰问好,不厌其烦地向爷爷奶奶们解释让孩子自己背书包入园的好处;老师几乎可以叫出每个孩子的名字;可以在很醒目的地方看到"孩子需要的是大肌肉的运动"的标语,不主张填鸭式学习,这些太契合我的想法了。

幼儿园的生活多姿多彩,幼儿自由选择学习中心去操作。我惊喜地发现,孩子可以用针去钉纽扣;拿着锤子、螺丝刀在木头上安装;执着地拽着班里穿皮鞋的孩子帮他擦皮鞋;用完学具,将其摆放归位后再选择下一个项目。条理感、秩序感在游戏中自然养成。教室中的每个场景都像小矮人故事中的那般美好。

在面临幼小衔接时,孩子从未学过"A、B、C"、"a、o、e"、"1+1=2"。怎么办?着急的家长让孩子假期参加课外班补习,而我并不担心。因为她已经在这里学会了倾听、自主学习、与人相处、解决问题等。在她成为一名小学生的那天,看着她背上了大大的书包独自去上学;学期末拿回满分和奖状;第一批成为少先队员……老师眼中的她很独立也很自信,学习成绩经常年级前十。看到她一步步用实力展现自己的才能,我们都为之骄傲。一晃小学生涯也近尾声,雏鹰展翅,她已不仅仅是我的女儿,更是我的朋友、伙伴、知己、闺蜜,就在今天她用陪伴了她八年的小提琴去敲响另一所专业院校的大门,这份坚持、这份汗水与泪水的付出相信是她人生旅程中的一个站台,"教育幼儿园"就是培育这棵幼苗的沃土,滋养着她奔向下一个目标。

谢宁妈妈写于 2016 年 4 月 11 日

【谈工作记录】

自加入了教育幼儿园大家庭之后,宝宝成长中的惊喜犹如潘多拉魔盒被打开。今天拿出宝宝厚厚的三本记录本,细细翻阅。入园第一天宝宝的记录还是涂鸦,第二天记录工作时,宝宝就告诉妈妈:"今天我们的工作是搭房子,有长方形、三角形,但我不会画,妈妈你画好后我来涂颜色吧!"宝宝,妈妈不仅惊喜于你能将房子架构描绘出三角形、长方形,更惊喜的是三岁的你,能将你的困难(不会画三角形、长方形,只会涂鸦画曲线)告知妈妈,并提出了解决方案(让妈妈来帮助你),这是妈妈最欣赏的教育方式。只有"返本课程"理念,能让宝宝在丰富的体验式学习中挖掘内心的需求和内在的潜能,这种能力的提升是一种潜移默化的过程。妈妈内心一直坚信,对你而言,发现问题、解决问题的能力是一种终身受益的能力!感谢教育幼儿园的这种"记录模式",它是宝宝成长的真实记录。

维尼班汪宣含妈妈写于2015年4月

【谈幼儿个性发展】

在孩子一岁半时,我忐忑不安地将他送进了教育幼儿园,一开始,担心孩子不会说连贯的话,无法跟老师和朋友们沟通,不能跟其他孩子好好相处……几个月后,我发现他居然可以和孩子们和老师融洽相处,可以用流利、连贯的话跟他们沟通;会和我们说很多小"秘密",甚至在睡觉之前会跟我们说"晚安"。

在之后的幼儿园生活中,孩子的世界变得格外精彩。他很喜欢参加各种各样的表演,喜欢表现自己,当过幼儿园的礼貌小天使、旗手,甚至还当了幼儿园文艺会演的小主持人。慢慢地,我们可以像朋友一样平等的对话,讨论问题。他开始有独立的思维和想法,甚至有自己的个性和风格。他敢于面对自己最害怕的问题:死亡,会一本正经地和我讨论这个问题,会告诉我如果遇到地震了怎么办,遇到火灾又该怎么办……我很震惊地问他怎么会知道这些,他很认真地回答我:"这是老师教的呀,我们还表演过呢!"

在和孩子一起成长的过程中,我惊奇地发现他非常热爱大自然,对大自然的万物都很感兴趣,每当我对自然界的某些事物感到疑惑的时候,都能从宝贝那里得到答案。他就像一本"小百科",不管是什么稀奇古怪的问题,都能像模像样地解答。我想这得归功于孩子在幼儿园里的每项"工作",在幼儿园的几年,孩子每天都会先画出当天的"工作",然后再以口述的形式请爸妈记录当天的"工作"内容,同时还会讲述自己的发现和想法,很显然孩子对于每天的"工作"过程是很享受的。

李鑫淳家长写于2016年4月11日

2011年6月,中国学前教育研究会理事长虞永平教授率领专家团队对我园的学习中心课程模式进行了论证。这是目前全国首例进行过全国专家课程论证会的幼儿园课程模式。专家们一致认为,返本课程是《纲要》颁布以来实施《纲要》精神的典范;是在理念上彻底重新构建,探索真正适合幼儿本性的教育道路的实践典范;是本土文化和外来文化优质结合的产物,已经形成了一套创造性的行之有效的操作框架。

2011年11月,全国幼儿园课程研讨会在深圳召开,通过会议发言和现场展示,学习中心模式引起了与会专家的浓厚兴趣。山东师范大学向海英教授在大会专场报告中专门介绍了我园的学习中心,认为是国内最前沿的创生取向的课程模式。他指出:中国幼儿园课程与教学需要在理念上彻底重新构建,深圳教育幼儿园的实践探索打开了一扇可以透出光亮的出口。中国学前教育研究会理事长虞永平教授也指出,学习中心的组织方式在国内具有独创性,方向是非常正确的。

第七部分
幼儿学习与发展评价

《幼儿园教育指导纲要(试行)》明确指出:"教育评价是幼儿园教育工作的重要组成部分,是了解教育的适宜性、有效性,调整和改进工作,促进每一个幼儿发展,提高教育质量的必要手段。"评价是对教育实践系统客观的评判,是发现问题、解决问题的有效手段,也是课程实践体系的基本要素。对幼儿园教育的评价有很多方面,但无论哪方面的评价最终落脚点仍然是儿童,所有对实践、现象的系统评价都是为了更进一步推进课程的发展,进而促进儿童发展。

理念是评价的主导价值观,直接影响评价者对幼儿发展的看法、所采用的评价方式和评价过程。返本课程是以支持幼儿多元、个性、全面学习与发展为目的,因而我们在评价时会充分尊重幼儿的多样性和差异性。

第一节　评价的方式

作为一个独立、完整的个体,幼儿的发展具有阶段性和连续性。我们强调教师持续追踪幼儿的学习过程,注重采用过程性评价评估幼儿的学习质量。评价的主要方式是形成性评价与阶段性评价相结合。

一、形成性评价

形成性评价又称过程性评价,是对幼儿日常学习过程中的表现、所取得的成绩以及反映出的情感、态度、策略等做出的评价。在学习中心走班过程中,教师用观察、文字描述、影像等方法把幼儿的整个工作过程记录下来,包括幼儿的动作、语言、表情等,再对其进行分析与反思,最后做出评价。具体

的评价方式有:

1. 工作记录本

工作记录是幼儿每天回家都需要完成的一件事,是幼儿对每天工作过程的记录,主要包括幼儿记录、家长记录、照片记录三个部分。幼儿记录部分需要幼儿用绘画或符号的方式将当日的工作过程或工作发现呈现出来,家长做文字注释,包括创意绘画表征、随年龄段不断增加的符号统计、日期记录等;家长记录部分需要幼儿口述工作过程,家长用文字记录幼儿的表述,这种表述能表现出幼儿的情感和内心想法,以及同伴交往情况和工作时的发现、面对的困难、采用的解决方法等;照片记录部分是家长将当日的工作照冲洗出来并粘贴好,以更生动的方式展现幼儿的工作过程。

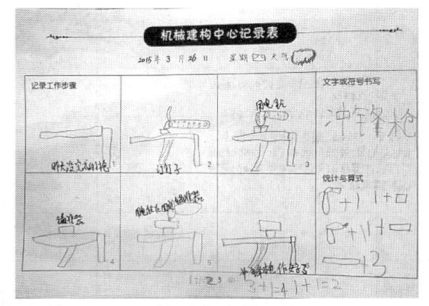

大班幼儿工作记录

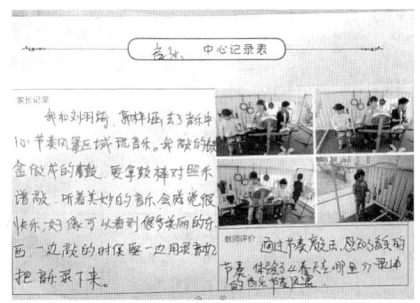

家长记录

除此之外,工作记录本还可以呈现幼儿连续三年的学习与发展的轨迹历程。

2. 经验检核表

经验检核表是依照区域核心经验中的幼儿行为表现而制订的检核表,标明三个年龄段分别在该区域应表现出的行为或应获得的核心经验。教师可按照检核表上的内容对幼儿在该区域的学习和所获经验做出评价。经验检核表是教师了解幼儿已有经验的平台,这里的"经验"仅仅指向各区域的核心经验,因此不能成为幼儿学习与发展评价的唯一方式。教师在进行区域活动指导时会更多地用到检核表,了解每个幼儿的区域经验发展状况,有的放矢地调整指导策略。

机械建构中心经验检核表(部分)

机械区

核心经验	幼儿行为特征	工作时间及经验记录					
了解物体的特性	1. 连接玩具汽车轮子,并使其移动						
	2. 探索和安装脚轮,并使其滚动						
	3. 探索和安装万向轮,并使其旋转						
	4. 利用滑轮使物体升降						
	5. 发现齿轮的特点						
	6. 用螺丝刀上螺丝						
	7. 用扳手上螺母						
	8. 组合膨胀螺栓						
	9. 用钳子剪断铁丝						
	10. 用钳子钳电线						

注:经验记录中,未出现用"○"表示;偶尔出现用"+"表示;持续出现用"△"表示;熟练运用用"☆"表示。

3. 作品分析

作品分析是针对幼儿已完成的作品,并结合幼儿完成的过程,对幼儿在动作技能、情绪情感、认知、创造力等方面的评价。幼儿作品是反映幼儿学习、心理状态、能力发展的重要窗口,如手工、绘画、语言作品等。对作品的分析,能客观地反映出幼儿的精神世界、对事物的认知等。此外,从作品的完成度和作品创作过程也能看出幼儿的个性特点、合作性、学习品质等,成为了解每个幼儿的重要手段。

4. 学习故事

学习故事又称叙事性评价,是通过对幼儿在真实情景中的行为进行连续描述来表现幼儿的学习与发展状况。正因为学习故事常被用来解读具体情境中幼儿的学习,强调学习中各方面的联系,呈现丰富的学习画面,因此,它在关注幼儿行动的同时,还关注幼儿与他人的关系。我们的学习故事,试图对某个具体情境中的幼儿行动进行叙事性观察记录,这一情境可以发生在一日生活的任何时段。下面的学习故事案例就是幼儿一日生活中的小片段:

范宝宝是这个学期新来的维尼班最小的萌宝宝,他才三岁六个月,吃饭的时候总是东张西望,扭来扭去。这可把坐在他对面的你着急坏了。"范宝快吃饭,吃冷饭要生病的。""范宝,你起来!""范宝你等等我,我吃完就来喂你。"

你很快地吃完了自己的饭,开始去喂范宝吃饭。范宝也是个要强的宝宝咧,他虽然嘴上不说,可是,心里很明白。老师说过只有baby才让人喂的,能干的哥哥姐姐都是自己吃饭的,所以,他从来不让老师喂。今天,你要喂范宝,老师要看看他到底会不会拒绝。只见他刚开始要抢调羹,不让你喂,可是嘴里不敢说出来(对老师,他可是直接说"不要"的)。抢不过你,他就和你玩"躲猫猫"的游戏,用手把自己的眼睛蒙上,你无视他的干扰,继续往他嘴里喂饭,他又用手东指西指,嘴里还含糊不清地说一连串的话,你还是专心地一勺一勺地把饭往他嘴里送。范宝只好放弃反抗,乖乖地把剩下的饭大口吃完。

老师发现你太有耐心了,不嫌弟弟麻烦,也不受弟弟干扰,一心一意地照顾他,只是不想他吃冷饭不舒服!这样有爱的你长大了一定是个好妈妈!

老师的话:

依桐宝贝,你长大了,会照顾人了,真了不起!在你小的时候,你的爸爸妈妈也是这样喂你吃饭、照顾你的。你把这份爱传递到班级里了!将来爸爸妈妈老了,希望你也能像现在一样,把自己照顾好,把爸爸妈妈照顾好!

5. 活动纪实

活动纪实是指对幼儿真实活动现场的观察记录,是能客观反映幼儿活动过程的一种文字描述。教师在观察记录之后,会对活动过程或幼儿所获得的经验进行分析和反思,对活动中出现的问题做出深层次解析,为接下来的活动提供新思路,也为更好地了解幼儿提供帮助。活动纪实包括主题活动纪实和区域活动纪实。主题活动纪实是幼儿围绕际遇性主题谈话而展开的一系列相关区域活动的纪实,强调主题的延续性和幼儿所获得的主题经验。区域活动纪实是单指幼儿所选某一区域进行的活动,它既可以与主题相关,也可以不相关,其核心价值在于区域活动本身,强调区域本身和幼儿所获得的区域经验。

6. 记录与评价系统的 APP 软件

记录与评价系统的 APP 软件是一款基于大数据的儿童发展评价工具的

手机应用软件。学习中心走班学习的复杂运作模式促成了 APP 软件的诞生。它同时综合了儿童做计划、活动纪实、经验检核、材料清单归置等功能，把教师、幼儿学习、学习中心有机地关联在一起，具体功能如下：教师方面，能查看材料投放清单和动态参与材料增减，对幼儿活动过程进行现场拍照、文字记录、经验分析，相互参考教师的活动，了解各班级主题开展进度等；幼儿方面，能呈现每个幼儿的学习轨迹、历史学习记录、经验检核状况以及能力发展雷达图等；家长方面，能看到自己孩子的活动，了解幼儿在园的学习发展状况，提供主题资源等。此外，我们还预设管理者、专家、来访者端口，为不同人群的造访提供相应的便利，以了解和支持课程的发展。尽管这项系统工程还在不断摸索中，但它为课程带来了更大的发展空间，使评价向信息化、数字化跨越，优化了课程的整个运作过程。

APP 模式儿童评价

二、阶段性评价

阶段性评价是指每间隔一段时间，对幼儿的学习效果进行各方面的评价，一般在每个学期末进行，是针对幼儿阶段性的发展所做的评价，而不是检验幼儿学习的结果。每学期我们都会观察幼儿的身体动作、认知观察、语言表达等方面的发展情况并汇总形成每位幼儿的个性化发展评价——"幼儿学期综合评价表"（见下表），目的在于帮助教师了解幼儿的阶段性发展状况，以便在下学期建立更清晰的培养方向和支架方式。

第二节　评价的过程

《纲要》指出："评价的过程，是教师运用专业知识审视教育实践，发现、分析、研究、解决问题的过程。"幼儿园教育评价主要包括三方面：对幼儿的评价、对教师的评价、对课程的评价。具体来说，评价就是为了促进幼儿、教师、课程三方的发展，这三个方面是相互依存、相互促进的。幼儿的学习与发展能直接反映教师的教学质量和指导水平，反映课程实施的问题，因此所有评价的落脚点都在幼儿。

一、评价主体

教育评价的主体应该是多元的。对幼儿学习与发展的评价仅由教师进行,已不能满足返本课程发展的需要。在课程实践中,家长对课程的参与、每天的工作记录,幼儿每天对自己工作的计划和反思、与同伴的合作、交流与分享,教师对幼儿的观察和记录分析等,都可以成为评价的一部分,由此便体现了评价主体的多元化。

二、评价过程

对幼儿的评价是一个持续的、动态的过程,对幼儿的历史发展状况、现有水平、发展趋势都需要有清晰、整体的了解和预测。具体来说,评价的过程为:

第一步,确定幼儿已有发展水平。在幼儿做出区域选择后,教师需要先了解幼儿过去在该区域活动的状况:是第一次去该区域,还是第二次、第三次去?每次在该区域活动时是怎样的学习状态?第一次去的幼儿应该获得什么经验,去过一次或两次的幼儿又应获得怎样的经验?当幼儿重复选择同一区域时,应怎样使其经验获得提升?例如,一位中班幼儿选择烹饪区,教师需要先从幼儿的历史选择上判断其去该区域活动的次数,以及其之前在该区域的工作记录,再确定其在该区域的可提升或拓展经验的空间。

第二步,对现在幼儿的活动过程进行记录和分析。评价最重要的就是在了解幼儿已有经验和发展水平的基础上,通过对幼儿当下活动进行记录和分析,对幼儿的发展做出评价。教师无论是走班指导还是重点指导,对幼儿的学习活动,从谈话到分享都是全程跟踪。谈话时,幼儿对相应主题的表达、对区域工作的任务预定,教师进行语言文字记录;工作时,同伴间的协商、材料选择、合作到最后的成果展示,教师观察儿童的行为并拍照记录工作过程,然后用APP软件及时将幼儿的学习过程用照片配文字的方式描述出来,进行分析,并针对幼儿的行为表现填写经验检核表;分享时,幼儿回忆工作过程,跟同伴一起分享新发现、获得的新经验以及遇到的问题和采取的解决方法,幼儿进行自我评价和相互评价,教师记录;当天工作完成后,幼儿在家和家长一起完成工作记录本,教师能从记录本以及家长反馈当中获取相关信息。

第三步,预期幼儿未来的学习。每次工作后,教师会综合各方的反馈对幼儿做出评价,并对幼儿接下来的学习活动做出预测,在幼儿现有发展水平上设立最近发展区,提供适宜的支架,激发幼儿的潜能,促进其获得发展。例如,某一个小班幼儿在某区域尝试用软绳缠绕物体,下次再选到类似区域时,可能要进一步尝试按某种规律缠绕,或用不同材料的绳线缠绕等。

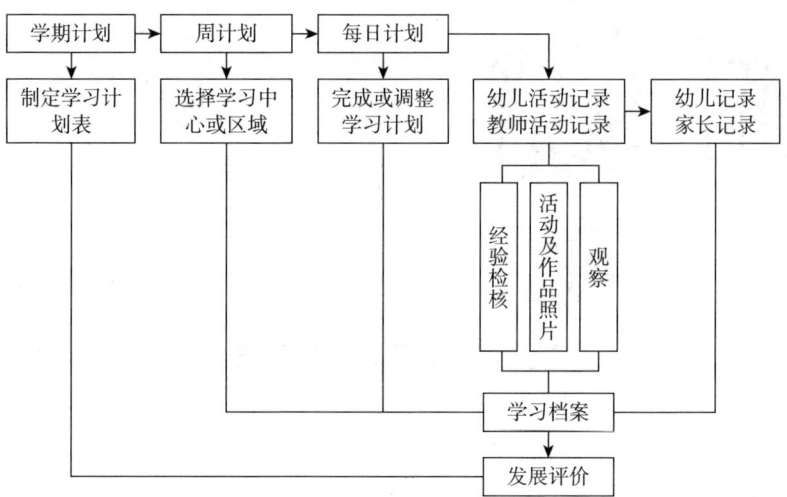

课程评价基本过程

三、评价结果

评价的结果不是为了给幼儿贴上某种标签,给幼儿分类排名,而是为了促进幼儿的发展,提高教师的专业水平,进而推动课程的发展。

我们的评价以关注过程为主,结合阶段性评价完成对幼儿学习和发展的评估。正因为重视每个幼儿的发展,所以多以描述性评价为主要评价方式。我们还在继续探索中前行,尝试用更便捷的方式详细而清晰地对幼儿发展做出有效评价,来应对课程发展的需要。

第八部分
返本课程的课程管理及管理文化

第一节 返本课程的课程管理

课程管理是当今课程研究领域中一个重要的范畴,是决定课程成效的一个重要因素,从某种意义上说,课程管理的成效决定了课程的实际成效。幼儿园课程管理是在《纲要》、《指南》的背景下,幼儿园对课程的建设和实践过程进行的规范、引导和帮助,也就是通过一定的方式介入并适度控制幼儿园课程的设计、实施和评价过程。① 幼儿园课程管理对促使每个幼儿获得主动、全面的发展具有重大意义,同时,加强幼儿园课程管理能够提升教师的教育观念,推动幼儿园的整体改革。

一、返本课程的课程管理理念

幼儿园课程的价值取向决定其课程管理模式。返本课程的课程观主张:课程源于幼儿的经验,最终是为了促进幼儿全面且富有个性的发展。基于这种对课程的理解,返本课程的课程管理是以主体为价值取向(主体包括幼儿、教师、园长),以主体发展为管理目标,倡导在课程管理的实践中,彰显"以人为本"的课程管理理念,注重人的态度、行为、素质对课程质量的直接影响。

主体取向的课程管理倡导只有以个体丰富的生命体验为前提,"才能使

---
① 廖哲勋,田慧生.课程新论[M].北京:教育科学出版社,2003:328.

个体生命向世界保持良好的积极开放的态度,使个体乐于与周围世界进行活泼丰富、富于爱心的交流,使个体在与世界的交流中充满感动、激情和想象"①。所以,关注主体、价值多元、尊重差异是返本课程课程管理的基本特性。

二、返本课程的课程管理策略

课程管理的关键在于管理者能否承认和有效调动教职工的工作积极性,能否支持教师在工作中最大限度地发展其专业能力。返本课程的课程管理具有发展性功能,倡导在必要的规章制度约束的前提下,变静态管理为动态管理,为教师创设开放、互动的空间,给予教师相应的课程决策权,支持教师大胆创新。

1. 建构整体互动的课程领导团队

幼儿园课程的决策、实施和评价,需要团队的努力和创造力,需要园长和全体教师的精诚合作和智慧分享。返本课程的课程管理中,园长非常注重整体性互动、主体取向、和谐合作的课程领导团队的建构,这个团队并不是靠权威来运作,而是强调愿景和团队精神。

为了优质高效地开展课程管理工作,幼儿园组建了课程小组,成员由园长、教学副园长、教研员、理论水平较高的硕士研究生以及实践经验丰富的骨干教师组成。双周的周一上午召开课程小组会议,课程小组成员聚集在一起,以互动的方式讨论课程建设过程中的重点问题,包括课程的架构设计、课程的实施过程和课程的评价等。在会上,课程小组成员可以畅所欲言,针对课程中遇到的问题进行深入思考和讨论,提出自己的观点和想法,找到解决问题的最佳办法和有效策略,进一步推动课程发展。教学副园长通过每周一下午的主教会,把解决问题的最佳办法和有效策略带给主教们,同时也会带领主教们商讨日常生活中的问题。各班主教再通过每周二中午的深度会谈,传递给班级两位教师,这样全园教师不仅在实施中达成共识,在每日的工作中提升自己的实践能力,而且也会朝着共同的教育理想不懈地努力!

核心经验作为幼儿园课程的重要研究成果,曾在课程小组会议上被多次讨论,核心经验的一级目标、二级目标、行为特征和行为表现都是通过课程小组会议商讨确定下来的。课程小组需要考量每个学习中心的核心经验是否

---

① 刘铁芳.生命情感与教育关怀[J].湖南师范大学社会科学学报,2000(5).

在同一个维度,需要揣摩文字表述是否能够体现以幼儿为主体的发展,需要审视每一条核心经验是否存在重复,这些研究中的细节都需要在课程小组会议上得到充分讨论并最终确定。

2. 给予教师相应的课程决策权

在课程管理中,园长给予教师相应的课程决策权,允许教师根据本班幼儿的实际发展状况和能力水平,自行选择活动主题和重点指导区域;允许教师根据幼儿的实际活动状况调整活动进程,布置和更换学习中心的环境和活动区的材料;允许教师自行选择课程资源与课程评价工具和方式等。

教师的决策权是通过主教会和中心负责人会议产生的,幼儿园会分别组织主教和中心负责人定期召开会议。每个班级的教师会分享计划进行的活动主题,也会根据活动主题选择活动区。以选择活动区为例,因为全园幼儿共享十三个学习中心,所以教师选区尤为重要,既要结合活动主题,又要考虑各个活动区的人数限定,并且教师的决策要基于幼儿的学期工作计划,教师需要全面了解班级幼儿的选区情况,进而对班级每周的选区进行决策。

3. 给予教师充分的支持和服务

对管理者来说,只有强化服务意识,注重创设与教师相互信任的良好氛围,变对教师的时时监督为友好建议,真心为教师提供充分发展的空间和条件,才能取得良好的课程管理效果。具体来说,管理者可以为教师提供以下服务和支持:首先,营造具有良好沟通系统和团队精神的文化管理氛围。园长信任和尊重教师,为教师描绘共同愿景,一旦共同愿景和团队精神在幼儿园建立,教师之间就会形成自然联结,而园长的指挥式领导不再是必需的。其次,创立自我管理机制。自我管理是教师基于原有的自我认识,依据自身认可的管理指标和准则,对自己所组织的课程活动所做出的认识和判断。教师原有的自我认识一般来自上一次课程管理、评价的结果,管理的指标和准则必须被教师认可和接受。再次,为教师的专业成长提供支持,搭建专业学习平台,鼓励教师参与各种专业学习,肯定教师的学习成果。

第二节　返本课程的管理文化

幼儿园管理文化是凝聚和激励幼儿园全体成员进行高效管理的重要精神力量,是幼儿园发展的强大内驱力。它反映和代表了幼儿园全体成员的整体精神、共同的价值标准、合乎时代的道德品质和追求发展的文化氛围。管理文化是在幼儿园发展的历史过程中逐渐积淀而成的,因此,每所幼儿园的管理文化都不一样,因为管理方式不一样,发展历程也不一样。

我园创建于1996年,现已走过二十年的办园历程。幼儿园倡导人本化的管理理念,文化积淀深厚,各类制度健全,如管理制度、教育教学制度、后勤管理制度、卫生安全制度、班级规章制度等。这种人本化的管理使幼儿园洋溢着自由、自主、和谐的管理氛围。

一、自我管理,营造开放式的工作氛围

返本课程走的是一条自我成长的道路,虽然曲折,但沿途的风景迷人。我们思考:正确的教育是什么;我们走的"道"与教育真正的"道"是否一致;无知的人不是没有学问的人,而是不了解自己的人。教育真正的意义在于认识自我,但如果我们自己都不了解自己,又如何能培养出拥有自我的孩子呢。要使孩子自由,唯有教育者在自由之中。

因此,我们摒弃传统的幼儿园管理方式,即由领导层策划,然后让教师们去执行。重新建立管理机制,形成自主管理的工作团队。

教师们很快由被动管理转变为自我管理,早上入园不再打卡,迟到现象非常少;工作过程灵活度较大,每个人都要主动思考自己做什么,怎样做。许多人发生了前所未有的变化,过去散漫的人变得认真工作,没有目标的人有了自己的方向,学习和思考变成广泛的品质。不需要命令和指示,在幼儿园任何场所、任何时间都能够看到不同的教师群体在讨论工作、协商计划、合作学习等,各项工作在自我的调控中有序运作。

二、以人为本,重视个体的多层次需要

以人为本的幼儿园管理,是指幼儿园在管理过程中以人为出发点和落脚点,围绕着激发和调动教师的主动性、积极性、创造性而展开工作,以实现教师与幼儿园共同发展的一系列管理活动。在我园,园长非常重视每位教职工的发展,通过多种途径了解和满足她们的成长需求,包括:制定个人发展规划,了解教师的发展需求;创建岗位竞聘制和科研激励机制,满足教师的多层次发展需求,鼓励教师走专业化发展之路。

个人发展规划是教师根据自己的性格特点、能力倾向和专业知识技能对未来1~3年内个人专业成长制定的目标与计划。幼儿园每个学年都会指导教师制定个人发展规划,尤其是年轻教师。因为个人发展规划能够促使教师

思考和明晰自己的发展愿望，同时也能帮助管理者了解教师的个人发展诉求并为其发展提供支持和服务。

幼儿园采取岗位竞聘机制，鼓励双向互选，教师可根据自身的意愿和能力参加岗位竞聘，中心负责人和助教岗位每个学年一轮换。主教岗位由个人自愿申请，幼儿园管理者进行鉴定和审批；中心负责人和助教由主教选聘，当然她们也可以反选主教。这种岗位和身份的转变，对教师来说，既是一种选择和调整的机会，也是对自身人格魅力、工作态度和工作能力的考验，因此，教师在日常工作中的专业表现和人际交往的积累尤为重要。

幼儿园推行科研激励机制，鼓励教师朝研究型教师发展。一方面，鼓励教师撰写并发表论文，对于发表在核心期刊的文章予以奖励；另一方面，鼓励教师参与课题研究，在教学实践中主动寻找研究问题，开展园本课题研究，同时，积极参与区、市、省级研究课题。

三、求真向内，激发员工的创造性张力

求真是一种能力，也是一种管理手段，领导者在幼儿园的管理中不断打破原有的思维模式，凡事让教工们说真话、看真相，摊开每个人隐藏的思维，把真正的意见表达出来，让大家触摸最真实的自己。

关注生命的成长是幼儿园管理的核心，关注生命就要关注我们的内在，关注内在使我们拥有更多人性化层面的举措。我们和教职员工们一起探讨生命的话题，懂得生命，才能懂得教育的发现和干预，才能攀上自我觉知的高峰，也唯有觉知敏锐，教师才能接近孩子，有智慧地爱孩子。

经过长期的实践，我们的团队变得富有创造性，大家勇于接受新事物，迎接新挑战，放下抱怨和防卫性反应，以喜乐的心态去发现工作中一切美好、真实的东西，包容生命及自然的内在之美，体验美好的、高尚的、幸福的生活，拥有从容不迫、经久不衰的教育活力和热情。

教师极富创新的张力体现在我们可以看得到的物质环境上，也体现在我们可以感受到的人文环境上。

环境是一面镜子，我们的认识层面到哪里，对美的追求就到哪里。来幼儿园参观学习的同行非常惊讶地说："你们的环境是怎样设计出来的？是园长统一设计的吗？"她不相信老师有这样的能力，而我们的老师们早已超越了"你说我做"的教育水平，因为我们的内在已经发生了变化，我们已经具备了预备环境的智慧和追求美的能力。

环境也投射出我们的教育文化。如：我们共享的学习中心体现了跨边界

思考的文化;精致高雅的图书角,体现了书香校园的文化;温馨舒适的地垫毛毯体现着家庭文化;品种齐全的活动材料体现了自主探索的文化;将时间和空间还给孩子体现了以人为本的文化……

四、激发动机,营造多元的管理文化

要想激励员工自我超越,首先要了解他们内心的想法。我们在管理中倡导"工作就是交流、工作就是对话"的理念,以对话的方式建立良好的沟通回路。每个学期初,幼儿园都会举办计划论坛,这是全园工作的深度会谈;日常工作中每周的行政会、主教会也坚持讨论式的深度会谈,解决日常工作问题;每周二中午,班级三位教师之间也会进行深度会谈,讨论和解决班级问题;教师和家长也采取深度会谈的方式制定个性化的教育方案。通过各种深度会谈,让每个人都清楚共同的愿景,清楚自己要做的改变,同时形成一股力量,驱策我们一心一意地实现愿景,在不知不觉中,深度会谈内化了我们的行为。

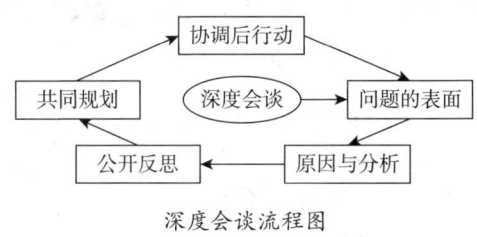

深度会谈流程图

当幼儿园所有的人和所有的事都能围绕一个中心工作时,就能集中所有的优势资源,优化时间管理,在核心工作上取得成绩。由于每一次成绩的取得都是集体共同努力的成果,因此就会强化整个团队正向、积极的行为,从而更高效地工作。

在幼儿园的管理中,领导班子和中层干部是团队中的核心力量。每个领导者都要有坚定不移的信念,即对教育执着追求的价值观。当领导者缺乏信念时,就不能给别人信心,遇到困难就会逃避和退缩,团队就会散掉;当领导者没有信念时,就会自私自利,安于现状,就会葬送团队。在返本课程的推动下,园长一直坚持用信念指引方向、激励团队的斗志。在园长的带领下,幼儿园的管理团队能较好地体现为员工服务的工作理念,如深入班级和教学中了解问题,及时反馈教师们的需求,不断创设环境为孩子所用,制订各种表格和标准为教师所用,经常利用中午时间交流讨论想法,给老师们做出好的榜样,形成良好的核心带动力。

幼儿园的管理团队

  我园的教师队伍是一个在行动中学习和成长的学习型组织。虞永平教授于2013年为我们题词"在行动中学习",激励我们在实践中探索,不墨守成规,把实践理论、思辨理性、道德哲学和知识统一起来,用真理约束自己,检讨和评价自己,形成具有人文关怀的自我管理和民主化决策。

  返本课程让孩子们幸福,也让教育者们感到幸福,幸福感是实践者的动力来源,指引着教育实践向着正确的方向行进,当我们有机会为社会带来一些改变,这就是工作中最大的幸福!

参考文献

1. 喻琴,喻木伐.世界幼教名人名著:张雪门幼儿教育论著选读[M].武汉:长江少年儿童出版社,2014.
2. 联合国教科文组织国际教育发展委员会.学会生存——教育世界的今天和明天[M].华东师范大学比较教育研究所,译.北京:教育科学出版社,1996.
3. 朱小蔓.教育的问题与挑战——思想的回应[M].南京:南京师范大学出版社,1999.
4. 燕国材.教育十论——我对教育问题的一些基本看法[M].北京:中国建材工业出版社,1996.
5. 何晓夏.简明中国学前教育史[M].北京:北京师范大学出版社,1990.
6. (美)格林·W·安德森,等.布卢姆教育目标分类学(修订版)[M].蒋小平,张琴美,罗晶晶,译.北京:外语教学与研究出版社,2009.
7. (美)D·R·克拉斯沃尔,B·S布卢姆,等.教育目标分类学(第二分册)[M].施良方,张云高,译.上海:华东师范大学,1989.
8. 李季湄,冯晓霞.《3—6岁儿童学习与发展指南》解读[M].北京:人民教育出版社,2013.
9. 沃维克拉耶夫斯基.王义高,译.《教学过程的理论基础》[M].南昌:江西教育出版社,1996.
10. (美)杜威.杜威教育论著选[M].赵祥麟,王承绪,译.上海:华东师范大学出版社,1981.
11. (美)德布·柯蒂斯,玛吉·卡特.和儿童一起学习:促进反思性教学的课程框架[M].周欣,周晶,等,译.北京:教育科学出版社,2011.
12. (美)玛丽·霍曼,伯纳德·班纳特,戴维·P·韦卡特.活动中的幼儿[M].赫和平,周欣,译.北京:人民教育出版社,1995.

13. (美)卡洛琳·爱德华兹,莱拉·甘第尼,乔治·福尔曼.儿童的一百种语言:转型时期的瑞吉欧·艾米利亚经验[M].尹坚勤,王坚红,沈尹婧,译.南京:南京师范大学出版社,2014.

14. 刘晓东.儿童教育新论[M].南京:江苏教育出版社,2008.

15. 刘晓东,卢乐珍.学前教育学(第三版)[M].南京:江苏教育出版社,2009.

16. 丁海东.儿童精神:一种人文的表现[M].北京:教育科学出版社,2009.

17. 虞永平.让理论看得见:生活与幼儿教育[M].安徽:安徽少年儿童出版社,2011.

18. 周国平.幸福的哲学[M].武汉:长江文艺出版社,2014.

19. 霍华德·加德纳.智能的结构[M].沈致隆,译.北京:中国人民大学出版社,2008.

20. Jie-Qi Chen,Emily Isberg,Mara Krechevsky.光谱计划:幼小阶段学习活动[M].朱瑛,译.台北:心理出版社股份有限公司,2002.

21. 马化腾.互联网+:国家战略行动路线图[M].北京:中信出版社,2015.

22. 汪丽.田野课程——架构与实施[M].南京:南京师范大学出版社,2007.

23. (意)玛丽娅·蒙台梭利.发现儿童[M].吴玥玢,吴京,译.台北:及幼文化出版股份有限公司,2001.

24. (越)彼得·圣吉,等,著.第五项修炼Ⅱ实践篇(上)——思考、演练与超越[M].齐若兰,译.台北:天下文化出版股份有限公司,1996.

25. (越)彼得·圣吉,等,著.第五项修炼Ⅱ实践篇(下)——共创学习新经验[M].齐若兰,译.台北:天下文化出版股份有限公司,1995.

后　记

在本书付梓之际，正值幼儿园二十周年园庆之时，谨以此书向深圳市教育幼儿园建园二十周年献礼！并附此文共贺：

返本·溢彩流年
王　翔

晶莹剔透的水
纯净、无邪、柔顺
如生命最初的样子
本真、恬淡，萌动着快乐

涓涓悠淌的溪流
绵长、漪漾、清润
滋养着生命
恰似教育无形的本源

返璞归真，正本清源
源于自然，源自初始
找到源头的人是幸福的人
感受自然的人，充满生命的力量

季节交替，飞流道长
转眼走过二十载
二十岁的幼儿园溢彩博发

水波荡漾，春意无痕
如歌岁月，似水流年
梦想在时光中流转

掬一捧清纯的水
留一颗纯净的心
溢满的生命之杯
滑落着意外醇香
播下灵性的种子
感受每一个惊喜
呵护生命对自然的敏感
维系人与万物的联结

可爱的精灵们啊
跳跃在奇境中
自然生长，心灵丰富
真纯童心，充满喜乐
为二十岁的幼儿园
永驻童颜
让飞扬的欢愉
轻舞在你我的心间

祝福教育幼儿园
让斑斓的光彩为你献上颂赞
祝福教育人
让涌溢的泉流释放爱的福音
在这个幸福时刻
把我们的心斟到满溢
继续唱响返本的乐章！